AF267521

Jacques S¹-CÉRE et H. SCHLITTER

Napoléon

A SAINTE-HÉLÈNE

Rapports Officiels

DU

BARON STURMER

Commissaire du Gouvernement Autrichien

PARIS

A LA LIBRAIRIE ILLUSTRÉE

7, RUE DU CROISSANT, 7

NAPOLÉON

A SAINTE-HÉLÈNE

ÉMILE COLIN — IMPRIMERIE DE LAGNY

Jacques St CÈRE et H. SCHLITTER

NAPOLEON

A SAINTE-HÉLÈNE

RAPPORTS OFFICIELS

DU

BARON STURMER

Commissaire du gouvernement autrichien.

PARIS

A LA LIBRAIRIE ILLUSTRÉE

7, RUE DU CROISSANT, 7

AVANT-PROPOS

Les documents contenus dans ce volume ont été publiés à Vienne par M. H. Schlitter avec l'autorisation du gouvernement autrichien. Ils se trouvent dans les archives secrètes de la cour de Vienne qui contiennent tant de documents historiques de la plus haute importance mis, depuis quelques années, avec une libéralité que l'on voudrait voir imiter ailleurs, à la disposition des chercheurs et des curieux.

On a cru qu'une édition française de ces dépêches serait de nature à intéresser le public français car c'est la première fois que l'on publie les rapports d'un des commissaires envoyés par les alliés à Sainte-Hélène On y trouvera plus d'un document humain qui sera à ajouter au grand dossier que forment depuis plus d'un demi-siècle les admirateurs et les détracteurs de Napoléon Ier et on y verra la confirmation éclatante et probante de la légende qui s'est formée autour du nom de sir Hudson Lowe. M. le baron de Stürmer était pour ainsi dire désintéressé dans le drame qui se déroulait devant ses yeux, le récit qu'il fait peut être considéré comme l'histoire définitive de la vie de Napoléon à Sainte-Hélène. Et c'est dans l'espoir de contribuer pour une faible part aux recherches que l'on entreprend de tous côtés et dans des buts si différents, que cette édition française des dépêches de M. de Stürner a été faite.

J. St-C.

INTRODUCTION

La bataille de Waterloo avait décidé du sort de
Napoléon. Fugitif, harcelé de tous côtés, l'empereur
avait été obligé de renoncer à l'idée de chercher
un refuge aux Etats-Unis et il en appela à la générosité de la nation anglaise. Mais le prince-régent
ne voulut pas accueillir le grand vaincu comme un
hôte, qui eût pu devenir aussi dangereux pour
la paix européenne, dans l'avenir, qu'il l'avait été
dans le passé. Et Napoléon Iᵉʳ, prisonnier de guerre
de l'Angleterre, en mettant le pied sur le pont du
Bellérophon, devint à la suite de la convention du
2 août 1815 prisonnier des puissances signataires
du traité du 25 mars de la même année.

Ce fut à Paris que le prince de Metternich apprit
l'arrivée de Napoléon à bord du vaisseau de ligne
anglais : et le 18 juillet 1815, à deux heures du matin, il écrivit à l'empereur d'Autriche. « Nous pou-

vons compter maintenant sur quelque repos durable, le centre de toute action n'existe plus (1). » L'empereur François ne partageait pas l'optimisme de son chancelier, auquel il écrivit *manu proprio* le même jour : « J'ai reçu la nouvelle, mais j'ai le devoir de vous réitérer la mission de ne changer en rien notre ligne de conduite, et, malgré cet événement, de ne céder en rien, pour que la France n'augmente pas ses prétentions. Cet événement ne fait qu'enlever un chef aux perturbateurs français, qui avaient perdu la confiance et la considération de la Nation, mais qui n'en étaient pas moins craints ; mais il n'affermit nullement le gouvernement du roi, des Bourbons, dans lesquels le peuple ne trouve aucune garantie de tranquillité. La triste mollesse du gouvernement ne satisfait aucun des partis qu'elle est incapable de mater. On est mécontent : les méchants veulent avoir le pouvoir, pour pouvoir commander, la grande masse désire avoir la paix, les bons veulent que les rois légitimes éloignent les méchants et les traîtres, et fondent un gouvernement fort. Et à la suite de cet état de choses la tranquillité ne s'établit pas ; on n'a pas confiance, et on en arrive à la folle idée de croire qu'après le départ des troupes étrangères, le roi sera détrôné, et que la guerre civile éclatera. Il faut remédier à cet état de choses, même

(1) Archives d'Etat à Vienne.

contre la volonté du roi et de ses ministres. Il nous faut toutes les garanties désirables. Faute de quoi nous ne pourrions pas évacuer la France sans encourir les justes reproches du monde, sans faillir aux devoirs que nous avons envers l'État qui nous est confié, et envers nos sujets. Avoir toujours ce but devant les yeux, convaincre les autres alliés, s'ils n'étaient pas de cet avis, voilà votre devoir. »

L'empereur ne jugeait donc pas la situation de la France d'une manière très favorable : et pour enlever à l'opposition tout motif de plainte, il ordonnait au chancelier « de prendre à la fin les mesures nécessaires pour que, l'on parle plus dans nos journaux de Napoléon, et qu'on ne l'injurie pas. »

La position de Bonaparte vis-à-vis des alliés n'est pas unique dans l'histoire du monde. Quand Lafayette tomba, le 19 août 1792, dans un avant-poste de l'armée autrichienne, l'Autriche se trouva dans la même situation que l'Angleterre en juillet 1815, quand elle reçut la nouvelle étonnante de l'arrivée de Napoléon à bord d'un navire de la flotte de Sa Majesté britannique. Mais Bonaparte n'avait qu'un point de ressemblance avec Lafayette « le danger que son existence pouvait faire courir à un moment donné à l'ordre des États (1). »

(1) Voyez l'article de Büdinger « Lafayette en Autriche » dans le numéro d'octobre 1878 des comptes rendu de la section de

Sainte-Hélène fut désigné comme lieu de séjour. C'était une façon de reconnaître la toute-puissance de Bonaparte ! Il fallait bannir cet homme extraordinaire dans une petite île de l'océan pour qu'il ne puisse plus bouleverser la terre.

« Tout eût pu être simplifié, à ce que disait Liverpool : le roi de France n'avait qu'à faire fusiller Bonaparte comme rebelle. (2) Mais comme Louis XVIII était loin de souhaiter une fin aussi tragique pour Napoléon, qu'il la craignait même, lord Liverpool ne trouva rien de mieux que de proposer aux alliés de confier à l'Angleterre la surveillance de leur prisonnier commun (3). Les puissances alliées ne cédèrent pas sur ce point, car l'article 3 de la convention du 2 août 1815, dit que « les cours impériales d'Autriche et de Russie, ainsi que la cour royale de Prusse, nommeront des commissaires qui se rendront au lieu de séjour fixé par sa Majesté Britannique à Napoléon Bonaparte, y resteront pour s'assurer de la présence du susdit Bonaparte, mais

philosophie et d'histoire de l'Académie impériale des sciences, tome XCIII, p. 227.

(2) Lord Liverpool à lord Castelreagh, Fivehouse, 20 juillet 1815. « Si le roi de France voulait pendre ou fusiller Bonaparte ce serait, à nos yeux, la meilleure solution pour cette affaire. » Youge, Charles Duke, *Vie et administration de Robert Banks, deuxième comte de Liverpool*, II, 99.

(3) Ibid., II, 196.

ne seront pas responsables de la façon dont le prisonnier sera gardé (4). »

Conformément à cet article, l'empereur François I⁰ᵉ
nomma au poste de commissaire à Sainte-Hélène,
Bartholomée, baron de Stürmer (5), né à Constantinople le 26 décembre 1787. Il était le fils du chevalier Ignace-Laurent Stürmer, externonce à Constantinople. En 1811, il avait été nommé « commis
de légation » à l'ambassade d'Autriche dé Saint-
Pétersbourg, après avoir été « Sprach-Knabe » à
l'Internontiature. En 1812 et 1813, il avait accom-

(4) Neumann, Recueil des traités, III, 37.

(5) Le rapport du prince de Metternich, daté de Paris, 24 août
1815, est ainsi conçu ;

« Les cours alliées, en décidant l'internement de l'ex-empereur
Napoléon dans l'île de Sainte-Hélène, ont décidé également
l'envoi de quatre commissaires, chargés de tenir les quatre
grandes puissances au courant de l'existence et du séjour de l'in-
terné. Je me permets de proposer à Votre Majesté, pour ce poste,
le baron de Stürmer, que ses bons et loyaux services ainsi que
son expérience et ses connaissances linguistiques mettent, ce me
semble, à même de le bien remplir. Cette mission entraînant
quelques difficultés et quelques dépenses, je crois pouvoir conseiller à Votre Majesté: 1° de donner à M. de St. le caractère d'un
commissaire impérial et royal ; 2° de lui allouer, pour la durée
de sa mission un traitement annuel de 1,2000 livres sterling
sans déduction d'aucune sorte; 3° de limiter la durée de sa mission à deux années non compris le voyage d'aller et le voyage
de retour. »

En marge de ce rapport, se trouve écrit de la main de l'Empereur: « J'approuve votre proposition. » Paris, 25 août 1815. (Archives d'Etat.)

pagné le prince Schwarzenberg en Gallicie enqualité de « véritable secrétaire de légation » et avait assisté en 1814 au congrès de Châtillon. Mais le gouvernement autrichien n'avait nullement, comme le dit Wursbach, confié au jeune secrétaire de légation, attaché spécialement au prince Schwarzenberg, une mission secrète. Stürmer était tout simplement le secrétaire du prince. On n'a qu'à voir à ce sujet un rapport de Metternich du 4 mai 1815, dans lequel il propose de permettre « au prince de Schwarzenberg de garder auprès de lui le chevalier de Stürmer, comme il l'avait fait en 1812 et pendant la campagne précédente. « Stürmer n'a nullement la qualité d'agent diplomatique, ce qui n'aurait aucune utilité à notre quartier général. Il n'a qu'à aider le prince dans sa correspondance avec les ministres ou les généraux des puissances alliées et dans d'autre cas semblables ». Un décret impérial du 12 mai 1815 autorisa le prince Schwarzenberg « à se servir du secrétaire de légation baron de Stürmer pour se faire aider dans sa correspondance. »

Après la paix de Paris, le baron Stürmer fut nommé secrétaire de légation à Florence. Il épousa, avant de se rendre à son nouveau poste, Ermance-Catherine de Boulet, fille d'un employé supérieur du ministère de la guerre français.

Les instructions, conformes à la convention du

2 août, que le prince de Metternich donna au baron de Stürmer, étaient conçues en ces termes :

« Les puissances alliées, après avoir décidé de prendre les mesures nécessaires pour rendre toute entreprise de Napoléon Bonaparte impossible, ont résolu de le réléguer dans l'île de Sainte-Hélène. Il y sera sous la surveillance spéciale du gouvernement britannique. Les cours d'Autriche, de Russie et de Prusse ont pris la résolution d'envoyer dans cette île des commissaires chargés de s'assurer de la présence de Napoléon Bonaparte sans qu'ils aient à endosser de responsabilité dans la surveillance. A la suite de cette convention signée à Paris, par les représentants d'Autriche, de Russie, de Grande-Bretagne et de France, le 2 août 1815, notre auguste Maître, Sa Majesté l'empereur, a daigné vous choisir pour son commissaire à Sainte-Hélène.

» La surveillance de Bonaparte étant confiée spécialement au gouvernement Britannique, vous n'avez à endosser aucune responsabilité à cet égard, mais vous avez à vous assurer de sa présence par des voies et moyens au sujet desquels vous aurez à vous entendre avec le gouverneur. Vous aurez soin de vous convaincre par vos propres yeux de sa présence. Vous dresserez un procès-verbal qui sera signé par vous et vos collègues et contresigné par le gouverneur. Chacun de Messieurs les commissaires est tenu d'envoyer tous les mois à son gouvernement un exemplaire de ce procès-verbal portant les signatures de tous les commissaires et le visa du gouverneur.

» Vous éviterez avec le plus grand soin tout rapport avec Napoléon Bonaparte et les personnages de sa suite. Vous repousserez d'une façon nette et claire, toutes les propositions que ces personnages pourraient vous faire, et s'ils se permettaient des démarches directes, vous aurez à en avertir sur le champ le gouverneur. Bien que vous ne soyez en rien responsable de la surveillance de Bonaparte et des personnes de sa suite, vous aurez à prévenir le gouverneur sans retard, si vous apprenez que Bonaparte cherche à s'évader ou à entretenir des relations à l'extérieur.

» Vos fonctions se résument au contenu des présentes instructions. Vous vous abstiendrez strictement et consciencieusement de toute démarche isolée ; notre intention absolue étant que vous agissiez toujours d'accord avec vos collègues et conformément à l'opinion du Gouverneur. Enfin, vous aurez à employer toutes les occasions qui pourront se présenter pour nous faire parvenir vos rapports (6). »

(6) Instructions pour M. le baron de Stürmer, commissaire

Ces instructions prouvent que l'empereur François tenait à rester sur la réserve vis-à-vis de Bonaparte. Les instructions du marquis de Montchenu (7), commissaire français, étaient conçues en termes à peu près identiques : l'empereur François avait à Sainte-Hélène des intérêts identiques à ceux de Louis XVIII, ce qui se passa après le rappel de Sturmer le prouva.

Les instructions du comte Balmain, commissaire russe, étaient tout autres (8). Elles ne différaient pas seulement de celles de l'envoyé autrichien sur des points de détail (9), mais elles montraient la conduite caractéristique de l'empereur Alexandre à l'égard de Bonaparte : seul entre tous les alliés, il désirait que l'on traitât Napoléon avec bonté et surtout avec respect, et avec les égards qui lui étaient dus (10). Quand Napoléon eut connaissance des sentiments de l'empereur de Russie, il chargea un de ses officiers de prier le comte Balmain de faire savoir à son maître « combien il le remerciait de ses sentiments (11). »

de S. M. I. et R. à l'île de Sainte-Hélène. Paris, le 31 octobre 1815. Archives de l'Etat, à Vienne.

(7) Voir note 19.

(1) Voir dépêche 5.

(9) Voir dépêche 5.

(10) L'Empereur Alexandre a souligné lui-même le passage qui précède.

(11) Dépêche 32.

Mais si rien dans les instructions données à Stürmer ne permet de croire que l'empereur François ait eu en quoi que ce soit pitié du sort de Napoléon, il ne faut cependant pas oublier que les instructions données par le prince Metternich contiennent l'ordre précis d'envoyer tous les détails relatifs au genre de vie et à l'état de santé de Bonaparte (12).

Stürmer suivit ces instructions à la lettre et les rapports du chancelier d'Etat prouvent que l'empereur François eut connaissance de tous les procès-verbaux envoyés de Sainte-Hélène par son commissaire.

Les trois commissaires, munis de leurs instructions, débarquèrent à Sainte-Hélène le 17 juin 1816 (13).

Les instructions indiquent clairement la position des commissaires à l'égard de Napoléon. Il est nécessaire de dire quelques mots sur la mission elle-même et surtout sur la façon dont elle était accueillie par le Gouvernement anglais et le Gouverneur de Sainte-Hélène, sir Hudson Lowe.

(12) Il serait superflu de vous recommander de continuer à nous tenir au courant de ce qui se passe à Sainte-Hélène et à nous transmettre par toutes les occasions qui se présenteront tous les détails que vous pourrez rassembler sur Bonaparte, son genre de vie, ses occupations, sa santé; enfin, sur tout ce qui peut être de quelque intérêt pour nous. » Au baron Stürmer, Vienne, le 16 mars 1817 (Archives).

(13) Forsyth, *Napoléon at St-Helena*, I, 180.

L'article trois de la Convention du 2 août 1815 était particulièrement gênant pour les Anglais. Une lettre particulière de Liverpool à lord Castelreagh, du 20 juillet 1815, nous montre combien le gouvernement anglais tenait à faire considérer Bonaparte comme son prisonnier et combien il voulait, autant que faire se pourrait, éloigner l'influence des autres puissances (14 . Les hommes d'Etat anglais eussent été plus tranquilles si les puissances avaient consenti n'envoyer qu'un *seul* commissaire à Sainte-Hélène « car, dit lord Liverpool, un seul homme peut beaucoup moins intriguer, moins gêner que trois ou quatre (15) ».

Cette jalousie anglaise se fit sentir dans les rapports qui s'établirent entre sir Hudson Lowe et les commissaires des trois grandes puissances.

Le but que la mission avait à remplir était de « donner à la chose un caractère européen » (16), comme le disait le baron Stürmer au marquis de Montchenu, et comme le disaient aussi les instructions du comte Balmain. Et c'est pour cela que les les commissaires étaient envoyés à deux mille lieues

(14. Younge, Charles Duke, *Vie et administraion de Robert Banks, second comté de Liverpool*, II, 119.

(15) Lord Liverpool à lord Castelreagh, 3 août 1815 ; Pane, Charles-William, correspondance, dépêches et autres manuscrits du vicomte de Castelreagh, X, 455.

(16) Dépêche n° 5, 2 septembre 1816.

de l'Europe et qu'ils recevaient un traitement mo-
dique, eu égard à la cherté de la vie à Sainte-Hélène, mais beaucoup trop élevé par rapport à la mission elle-même (17); les Archives prussiennes seules
pourraient nous dire pourquoi la Prusse n'envoya
pas de commissaire. Fût-ce pour une question
d'argent? la Prusse était à cet époque très à court.
Fût-ce pour ne pas se trouver en désaccord avec ses
compagnons d'armes de Warterloo?

Le ministère anglais était convaincu d'avance de
l'inutilité de la mission. Sir Hudson Lowe reçut
(par le navire même sur lequel étaient les commissaires), une dépêche secrète de Lord Balthurst, qui
lui faisait connaître, en date du 25 août 1815, son
avis sur l'inutilité de la mission. Mais la peur qu'a-
vait Lord Bathurst de voir les commissaires se lier
avec les compagnons volontaires d'exil de Napoléon,
lui faisait donner à sir Lowe le conseil « d'engager les
commissaires à se distraire par un petit voyage au
Cap » (18). Une invitation de ce genre ne se fit pas
attendre (19).

En vérité, la mission n'avait aucune influence sur

(17) Stürmer avait un traitement de 1,200 livres sterling ; le
marquis de Montchenu touchait 60,000 fr. (n° 27, 31 ootobre
1817), le comte Balmain, 2,000 livres sterling (n° 32, 31 octobre
1817).

(18) Forsylh. *Napoléon à Sainte-Hélène*, I, 190.

(19) N° 13, 4 juillet 1817.

la manière dont Napoléon était gardé. Elle ne servit qu'à aigrir l'empereur exilé et à procurer des désagréments au Gouverneur.

La baron Stürmer revint à plusieurs reprises sur l'inutilité de sa mission.

Sir Hudson Lowe fit encore à Londres de nombreuses démarches pour arriver à décider les puissances à retirer leurs commissaires (20). Il prévoyait les difficultés qu'ils seraient obligés de lui faire. Napoléon s'écria, en apprenant l'arrivée des commissaires : « Quelle folie d'envoyer ces gens-là ici ! Ils n'ont pas à me surveiller ? ils ne sont pas responsables ? Mais alors, ils n'ont qu'à se promener dans les rues et à grimper sur les rochers. (21) »

L'amiral Malcolm, qui était un adversaire déclaré des commissaires, qui saisissait toutes les occasions d'exciter l'opinion publique contre eux, dit au baron Stürmer, ouvertement, dans une heure ou « le vin l'entraînait à la confiance » : « Pourquoi avoir envoyé ici des gens titrés et décorés? On n'aurait eu besoin que d'officiers subalternes qui auraient vécu avec les nôtres et qui auraient beaucoup moins coûté à vos cours, Ils n'auraient eu qu'à donner signe de vie tous les six mois : cela aurait suffi! Car les cours ne veulent qu'avoir des commissaires

(20) N° 6, 13 décembre 1816.
(21) O'Meara, I, 64.

à Sainte-Hélène ; et elles veulent surtout qu'on le sache ! Car, si elles voulaient savoir ce qui se passe ici, elles n'auraient qu'à s'adresser à nos ministres à Londres qui pourraient bien mieux les renseigner que vous, puisque le gouverneur les tient au courant de tout ce qui se passe ici. (22) » Sir Hudson Lowe partageait l'opinion de son compatriote : à son sens les commissaires « avaient pour mission de constater machinalement la présence de Bonaparte. (23) »

Les instructions du gouverneur lui ordonnaient de s'en tenir, vis-à-vis des commissaires, au texte de la convention du 2 août 1815 (24). Il est certain que les instructions des commissaires étaient beaucoup plus précises que celles du Gouverneur. Sir Hudson Lowe (25), dès la première conférence qu'il eût avec les représentants des alliés, ne put cacher son étonnement au sujet des instructions du marquis de Montchenu et du baron Stürmer, qui parlaient de la signature que le gouverneur avait à apposer au bas de chaque procès-verbal, tandis que ses instructions, à lui, n'en disaient rien.

Et quand le comte Montholon, le 23 août 1816,

(22) N. 13, 4 juillet 1817.
(23) N. 6, 13 décembre 1816.
(24) N. 5, 2 septembre 1816. Voir aussi Forsyth, I, 438.
(25) Napoléon, XXXII et suivants.

écrivit à sir Hudson Lowe, que Napoléon protestait contre la convention du 2 août 1815, — en vertu de laquelle les commissaires résidaient à Sainte-Hélène, — tout espoir de voir Bonaparte, en mission officielle, fut perdu pour les commissaires.

Lowe, il est vrai, se déclarait prêt à soutenir en tout les réclamations des commissaires, « l'emploi de la force fût-il nécessaire », mais, par considération pour la responsabilité du gouverneur, par égard « pour les liens de parenté qui unissaient Bonaparte à la famille impériale et à plusieurs maisons souveraines en Europe », les commissaires se décidèrent à attendre de nouvelles instructions (26). Ils eurent rempli leur mission beaucoup plus facilement, s'ils n'avaient pas demandé à sir Lowe, dans des notes officielles, de les présenter à Napoléon comme commissaires. Leurs instructions ne leur prescrivaient pas de suivre cette marche : elles leur disaient simplement de demander au Gouverneur de leur fournir l'occasion de voir Napoléon. Il n'est, du reste, pas à mettre en doute que l'échec de leur mission fut surtout causé par la conduite singulière du marquis de Montchenu (27). Louis XVIII, mécontent des discussions qui avaient eu lieu entre son commissaire et sir Hudson Lowe, se déclara prêt à donner au

(26) N. 5, 2 septembre 1816.

marquis de Montchenu l'ordre de ne plus essayer de voir Bonaparte, si le gouvernement autrichien était disposé à donner des instructions semblables au baron Stürmer (28). Le prince Metternich, qui était convaincu « que les conditions de surveillance ne seraient pas changées par la visite des commissaires », fit prier Louis XVIII de donner les ordres nécessaires « pour éviter l'accomplissement d'une formalité qui pourrait être pénible pour sir Hudson Lowe. (29) »

Le prince écrivit dans le même sens au baron Stürmer lui enjoignant de ne pas insister mais d'atendre une occasion fortuite (30).

(27) N., 2 septembre 1816.

(28) «... Le ministère du roi a appris avec peine les discussions qui avaient eu lieu sur cela entre le commissaire français et M. le Gouverneur, et pour prévenir les difficultés qui pourraient en résulter, M. le comte de Caraman a été chargé de nous dire que le roi était prêt à faire parvenir à M. de Montchenu l'ordre de ne point insister sur sa première demande, si nous ne trouvions aucun inconvénient à donner, de notre côté, les mêmes instructions à M. le baron de Stürmer. » Au prince Esterhazy, à Londres. Vienne, le 12 janvier 1817. (Archives de l'Etat, à Vienne.)

(29) Ibid.

(30) « Comme nous désirons... que vous évitiez avec soin tout ce qui pourrait faire naître de nouveaux embarras pour M. le gouverneur, nous n'hésitons pas à vous inviter, à lui déclarer que, s'il ne se présente pas pour vous une occasion naturelle de vous convaincre de la présence de Bonaparte à Sainte-Hélène, vous renoncerez à satisfaire àce point de vos instructions. » Vienne, le 12 janvier 1817. Archives de l'État.

Ce qui n'empêcha pas Metternich de charger le prince Esterhazy de rappeler à lord Castlereagh qu'à la conférence du 2 août 1815, « on avait décidé de respecter ponctuellement ces formalités, que les instructions des commissaires n'étaient que la copie des procès-verbaux de la susdite conférence et que les puissances étaient en droit de demander que sir Hudson Lowe se mette en mesure de procurer à leurs commissaires la possibilité de s'assurer de la présence de Bonaparte (31). »

Le marquis de Montchenu reçut des instructions dans ce sens (32) ; le comte Balmain n'en avait pas besoin.

Mais tandis que Napoléon refusait absolument de recevoir les commissaires revêtus de leur caractère officiel, il leur laissait toujours la possibilité de se faire présenter à lui par l'entremise du comte Bertrand et comme hommes du monde. Le gouverneur, n'ayant pas les pouvoirs nécessaires pour contenter les deux partis, dut demander de nouvelles instructions en Angleterre (33). Ces instructions arrivèrent au commencement de l'année 1818 (34) ; elles étaient claires : les commissaires ne pouvaient pas

(31) Au prince Esterhazy à Londres. Vienne, 12 janvier 1817. Archives de l'État à Vienne.
(32) N. 20, 26 juillet 1817.
(33) Forsyth, I, 233.
(34) Forsyth, II, 245.

être présentés à Napoléon en une autre qualité que leur qualité officielle. Napoléon eût été enchanté de recevoir les commissaires, sans caractère officiel bien entendu ; il le leur avait fait dire, il leur avait même fait les plus grandes avances.

Celui de tous les commissaires que Napoléon eût été le plus aise de voir, était le représentant de l'empereur d'Autriche à la cour duquel vivait le duc de Reichstadt. Les mémoires du comte Las Cases racontent plus d'une fois, combien le sort de son fils inquiétait l'empereur banni, combien de fois et avec quel amour il parla de l'impératrice Marie-Louise. La maladie qui le minait, dès cette époque, l'avait rendu plus sensible. Il envoya un jour le comte Montholon demander au baron Stürmer. « Si en cas de maladie grave le baron Stürmer refuserait de venir le voir et s'il pouvait être sur que Stürmer dirait à l'empereur, seul, ce qu'il lui confierait. » Le comte Montholon, qui s'acquitta de son message en présence du comte Balmain, ajouta qu'il s'agissait de dispositions relatives à l'impératrice Marie-Louise et au fils de Bonaparte (35).

Le baron Stürmer ne put que répondre qu'il demanderait à son gouvernement des instructions. Il n'en reçut pas et rien dans les rapports présentés

(35) N. 32, 31 octobre 1817.

par le prince Metternich à l'empereur François ne permet de croire que l'empereur fût informé de cet incident. Et Stürmer ne parla jamais à Napoléon.. Ce fait prouve que l'empereur François considérait toutes ses relations avec « Bonaparte » comme rompues.

Bertrand, Montholon et Gourgaud profitaient de toutes les occasions pour dire aux commissaires « combien on souhaitait les voir à Longwood, et pour les engager à aller chez madame Bertrand, dans le salon de laquelle ils verraient Bonaparte (36). »

Ces démarches faites par les Français de Longwood étaient dictées par de singulières espérances; ils croyaient que les commissaires étaient chargés de faire des communications soit verbales, soit écrites et qu'ils n'attendaient qu'une occasion favorable pour s'acquitter de leur mission. Mais quand, avec le temps, l'on s'aperçut de l'inanité de ces espérances, on recherchas les commissaires pour tâcher de faire propager par eux la nouvelle de la triste situation des Français à Longwood (37).

La situation des commissaires n'était donc pas agréable. Recherchés par les uns, soupçonnés par

(36) N. 32, 31 octobre 1817.
(37) Ibidem.

les autres, il ne s'ouvrait aucun champ pour leur activité. Cette situation était surtout pénible pour le commissaire Autrichien qui avait servi jusqu'à ce moment d'une façon active et qui se trouvait, maintenant, chargé pour la durée de deux ans, d'une mission qui n'avait de diplomatique que le nom. Le prince Metternich ne se fît pas faute d'en faire l'observation (38) au baron Stürmer.

Aucun commissaire n'avait à s'observer autant que le représentant de l'Autriche, parce qu'on craignait toujours que la cour de Vienne ne fît de secrètes tentatives pour communiquer avec Napoléon (39), parce que Stürmer était le seul commissaire qui fût de la carrière et que l'on s'imaginait qu'on avait choisi un diplomate dans un but déterminé et enfin parce que madame de Stürmer était française et avait été, avant son mariage, en rapport avec la famille Las Cases (40).

Les Anglais de Sainte-Hélène n'étaient peut-être pas au courant de ces relations mondaines, mais elles étaient suffisantes pour donner à la petite co-

(38) « Votre qualité de commissaire ne vous donne pas un caractère diplomatique ». Vienne; le 26 mars 1817. (Archives de l'État.)

(39) L'affaire du jardinier de la cour, Philippe Welle, sur laquelle Stürmer s'étend dans les dépêches qui suivent, ne fît qu'augmenter cette crainte.

(40) Las Cases, V, 359.

lonie française envie de se lier avec la famille Stürmer. Le commissaire autrichien et sa femme n'en
évitèrent que plus scrupuleusement tout ce qui
pouvait les compromettre eux ou la cour de
Vienne (41). Et Stürmer savait fort bien combien
grandes étaient les difficultés de sa mission quand il
en parlait dans sa dépêche du 4 juillet 1817 (42).

Les rapports du gouverneur et des commissaires,
rendus dès l'abord très difficiles par les instructions
reçues par sir Hudson Lowe, qui ne s'occupaient
que de la convention du 2 août 1815 et par l'absence
de tout caractère diplomatique dans la mission des
commissaires, le devinrent encore plus quand le
gouvernement anglais eut laissé échapper une occasion de les faciliter. Le 28 juin 1816, sir Hudson
Lowe publia les deux actes du Parlement du 4 avril
de la même année, par lesquels le gouverneur ou
son remplaçant était investi de pouvoirs exception-
nels, et autorisé à faire arrêter tout individu coupable d'avoir enfreint ses ordres. Il avait le droit
(sans encourir aucune responsabilité) d'employer
au besoin des moyens illégaux. Mais quand sir
Hudson Lowe, en parlant de ses pouvoirs illimités,
ajoutait: « Ma sécurité ne repose que sur les actes

(41) N. 7. 31 décembre 1816.
(42) N. 13.

du Parlement (43) », il ne pouvait faire allusion qu'aux Anglais et aux Français soumis à sa juridiction, car il ignorait les pouvoirs que les actes du Parlement lui donnaient sur les commissaires et leurs gens. Il avouait ouvertement au baron Stürmer (44) qu'il avait lu Puffendorf, Vatel, Grotius, sans avoir trouvé quoi que ce soit qui pût s'appliquer à la position des commissaires. Le baron Stürmer fut assez diplomate pour lui répondre, que lui Stürmer souhaitait fort que les domestiques des commissaires fussent soumis aux actes du Parlement, ce qui faciliterait beaucoup la surveillance.

Néanmoins la peur de voir les commissaires échapper à la surveillance des actes du Parlement ne fit qu'éveiller la défiance du gouverneur. Il ne pouvait pas s'habituer à vivre avec des hommes indépendants, qu'il considérait comme « les avocats » (45) de ceux qu'il avait à surveiller.

Le 29 septembre 1816, la frégate « Eurydice » apporta au gouverneur l'ordre de considérer comme soumis aux actes du Parlement, tout individu vivant ou étant de passage à Sainte-Hélène (46). Il s'empressa d'en informer tous les commissaires : mais

---

(43) N. 7, 13 décembre 1816.
(44) N. 13, 4 juillet 1817.
(45). 4 juillet 1817.
(46). V. 7, 31 décembre 1816.

comme lord Bathurst ne l'avait pas chargé de lire les ordres en question aux commissaires, il est clair que le gouvernement Britannique n'avait pas l'intention de leur étendre ces mesures. Le baron Stürmer l'ayant fait observer à sir Hudson Lowe, reçut de lui la réponse suivante: « Les commissaires sont libres d'interpréter la dépêche de lord Bathurst à leur guise (47) ».

Stürmer s'empressa de demander des instructions à Vienne. On lui répondit le 16 mars 1817: « Nous n'hésitons à vous ordonner de répondre à sir Hudson Lowe que, si les actes du Parlement du 11 avril 1816 s'appliquent indistinctement à toutes les personnes qui vivent ou débarquent à Sainte-Hélène, vous vous y soumettrez, vous et toutes les personnes de votre maison. Car, du moment où vous n'êtes pas revêtu du caractère diplomatique, du moment que vous n'êtes que chargé d'une mission, vous devez vous soumettre aux lois du pays dans lequel vous vivez (48). »

Le prince Régent avait cependant dû considérer la mission des commissaires comme une mission diplomatique ! Du reste le baron Stürmer ne pouvait pas se soumettre aux actes du Parlement, si ses collègues ne recevaient pas des instructions analogues

(47). Ibid.
(48). Vienne, 26 mars 1817. (Archives de l'Etat.)

b.

aux siennes. Or, le marquis de Montchenu déclara au Gouverneur que son roi ne permettrait jamais qu'un commissaire français fût passible des lois anglaises. (49).

Sir Hudson Lowe, qui avait demandé de plus amples instructions, reçut le 1er juillet, 1817 par « le Conqueror », l'ordre de considérer les gens des commissaires comme soumis aux actes du Parlement (50). C'était ce que le baron Stürmer lui avait proposé quelques mois auparavant, et sir Hudson Lowe avait été assez juste pour le faire savoir à Londres. Stürmer eut été exposé à beaucoup moins de désagréments, si ces mesures avaient été prises dès l'abord. Les deux lettres et la boucle de cheveux du duc de Reichstadt, la lettre apportée par des gens de la suite de Stürmer, les visites secrètes faites par le marquis de Montchenu à des amis de Napoléon, firent croire à sir Hudson Lowe que les commissaires aspiraient à avoir une situation favorisée, à laquelle ils n'avaient aucun droit, et lui donnèrent l'occasion d'écrire à son gouvernement que l'arrivée des commissaires avait considérablement affaibli l'effet des actes du Parlement (51).

(49). N. 7, 31 décembre 1816. Nous n'avons pas les instructions reçues par le marquis de de Montchenu et par le comte de Balmain.

(50). N. 19, 26 juillet 1817.

(51). Ibid.

A cette fausse situation, résultat d'instructions
insuffisamment données et comprises, venait encore
s'ajouter le caractère difficile du Gouverneur. Sir
Hudson Lowe était d'une intelligence médiocre : ferme
comme un roc, les « idéologues » comme Bertrand, Montholon et Las Cases, ne pouvaient que
paraître ridicules : il remplissait son devoir consciencieusement, à la lettre ; et ayant toujours peur
d'être pris en défaut, il était méfiant, emporté et
avec tout cela irréfléchi.

Le fait suivant prouve combien sir Hudson Lowe
avait peur de voir sa situation à Sainte-Hélène ébranlée. Le Gouverneur apprit, peu de temps après l'arrivée des commissaires, que l'un des gens de Stürmer
s'était chargé d'une mission secrète, la remise à Marchand, valet de chambre de Bonaparte, d'une lettre
et d'une boucle de cheveux du duc de Reichstadt. Il
soupçonna immédiatement Stürmer d'avoir eu connaissance de ce complot, et sut lui enlever les moyens
de correspondre avec l'Europe ! Stürmer n'envoya
pas de rapport du 13 juin au 2 septembre 1816.

Le prince de Metternich, qui ne comprenait rien
au silence de son envoyé, sut bientôt à quoi s'en
tenir. L'histoire de la boucle de cheveux lui fut
écrite, inexactement, il est vrai, de Paris et de Londres (52), et il comprit que le gouvernement anglais

(52). Le prince Esterhazy écrit, en date du 16 novembre 1861 :

s'était arrangé de façon à ce que le commissaire Autrichien fût dans l'impossibilité d'envoyer ses dépêches à temps. (53).

La façon d'agir du gouvernement Anglais et du Gouverneur de Sainte-Hélène, était telle, que le gouvernement autrichien, soupçonné involontairement, ne pouvait pas la passer sous silence : le prince Metternich fît demander par le prince Esterhazy des

« Il y a près d'un mois qu'il s'est trouvé, dans le *Morning Chronicle*, un article de Sainte-Hélène, où il était dit que l'arrivée d'une lettre, qui contenait une boucle de cheveux du jeune Napoléon, avait causé de grandes réjouissances à Longwood. Ce n'est qu'en apprenant peu de temps après que cette nouvelle se trouvait confirmée par le colonel Keeting, qui venait d'arriver directement de Sainte-Hélène, qu'elle s'était même ébruitée par son canal, qu'on ajoutait que cette lettre était arrivée simultanément avec les commissaires, et qu'on nommait même vaguement une servante attachée à M. de Stürmer, pour s'en être chargée, que je crus devoir tâcher d'éclaircir ce fait par des voies indirectes et sans y ajouter la moindre importance. J'appris d'abord, par des personnes de la connaissance intime du colonel Keeting et plus tard par lui-même, que le fond de la nouvelle insérée dans le *Morning Chronicle*, était vraie. »

Le baron Vincent écrit le 12 novembre 1816 : « Il y a quelque temps que sir Charles Stuart me dit qu'on prétendait que Bonaparte avait fait parvenir des lettres en Europe, et qu'il avait reçu des cheveux de son fils, par le moyen de madame de Stürmer ». Archives de l'Etat. Voir plus loin les dépêches de Stürmer, relatives à cet incident.

(53). « Il est maintenant hors de doute que c'est le gouvernement anglais, lui-même, qui doit priver M. de Stürmer des moyens de correspondance qui se trouvent à la disposition de ses collègues. » Au prince Esterhazy à Londres. Vienne, le 4 décembre 1816. Secrète. Archives de l'Etat.

explications. La haine profonde que le gouvernement de Vienne nourrissait à l'égard des partisans de Bonaparte, se montra à cette occasion dans cette phrase qui se trouve à la fin de la dépêche adressée par Metternich à l'ambassadeur à Londres : « Votre Altesse s'entretiendra à ce sujet, confidentiellement et très amicalement avec Lord Castlereagh qui est trop perspicace pour ne pas comprendre que toute nuance dans la façon dont est traité le commissaire autrichien, ne servirait qu'à encourager les espérances, soit affectées, soit véritables, dont se berce le parti Bonapartiste, qui devrait pourtant depuis long-temps avoir renoncé à tout espoir de voir une puissance quelconque s'intéresser au sort d'un homme qui est l'objet de la malédiction universelle (54). »

La dépêche d'Esterhazy, du 3 janvier 1817, était de nature à tranquilliser complètement Metternich : le cabinet n'avait jamais eu l'intention de soupçonner la cour de Vienne où son commissaire : sir Hudson Lowe avait été trop loin dans son zèle méfiant (55).

(54). Au prince Esterhazy, à Londres. Vienne, 4 décembre 1816. Archives de l'Etat.

(55) « Je dois rendre justice au gouvernement anglais qu'il n'a attaché aucune importance à cet événement, lorsqu'il est parvenu à sa connaissance, et qu'il a été loin de faire un reproche à M. Stürmer d'une chose qu'il ne pouvait pas prévoir. Bien loin d'admettre aucune espèce de prévention contre M. de Stürmer de la part du ministère anglais, celui-ci m'en a fait l'éloge dans plus d'une circonstance, et l'exactitude avec laquelle

Avec le temps, le gouverneur évita de parler « des affaires » avec les commissaires, et se bornait à répondre aux questions qu'on lui posait « qu'il désirait ne pas avoir besoin de répondre (56) ».

Il n'avait pas trouvé bon d'informer officiellement les commissaires de l'arrestation du comte Las Cases : le hasard voulut que les commissaires dînassent le soir chez sir Hudson Lowe qui leur dit à table : « Je viens de faire arrêter le comte Las Cases ; il avait voulu soudoyer un habitant de l'île », puis il parla d'autres choses (57). Sir Hudson Lowe cacha de même aux commissaires tout ce qui eut rapport à l'affaire du buste du jeune Napoléon qu'un matelot d'un navire anglais, du nom de Radowich, avait apporté à Sainte-Hélène, dans l'espoir de le faire parvenir à Napoléon (58). Le Baron Stürmer ne dit rien

lord Bathurst m'a prévenu de chaque occasion pour Sainte-Hélène détruirait tout soupçon que ce soit d'ici que l'on veuille entraver les communications avec notre commissaire ; mais connaissant sir Hudson Lowe pour un homme très méfiant, je n'ai pu me refuser à le soupçonner de dérober aux commissaires la connaissance du départ des bâtiments de Sainte-Hélène. » Archives de l'État.

(56) N° 6, 13 décembre 1816.

(57) N. 7, 13 décembre 1816

(58) Voir Forsyth, II, 145 : O'Méara, II, 100 ; Montholon, 172. Mais le buste « ne fut nullement fait sur la demande de l'impératrice Marie-Louise comme preuve de souvenir affectueux pour le père et le mari », car l'impératrice Marie-Louise avait rompu toute relation avec la famille Bonaparte ; elle défendait même à

à ce sujet dans ses rapports et le gouvernement autrichien fut mis au courant par son ambassadeur à Londres (59).

tout Français de séjourner dans le Grand-Duché. Le 4 décembre 1816, le prince Metternich écrivait à l'ambassadeur autrichien à Londres : « Rien n'est plus correct que la conduite de madame l'archiduchesse Marie-Louise, elle pousse même la réserve jusqu'au scrupule. Elle a non seulement rompu toute relation avec la famille Bonaparte, mais elle ne permet le séjour à aucun Français dans son pays. Si elle a des difficultés à vaincre ce n'est plus avec les individus de cette nation, mais bien plutôt avec la foule d'Anglais voyageurs qui parcourent l'Europe et l'Italie et qui prêchent les doctrines les plus révolutionnaires et les plus antisociales. » Archives de l'État.

(59) Le Prince Esterhazy mande à ce sujet, le 7 septembre 1816 : « Lord Bathurst m'a communiqué dernièrement les dépêches de sir Hudson Lowe avec plusieurs documents relatifs à un nommé Filippus Radowich, matelot à bord d'un batiment anglais, convoyant des objets d'approvisionnement à l'île de Sainte-Hélène. Votre Altesse verra, par ces pièces, que j'ai l'honneur de joindre sous ce pli, que ledit Radowich avait été chargé par la maison de commerce Biagini, établie ici, de remettre à Bonaparte un buste représentant son fils; ce buste doit avoir été remis à cette maison par un nommé Boraschi qui y était employé; celui-ci est un jeune homme de vingt-un ans, natif de Como, où il avait un oncle fort riche dont il attendait toute la fortune, mais qui finit par le déshériter, se trouvant négligé par son neveu qui passait son temps à Milan où il faisait des dettes. La mère de ce même Boraschi est morte, il y a peu de mois, et lui a laissé une fortune de trente à quarante mille francs, sur laquelle il anticipe dans ce moment. Il a quitté la maison Biagini établie ici depuis environ quarante ans; sans avoir accumulé une grande fortune, elle possède des fonds suffisants pour son commerce, qui consiste principalement en chapeaux de paille d'Italie; elle jouit d'un bon crédit à la Bourse par son exactitude et sa rectitude en affaires. Le nommé Borraschi accompagna l'année dernière un des fils de cette maison à Paris où elle avait quelques intérêts à

Le commissaire ne pouvait donc s'occuper que de « bagatelles ». (60)

Les désagréments que Stürmer avait à supporter dans sa mission ne faisaient qu'augmenter son désir d'être rappelé. Il faisait des plans pour l'avenir, parlait avec enthousiasme de l'Amérique « où il pourrait achever sa mission (61). » Cette phrase se rapporte à des relations secrètes que Joseph Bonaparte cherchait à établir entre l'Amérique et Sainte-Hélène (62).

Le Baron Stürmer avait essayé autant que possible de suivre les instructions de son gouvernement et d'éviter toute occasion de se compromettre; s'il ne put pas toujours éviter les malentendus, c'est qu'étant diplomate, il considérait sa mission comme une mission diplomatique. Il lui fallut, à son grand

arranger; il est possible que ce soit là où ce jeune homme a reçu ce buste ou peut-être que ce ne soit qu'une simple spéculation de marchand. Les difficultés et les grands frais, que le sieur Biagidi dit dans sa lettre au nommé Radowich, avoir eus pour obtenir la ressemblance de ce buste, doivent faire croire que ce ne sont que des prétextes pour obtenir une plus grande somme ou récompense de Bonaparte — lord Bathurst n'a pas l'air de mettre aucune autre importance à toute cette affaire, surtout qu'un des faits principaux avancés par le dit Biagini dans sa lettre est faux, nommément que la ressemblance du fils de madame l'archiduchesse a été prise lorsque cette princesse est venue avec lui aux bains de Livourne. » Texte original.

(60) N° 10, 4 juillet 1817.

(61) N° 2, 10 janvier 1817 *privatim*.

(62) M. Schlitter s'occupe de cette question. (N. D. T.)

regret, reconnaître que sa conduite n'était pas toujours approuvée par son chef. Il avait, du reste, eu
le grand tort de ne pas avoir su tirer parti du singulier caractère du gouverneur : il eut été de la plus
grande utilité pour sa mission et de tout agrément
pour sa personne de ne pas se mettre sur le pied de
guerre avec sir Hudson Lowe. Le Prince Esterhazy
fut obligé de mander à Vienne que le gouvernement
anglais s'était plaint dans les termes les plus couverts,
il est vrai, du mécontentement produit par cette
situation (63). C'était le commissaire autrichien qui
avait réveillé, dans le gouvernement anglais, l'an-
cienne antipathie à l'égard des commissaires étrangers et qui lui avait rappelé que leur mission n'avait
jamais été vue à Londres d'un bon œil. Le prince
Esterhazy ne put s'empêcher de prier le baron Stürmer de se réconcilier avec le Gouverneur et d'éviter
des discussions qui ne pouvaient que nuire à la mission (64). Le prince de Metternich approuva entière-

(63) « Les inconvénients de cet ordre de choses se font même déjà
sentir en quelque sorte, puisque les rapports du gouverneur ne parlent pas de M. de Stürmer d'une manière favorable, ce qui ne laisse
pas de produire quelque impression fâcheuse sur le ministère,
quoiqu'on ne m'en ait jamais parlé ici officiellement et toujours
dans les termes les plus ménagés ». Londres, 19 février 1817. Archives.

(64) « J'ai adressé une lettre particulière à M. de Stürmer
pour l'engager à mettre plus de facilité dans ses formes et j'espère que Votre Altesse approuvera cette mesure pour laquelle
je n'ai pas cru devoir perdre de temps. » Ibid.

ment la conduite de l'ambassadeur (65), désapprouva en tout point le commissaire (66), et écrivit « que la mission des commissaires à Sainte-Hélène n'était en rien à comparer avec la position des ambassadeurs. Bien que vous ne soyez pas prisonnier à Sainte-Hélène, vous devez être le premier à vous soumettre aux mesures de sûreté et de précaution que le Gouverneur croit devoir prendre. Vous n'avez qu'à constater sur les lieux la présence de Bonaparte : c'est là toute votre mission (67) ». Le prince Esterhazy fut chargé de dire à lord Castlereagh que « l'Empereur pensait de la sorte », et le gouvernement dut bien voir que l'Autriche s'en tenait à la convention du 2 août 1815, beaucoup plus strictement que la Russie. Les plaintes de Stürmer n'arrivèrent qu'à prouver au Gouvernement autrichien que le « Gouverneur remplissait exactement les devoirs de sa charge, et que le choix d'un pareil homme, d'un caractère si énergique, avait été excellent (68). » Metternich écrivit au baron Stürmer que « Sa Majesté désapprouvait entièrement sa conduite avec sir Lowe, le style

(65) « J'approuve entièrement que vous ayez écrit à M. de Stürmer pour l'engager à se conduire d'une manière plus mesurée dans ses rapports avec le Gouverneur de l'île de Sainte-Hélène. » Vienne, 6 mars 1817.

(66) « M. de Stürmer a tort en tout point. » (Ibid.)

(67) Au prince Esterhazy, à Londres. Vienne, 6 mars 1817.

(68) Ibid.

de sa correspondance avec le Gouverneur et les déclarations qu'il lui avait faites au sujet du jardinier Philipp Welle (69). » Mais les rapports du commissaire autrichien et du Gouverneur ne devinrent pas meilleurs et ne furent peut-être pas sans influence sur la résolution prise par le gouvernement autrichien de rappeler son commissaire. Le 13 octobre 1817, Metternich proposa à l'empereur François de rappeler le baron Stürmer et de le nommer consul-général auprès des Etats-Unis d'Amérique (70).

(69) Vienne, 26 mars 1817. Archives de l'Etat.

(70) « Si la situation politique rendait nécessaire, en 1815, l'envoi d'un commissaire à Sainte-Hélène, les événements politiques, si changés depuis, ont fait disparaître cette nécessité : cette mission coûtant fort cher, la situation financière fait souhaiter la suppression de ce poste ; je propose donc humblement à Votre Majesté de rappeler le baron de Stürmer, et de le nommer au poste de Consul général Impérial et Royal aux Etats-Unis de l'Amérique du Nord. »

NAPOLÉON

A SAINTE-HÉLÈNE

N. 1.

Londres ce 1ᵉʳ avril 1816.

Mon prince,

Il n'y a que deux jours que les mesures relatives
au départ des commissaires pour l'île Sainte-Hélène
ont été définitivement arrêtées. On nous avait annoncé d'abord que nous nous embarquerions sur le
New-Castle; mais la nouvelle destination de l'amiral
Malcolm, qui doit aller prendre le commandement
de l'escadre actuellement sous les ordres de l'amiral
Cockburn, a fait changer cette première disposition.
M. Malcolm devant faire le trajet sur le *New-Castle*
qui sera le vaisseau amiral, et emmenant avec lui
son épouse et une suite nombreuse, il a été décidé
qu'il ne prendrait avec lui que les deux commissaires qui ne sont point mariés. On me destine à
moi seul l'*Oronte*, une frégate de 46, commandée

par le capitaine Cochrane, neveu de l'amiral du même nom. Les deux vaisseaux mettront à la voile ensemble.

M. Malcolm, chargé par l'amirauté de tout ce qui a rapport à notre départ, est convenu avec nous que nous nous trouverions tous réunis à Portsmouth, le 10 de ce mois.

Il y a toute apparence que nous nous embarquerons le 13 ou le 14. Nous ne relâcherons, pendant toute la navigation, qu'une seule fois, ce sera à Ténériffe, et non pas à Madère. Agréez...

Baron Sturmer.

N° 2.

Londres, ce 1er avril 1816.

Mon prince,

Lorsque j'ai pris la liberté de vous entretenir, quelques instants avant mon départ de Milan, du désir qu'avait mon père d'obtenir la dignité de conseiller intime, Votre Altesse me fit espérer qu'elle aurait la bonté d'en faire la proposition à Sa Majesté l'empereur. Quelque confiance que cette promesse dût m'inspirer, j'étais loin de croire que les vœux de mon père et les miens se trouveraient accomplis trois jours après. Daignez, mon prince, en agréer ma plus vive reconnaissance; le souvenir des marques multipliées de bienveillance que Votre Altesse a données à mon père et surtout celui des bontés dont Elle ne cesse de me combler depuis huit mois, resteront gravés dans mon cœur en caractères ineffaçables.

Nous touchons enfin au moment de notre départ. On dit beaucoup de bien de l'amiral Malcolm; c'est un frère de Sir John Malcolm, qui a été ambassadeur en Perse. En fait d'égards, on a comblé la mesure envers nous. Dans la crainte que madame de Sturmer ne soit pas logée convenablement sur le *New-Castle*, puisque l'amiral Malcolm emmène sa femme, on a destiné l'*Oronte* pour moi seul, où nous serons à merveille.

Le comte de Balmain, mon collègue, s'est fait une mauvaise affaire; il a ramassé à Paris une jeune couturière dont il voudrait faire sa maîtresse à Sainte-Hélène. On s'en est indigné ici. Quoiqu'il ait eu la faiblesse de la mettre sur la liste qu'on nous a demandée des personnes qui doivent nous accompagner, et de la faire passer pour lingère, on espère pourtant généralement, qu'on ne la laissera pas partir avec lui...

Baron STURMER.

N. 2.

Orotava, dans l'île de Ténériffe, ce 4 mai 1816.

Mon prince,

Nous avons quitté Portsmouth le 21 du mois passé. Les deux vaisseaux ont mis à la voile ensemble. Le *New-Castle* étant le vaisseau amiral, c'est lui qui a dirigé la marche.

Notre navigation a été des plus heureuses que l'on puisse voir. Le temps a été constamment beau, et le vent toujours excellent. Presque toute la journée du 21 s'est passée autour de l'île de Wight; le 22 nous sortîmes du canal, nous longeâmes la côte de France et nous nous trouvâmes à la hauteur de Brest; le 23 et le 24, nous traversâmes la baie de Biscaye où la mer était extrêmement houleuse; le 25 et le 26 nous longeâmes les côtes d'Espagne; le 27 nous nous trouvâmes à la hauteur du cap Saint-Vincent, du détroit de Gibraltar et de l'Afrique; le 28 nous passâmes devant Porto-Santo et Madère; le 29 nous approchâmes des îles appelées Sauvages; le 30, à midi, nous aperçûmes le pic de Ténériffe, et le 1er de ce mois nous descendîmes à terre.

C'est demain à deux heures après midi que nous

devons nous rembarquer. L'amiral Malcolm espère
arriver à Sainte-Hélène en sept semaines, à moins
que les calmes que l'on éprouve sous la Ligne, dans
cette saison, ne ralentissent notre marche.

* * *

N° 3.

A bord de l'*Oronte*, sous le onzième degré de latitude et le
dix-neuvième de longitude, ce 15 mai 1816.

Mon prince,

Nous venons de rencontrer une corvette anglaise,
le *Banu*, qui vient d'Afrique et qui va aux Indes
Occidentales, pour se rendre de là en Angleterre.

Je profite de cette occasion pour mander à Votre
Altesse que nous sommes partis de Ténériffe le 5 de
ce mois, à trois heures après midi. Le 6, à l'aube du
jour, nous avons passé devant l'île de Ferro, et nous
nous sommes portés presque en ligne droite sur les
îles du Cap vert, auprès desquelles nous nous
sommes trouvés le 11, à midi. A compter de ce mo-

ment, nous nous sommes dirigés vers la côte d'Afrique, que nous continuerons à longer jusqu'au delà de la Ligne, à la distance de 200 à 300 milles; nous en sommes aujourd'hui à 250.

Le vent n'a cessé de nous être favorable, depuis notre départ de Ténériffe, jusqu'au 13 où il a commencé à diminuer sensiblement. Depuis hier, il règne un calme parfait qui nous met dans l'impossibilité de faire un pas en avant.

La corvette le *Banu* a fait cinq prises de bâtiments portugais, chargés de nègres dont ils voulaient faire trafic...

Baron STURMER.

———

N° 4.

Sainte-Hélène, ce 18 juin 1816.

Je viens de mettre pied à terre à l'instant même. Nous sommes arrivés ici, après une traversée de cinquante-huit jours. L'amiral Cockburn est si pressé de retourner en Angleterre, que je dois attendre jusqu'au départ de la flotte des Indes, qui aura lieu dimanche prochain, 23 de ce mois, pour transmettre à Votre Altesse tous les détails qui pourront l'intéresser.

Baron STURMER.

Sainte-Hélène, ce 2e septembre 1816.

Mon prince,

Je venais de mettre pied à terre, lorsque j'ai eu l'honneur d'annoncer à V. A. que nous étions arrivés ici heureusement, après une traversée de cinquante-huit jours. Le départ précipité de l'amiral Cockburn ne m'a pas permis d'entrer dans d'autres détails.

J'espérais alors pouvoir y suppléer par un vaisseau des Indes qui devait mettre à la voile, quelques jours après ; mais cette espérance s'est bientôt évanouie, lorsque j'ai appris à connaître les difficultés innombrables que l'on rencontre ici de toutes parts, dans les moindres choses. La position géographique de l'île qui rend les communications lentes et pénibles, l'isolement où se trouve Bonaparte et tout ce qui lui appartient, le caractère difficultueux de celui de qui tout dépend ici, sont autant d'obstacles souvent insurmontables, contre lesquels nous avons à lutter.

Quoique plus de deux mois se soient écoulés depuis mon arrivée, je n'ai pu remplir encore le seul objet de ma mission, celui de m'assurer de la présence de Napoléon Bonaparte. Certes, il n'y a pas de jour où je n'aie lieu de me persuader qu'il est ici, mais mes instructions m'enjoignent de la manière la plus positive de m'en convaincre par mes yeux, et de constater son existence par un procès-verbal, dont chaque commissaire devrait envoyer tous les mois un exemplaire à sa cour. Si je n'ai pu encore satisfaire Votre Altesse sur ce point, il est de mon devoir de lui exposer, dans le plus grand détail, ce qui seul peut justifier ce retard involontaire.

A peine débarqués, nous avons convenu avec M. le Gouverneur, qu'il fixerait incessamment, le jour et l'heure où nous pourrions lui faire connaître le but de notre mission et nous concerter avec lui sur les moyens d'y parvenir. Cette conférence n'a eu lieu que le 30 juin. M. de Montchenu et moi, nous nous expliquâmes entièrement dans le même sens, nos instructions étant à peu près les mêmes. Le comte de Balmain, au contraire, déclara que celles qu'il avait reçues de sa cour ne lui permettaient pas de s'accorder avec nous sur tous les points, qu'elles ne lui enjoignaient point de s'assurer de la présence de Bonaparte, et qu'il y était encore moins question

d'un procès-verbal. Sir Hudson Lowe, qui n'est pas
un aigle et qui prend ombrage de tout, nous témoigna sa surprise de ce que dans celles de M. de Montchenu et dans les miennes, il était question du contre-
seing du Gouverneur. Nous lui expliquâmes qu'ayant
été rédigées sous les yeux du duc de Wellington et
de lord Castlereagh et dans l'une des conférences
qui eurent lieu à Paris entre les ministres des puissances alliées, elles étaient censées avoir été sanctionnées par le gouvernement britannique ; que
d'ailleurs, le contre-seing dont il s'agissait n'avait
d'autre but que de donner plus d'authenticité à une
pièce officielle dont la publication devait intéresser
tout le monde. Il nous assura qu'on ne lui avait jamais fait aucune communication à ce sujet, et se
borna à nous observer que la convention du 2ᵉ août
pourrait seule lui servir de guide.

Je ne sais par quelle fatalité cette pièce ne s'est
trouvée ni dans ses archives ni dans les nôtres.
Plus de trois semaines se passèrent à la chercher.

Sur ces entrefaites, l'amiral Malcolm eut un entretien avec Bonaparte dans lequel il tâcha de sonder ses dispositions à notre égard. Bonaparte lui dit
avec vivacité :

« Comment voulez-vous que je voie ces gens-
là ? Qu'est-ce qui les envoie ? Est-ce l'Autriche que
j'ai eue vingt fois à mes pieds ? Le commissaire
autrichien m'apporte-t-il des nouvelles de ma
femme et de mon fils ? Est-ce l'empereur de Russie, à qui j'ai rendu tant de services après la paix de
Tilsitt ? Je tiens là de ses lettres qui le prouvent, je
les ferai voir un jour. Qu'a-t-il fait pour me soula-

1.

ger dans la position où je me trouve maintenant ?
Et ne serait-ce pas me reconnaître le prisonnier de
l'Europe, que de voir les commissaires ? Je suis le
vôtre parce que vous me tenez ; c'est de fait, mais
non pas de droit. »

Cette manière de s'énoncer ne présageait point
un résultat favorable. Néanmoins le Gouverneur
crut devoir prévenir Bonaparte que nous désirions
le voir ; il s'adressa à cet effet au général Bertrand. Celui-ci, soit qu'il continue à se faire illusion sur la position de son maître, soit qu'il n'ait
voulu que se donner de l'importance, demanda si
nous avions apporté des lettres de nos souverains.
Le Gouverneur répondit que nous étions venus simplement pour remplir les termes de la convention
du 2ᵉ août, et qu'il ne croyait pas que nous fussions
chargés d'aucune autre mission. Dix jours après,
n'ayant point encore reçu de réponse, il prit enfin
sur lui d'en parler à Bonaparte, lui-même, dans un
entretien qu'ils eurent ensemble pour d'autres objets.

Il lui annonça que nous étions arrivés en vertu de
la convention du 2 août et que nos désirions lui
être présentés. Lui dire que nous venions nous assurer de sa présence, c'eût été le rebuter dès le premier moment. Bonaparte répondit : « S'ils veulent
me voir comme particuliers, qu'ils s'adressent au
grand'maréchal, rien ne s'y oppose ; s'ils veulent me
voir comme commissaires, qu'on me montre la convention, et je verrai. » Cette réponse resta sans réplique de la part de Sir Hudson Lowe.

Enfin, la convention fut trouvée dans le *Journal*

des Débats, dont j'avais heureusement apporté plusieurs feuilles détachées. Nous eûmes, avec le gouverneur, une nouvelle conférence qui amena de longues discussions. Il nous avoua que sa position était extrêmement embarrassante, qu'on ne lui avait point donné d'instructions à notre égard, que lord Bathurst, en lui annonçant notre arrivée, s'était borné à lui rappeler le traité qui a motivé notre mission ; que, déjà, ses rapports personnels avec Bonaparte n'étaient rien moins que satisfaisants et que, de quelque manière qu'il envisageât cette affaire, il ne voyait en résulter que des désagréments pour lui, sans oser espérer le moindre succès de ses démarches. Nous lui objectâmes qu'il ne nous appartenait point d'entrer dans toutes ces considérations, mais qu'il nous tardait de nous mettre en règle vis-à-vis de nos gouvernements. Il fut convenu que nous lui adresserions la note ci-jointe en copie, *sub.* n° 1 ; tous les termes en ont été pesés et adaptés aux circonstances. Le Gouverneur voulant que cette note fût ostensible, il nous pria de ne pas expliquer clairement notre désir *de nous assurer de la présence de Bonaparte*, par le même motif qui l'avait porté à ne pas en parler de vive voix. Il voulut également que nous demandions à le voir *par l'occasion la plus prochaine*, de crainte que, sans cette clause, il ne jugeât à propos de ne répondre qu'en deux ou trois mois.

Le comte de Balmain ne se crut point autorisé à faire la même démarche. Néanmoins, pour ne pas avoir l'air d'être entièrement en opposition avec nous, il adressa à sir Hudson Lowe la lettre particulière ci-jointe en copie, *sub* n° 2. La réponse du Gouverneur et une seconde lettre du comte de Balmain se trouvent à la suite de cette pièce.

Après s'être concerté avec nous, le Gouverneur adressa une lettre au général Montholon, pour lui exprimer officiellement notre désir de voir Bonaparte, en lui transmettant en même temps une copie de la convention du 2 août.

Près d'un mois s'écoula de nouveau sans qu'il ait reçu la moindre réponse. Piqué au vif de ce silence, peu flatteur pour son amour-propre, n'osant pourtant se mettre en avant lui-même, et craignant surtout d'être forcé, par de nouvelles démarches de notre part, à en venir à quelque affaire d'éclat, il engagea l'amiral Malcolm à se ménager un autre entretien avec Bonaparte et à le ramener sur le chapitre des commissaires. Bonaparte, ne voulant point entrer dans de nouvelles explications, se borna cette fois-ci à dire à l'amiral : « Je répondrai au long un de ces jours. »

En effet, le gouverneur adressa à chacun de nous, le 27 du mois passé, une note officielle pour nous annoncer qu'il avait reçu la veille une lettre de M. de Montholon, dont il s'empressait de nous communiquer un extrait...

Il résulte de la lettre de M. de Montholon que, Bonaparte protestant contre le traité du 2 août, en vertu duquel nous avions été envoyés ici, nous devions, ou renoncer à le voir, ou recourir à des moyens violents.

Le gouverneur nous fit entendre qu'il ne se refuserait pas à nous prêter main-forte, si nous lui en faisions la demande, par une note officielle ; mais voici le langage qu'il nous tint à différentes reprises : « Vous serez seuls responsables de toutes les suites que cela pourra avoir. Vous savez que Bonaparte a dit qu'il tirerait un coup de pistolet à celui qui forcerait sa porte. Supposons que je mette à votre disposition une compagnie de soldats, qu'en arrivera-t-il ? Je ne serais point surpris qu'il y eût quelques hommes tués ! Il est impossible de prévoir à quel genre d'insultes vous vous exposeriez gratuitement, et en quelque sorte vos souverains. En outre, vous jugerez, messieurs, si un pareil acte de violence, exercé contre la personne même de Bonaparte, obtiendrait l'approbation de vos gouvernements. Nous ne pouvons douter que toutes les puissances n'aient décidé tacitement de le traiter avec les plus grands égards. Et que risquez-vous, après tout, de laisser tomber la chose maintenant et d'attendre de nouveaux ordres de vos cours ? Au reste, je ne veux point préjuger vos intentions ; vous me trouverez prêt à les seconder dans tous les cas. » L'amiral Malcolm, rapportant tout à la vanité nationale, qu'il pousse jusqu'à l'excès, ne cessa de nous répéter, de son côté, qu'une telle démarche produirait un très mauvais effet en Europe, que tout ce que les partisans de Bonaparte y trouveraient d'odieux serait rejeté sur les Anglais, qu'on les taxerait de manque de générosité et que cela accréditerait les faux bruits que la malveillance a si souvent répandu en France sur la manière dont ils traitent leurs prisonniers.

Il n'échappera pas à la pénétration de Votre

Altesse, qu'au point où en étaient venues les choses, notre amour-propre nous eût portés à les pousser à bout et qu'il nous a paru pénible de renoncer à notre but, dans la seule vue de ménager celui qui n'a jamais ménagé personne, et qui, loin d'apprécier la délicatesse de nos premières démarches, n'y a répondu que par des insultes. Toutefois, la crainte de rendre, à pure perte, la position du gouverneur encore plus désagréable, les raisons qu'il nous a objectées et qui, sans doute, méritent considération, et plus encore, par notre respect pour les liens de parenté qui unissent Bonaparte à l'auguste famille impériale et à plusieurs grandes maisons de l'Europe, nous ont déterminé à ne plus donner de suite à cette affaire, jusqu'à ce qu'il ait plu à nos cours de nous faire parvenir de nouvelles instructions à cet égard.

J'ose, en conséquence, prier Votre Altesse de me tracer la ligne de conduite que je devrai tenir si, comme nous avons tout lieu de le supposer, Bonaparte persiste dans son refus de nous voir.

Baron STURMER.

Sainte-Hélène, ce 2 septembre 1816.

Mon prince,

La France ne s'est point honorée dans le choix de son commissaire. Si le prince de Talleyrand avait eu l'intention secrète de donner un ridicule aux anciens serviteurs des Bourbons, il n'aurait pu s'y prendre plus adroitement qu'en proposant pour cette place le marquis de Montchenu. Le duc de Richelieu paraît l'avoir senti, lorsqu'il engagea ce dernier, à plusieurs reprises, à demander un autre poste, en appuyant toujours sur les désagréments que lui offrirait celui-ci. Mais, indépendamment de ce qu'un séjour à 2,000 lieues de l'Europe était le plus sûr moyen d'échapper à la poursuite de ses créanciers, M. de Montchenu a pensé que cette mission lui donnerait un grand relief en France. Se faisant illusion sur la position dans laquelle il se trouverait avec Bonaparte, il s'était flatté de le mener à son gré, de le faire parler sans réserve sur ce qui pourrait intéresser sa curiosité, et de prendre avec lui le ton de la protection et de la supériorité. Votre Altesse aura pu juger, par ma dépêche précédente, combien il s'est mépris.

M. de Montchenu n'a aucune des qualités propres

à remplir le poste qui lui est confié. A la vérité je le crois honnête homme, et je suis loin de soupçonner sa fidélité envers son roi, mais il a peu de moyens, point d'instruction, et manque absolument de tact. N'ayant jamais été dans les affaires, il n'en a nullement l'habitude, et ne sait point donner de suite à ses idées. Ses rapports sont diffus et mal rédigés, ils s'étendent sur des riens, et ne traitent que superficiellement les choses essentielles ; ainsi la France, quoique la plus intéressée à savoir ce qui se passe ici, en est la moins bien informée. Naturellement bavard, et indiscret, il heurte la gravité anglaise, et n'inspire point de confiance. Une vanité sans bornes est le mobile de toutes ses actions. Il ne s'est pas fait aimer ici, et les ridicules, qu'il se donne tous les jours l'ont fait tomber dans une complète déconsidération. Son uniforme de général, dont il se plaît à faire parade dans toutes les occasions, n'est qu'une arme de plus qu'il donne à la critique, car tout le monde sait qu'il n'a jamais entendu tirer un coup de fusil.

C'est à la conduite peu mesurée qu'il a tenue ici que nous devons attribuer le mauvais succès de nos premières démarches. Je le lui avais prédit, mais voyant que rien ne pouvait arrêter son zèle indiscret, je n'ai pas voulu me mettre en opposition avec lui, afin d'écarter toute espèce de soupçon que de faux rapports à sa cour auraient pu y faire concevoir, sur la pureté de nos intentions.

Le duc de Richelieu, en lui remettant les instructions ci-jointes en copie N° 19, lui a dit qu'elles avaient été rédigées dans la seule vue de satisfaire les autres puissances, mais que, plus il verrait Bonaparte et mieux ce serait, parce que ce n'est qu'en l'observant de près et en rendant compte de ses propres observations, qu'il pourrait donner à ses rapports un intérêt véritable.

Pour remplir les vues de ce ministre, M. de Montchenu aurait dû s'attacher à sonder le terrain, à acquérir une connaissance exacte des lieux et des personnes, ne rien précipiter et surtout ne point faire de démarches officielles sans en avoir calculé l'effet. Mais voici quel fut son premier début. Nos vaisseaux n'ayant pu jeter l'ancre que sur le déclin du jour et les règlements de l'île ne permettant pas d'y aborder après le coucher du soleil, il fut résolu qu'on ne débarquerait que le lendemain matin. L'amiral Malcolm devait seul aller à terre pour s'aboucher avec l'amiral Cockburn, commandant en chef de l'escadre, dont il était venu prendre le commandement.

Nous n'hésitâmes point, le comte de Balmain et moi, de nous conformer à cet arrangement. M. de Montchenu, au contraire, malgré les représentations de l'amiral Malcolm, s'obstina à l'accompagner, dans l'intention de presser vivement le Gouverneur de le conduire à Longwood le soir même. Je ne puis, disait-il laisser partir le *Northumberland* (dont on avait annoncé le départ pour le lendemain), sans envoyer à ma cour un procès-verbal constatant l'existence de Bonaparte ; cela est de la plus grande importance pour la France.

Fidèle à son projet, il fit beaucoup de phrases et de bruit, sans arriver à aucun résultat. Lorsque le

Gouverneur lui parla des dispositions antisociales de Bonaparte, et des difficultés qu'il éprouvait souvent lui-même à le voir, il répondit qu'il fallait s'y rendre avec une compagnie de grenadiers et forcer sa porte au besoin. Il s'était déjà expliqué plusieurs fois dans ce sens à l'amiral Malcolm pendant la traversée. Cette démarche prématurée et peu réfléchie jeta l'alarme dans l'esprit ombrageux de sir Hudson Lowe et fit en général un très mauvais effet. Tout le monde se moqua de M. de Montchenu, qui dès ce moment perdit toute confiance !

Le lendemain, il eut avec le comte de Balmain et moi une longue conférence. Après avoir développé une série d'idées fausses, sur l'esprit de ses instructions, il employa toute sa rhétorique pour nous convaincre de la nécessité de voir Bonaparte, avant l'amiral Cookburn : « Messieurs, nous dit-il entre autres, avec emphase, je compte sur vous, si on m'oblige à user de la force. » Je lui représentai qu'il paraissait attacher beaucoup trop d'importance au procès-verbal que l'on nous a demandé, que les instructions que le duc de Richelieu lui avait données, de vive voix, en étaient une preuve convaincante, que l'essentiel était de ne pas laisser échapper Bonaparte d'ici, mais que tout le reste était plus ou moins indifférent, que l'on ne nous avait envoyés ici que pour donner à cette affaire un caractère européen et que notre mission était absolument insignifiante en elle-même ; que Bonaparte se raidirait si on voulait le brusquer et que ce n'était qu'en le ménageant que nous parviendrions à le voir et à le faire parler ; que s'il ne s'agissait, pour la tranquillité de la France, que de constater sa présence à Sainte-Hélène, il suffisait de le voir à la promenade ou de toute autre manière, et enfin que je ne pouvais pas me persuader de la nécessité de le voir, avec une sorte de solennité humiliante pour lui, et d'aucune utilité pour nos cours.

Toutes ces représentations furent vaines. L'amour-propre de M. de Montchenu ne lui permit pas d'écouter la voix de la raison, et si nous avions voulu nous prêter à ses extravagances, je ne sais jusqu'où il se serait laissé aller.

Aujourd'hui, il paraît enfin persuadé qu'il a suivi une fausse route. Il serait disposé à tout faire pour réparer sa faute, mais il est trop tard. Au tour qu'ont pris les choses, il est probable qu'il ne verra pas Bonaparte de bien longtemps.

Baron STURMER.

N° 5. — P. S. 2.

Sainte-Hélène, ce 2 septembre 1816.

Mon prince,

J'ai l'honneur de transmettre à Votre Altesse les instructions du comte de Balmain, ci-jointes en copie *sub.* n° 5. 20. Elles ont été communiquées, dans le temps, par l'ambassadeur de Russie à Londres, à lord Bathust. Ce ministre pria le comte de Lieven de mander à sa cour combien le gouvernement britannique les avait trouvées sages et adaptées aux circonstances. V. A. daignera se rappeler qu'elles sont conformes, pour le fonds, à celles qu'elle a bien voulu me donner, de vive voix, à Milan.

Le comte de Balmain s'est acquis ici l'estime générale. Sa conduite contraste, d'une manière frappante, avec celle de M. de Montchenu. Il est rempli de modestie et n'agit qu'avec beaucoup de circonspection, en évitant, soigueusement, tout ce qui pourrait donner ombrage au gouverneur. Il a des connaissances et écrit très bien. Obligeant par caractère, et aimable sans prétentions, il sait se faire aimer par tous ceux qui se trouvent en rapport avec lui. Il fait fort peu de cas de son collègue, M. de Montchenu, et ne s'en cache pas vis-à-vis de moi. Il a déjà eu lieu plus d'une fois de se plaindre de son indiscrétion.

Baron STURMER.

N° 5. — P. S. 3.

Sainte-Hélène, ce 2ᵉ septembre 1816.

Mon prince,

J'ai l'honneur de transmettre à V. A. une copie
exacte de la lettre de M. de Montholon, dont le Gouverneur n'a jugé à propos de nous communiquer
qu'un extrait. Cette copie se trouve, ci-jointe, n° 6.
21.

Agréez,

Baron STURMER.

N° 5. — P. S. 4.

Sainte-Hélène, ce 2ᵉ septembre 1816.

J'ai l'honneur d'envoyer ci-joint, *sub.* n° 7, 22, à
V. A. une lettre de M. de Montchenu à sir Hudson

Lowe, et la réponse de ce dernier. Il me réserve, mon prince, de vous adresser, par la première occasion, un rapport détaillé sur ce qui fait le sujet de cette correspondance.

Baron STÜRMER.

N° 5. — P. S. 5.

Sainte-Hélène, ce 2ᵉ septembre 1816.

. . . .

Je vais maintenant parler à V. A. de Bonaparte lui-même. Les dispositions mentales sont assez inégales ; le plus souvent il a de l'humeur, mais son corps ne se ressent aucunement de ses chagrins d'esprit. Il est toujours en bonne santé et menace de vivre longtemps. Personne n'a pu deviner encore s'il est résigné à son sort ou s'il entretient des espérances. On dit qu'il comptait beaucoup sur l'opposition, en Angleterre, pour sortir de Sainte-Hélène [23]. Ce qu'il y a de sûr, c'est qu'il proteste toujours contre son arrestation, et se fait traiter à Longwood en empereur. Bertrand, Montholon, Las Cases, Gourgeaud et toute sa suite, lui rendent, comme autrefois, les plus grands honneurs. Il reçoit les étrangers qui demandent à le voir, mais il ne donne ni repas ni soirée et ne sort jamais de son enceinte. La présence d'un officier anglais, qui doit l'accompagner, le gêne et le fait souffrir. Par la même raison, il évite dans ses promenades les postes et les sentinelles. Il se lève à midi, déjeune, s'occupe chez lui à différentes choses jusqu'à trois heures, admet à quatre les personnes qui lui sont annoncées, se promène souvent à pied ou en calèche, à six chevaux, rarement à cheval, dîne à huit, ne reste à table que trois quarts d'heure, fait sa partie de reversis, se couche, et se lève la nuit, à plusieurs reprises, pour travailler.. Il écrit son histoire à l'aide du *Moniteur* et apprend aussi l'anglais. Sa conversation serait intéressante, si on pouvait la suivre, car il se laisse aller quand on sait s'y prendre, mais il ne voit habituellement que ses Français et se livre rarement aux Anglais. Le général Lowe le traite avec tous les ménagements possibles et se prête même, en quelque sorte, à sa manie de faire l'empereur. Malgré cela, il ne l'aime pas et ne l'a vu que deux ou trois fois. Il semble distinguer un peu l'amiral Malcolm, qui joue en perfection le bon enfant et ne se départira, pas plus que l'autre, de la ligne qui lui est tracée.

Baron STÜRMER.

N° 6. — P. S. 1.

Sainte-Hélène, ce 13 décembre 1816.

Mon Prince,

Votre Altesse n'ignore pas que j'ai amené avec moi, par ordre de Sa Majesté l'Empereur, le sieur Philippe Welle, jardinier de la cour. L'intention de Sa Majesté avait été d'abord qu'après avoir recueilli tout ce que cette île pourrait offrir d'intéressant pour l'histoire naturelle et principalement pour la botanique, il se rendît d'ici à Philadelphie, où il devait compléter une collection de plantes et d'animaux qui avait été commencée par un nommé Enslen, dont la mort a interrompu les travaux.

Pendant mon séjour à Milan, au mois de janvier de l'année courante, l'Empereur daigna me dire, de vive voix, qu'il avait reçu la nouvelle que cette collection venait d'arriver en Hollande, et que, par conséquent, la destination de Welle ne pourrait plus être la même.

Sa Majesté m'ordonna de le garder, à Sainte-Hélène, aussi longtemps que je le jugerai nécessaire pour les recherches qu'il avait à y faire, et de le renvoyer ensuite directement en Europe. Arrivé à

Londres, je reçus une lettre de M. le Prince de Trauttmannsdorff, grand maître de la cour, en date du 2* janvier, dans laquelle Son Altesse me faisait part d'un ordre de l'Empereur, daté de Mantoue, le 23 décembre 1815, portant mot pour mot ce que Sa Majesté m'avait fait connaître verbalement. J'eus soin de porter M. Welle sur la liste qu'avait demandée le ministère britannique, de ceux qui devaient m'accompagner, et il fut reçu, sans difficulté, sur une frégate anglaise, l'*Oronte,* sur laquelle il a fait la traversée avec moi !

Peu de jours après notre arrivée, à Sainte-Hélène, je le présentai au Gouverneur en qualité de *botaniste autrichien, voyageant par ordre de Sa Majesté l'empereur.* Il l'accueillit, avec toute l'amabilité dont il est susceptible et lui fit depuis plusieurs honnêtetés. Il prévint mes désirs, en lui donnant, de son chef, un passe-port, pareil à celui dont j'ai été muni moi-même et qui, en lui ouvrant toutes les portes, à l'exception seulement de la maison de Bonaparte et de l'enclos où elle est située, le mit à même d'herboriser librement, dans toutes les parties de l'île.

Après un séjour de trois mois, le Gouverneur me fit part, pour la première fois, des scrupules que de mûres réflexions avaient fait naître dans son esprit, sur le voyage de M. Welle.

Il me témoigna ses regrets de ce que les formalités d'usage n'avaient pas été remplies à son égard, en ajoutant qu'il avait lieu de croire, que la liste sur laquelle je l'avais porté n'avait été présentée qu'à l'amirauté, sans que lord Bathurst, ni lord Castlereagh en aient eu connaissance ; que M. Welle ne

lui avait été annoncé d'aucune part, qu'il lui était
expressément défendu, par ses instructions, de permettre à un étranger quelconque de séjourner dans
l'île, à moins d'y être autorisé par son gouvernement ; que néamoins il avait pris sur lui, par respect pour Sa Majesté l'Empereur et par égard pour
moi, non seulement d'accueillir M. Welle, mais
même de lui permettre de visiter toutes les parties de l'île (permission que, selon lui, la compagnie des Indes n'avait jamais accordée à aucun
étranger) ; que le temps qui s'était écoulé depuis
notre arrivée, paraissait suffisant pour terminer ses
recherches dans une île, où il n'y a rien à trouver ;
que le Cap lui offrirait un champ bien plus vaste ;
et qu'enfin il me conseillait fortement de profiter
du départ de l'amiral Malcolm, pour lui faire faire ce
voyage.

Je n'eus pas de peine à réfuter tous ces arguments
en observant au Gouverneur que l'ambassadeur
d'Autriche à Londres avait fait à l'égard de M. Welle
toutes les démarches nécessaires ; que nous étions
parfaitement en règle, que rien ne le prouvait mieux
que l'ordre qui avait été donné à l'amiral Malcolm
de le recevoir à bord d'une frégate anglaise ; que si
lord Bathurst ne lui avait pas parlé de lui et que si,
sous ce rapport, les formalités n'avaient pas été
remplies, ce n'était pas à nous qu'il fallait s'en prendre, que je ne pouvais laisser partir M. Welle pour
l'Europe, avant le mois de mars parce que, pour conserver ses plantes, il fallait qu'il y arrivât au prin-
temps et que je n'étais point autorisé à l'envoyer au
Cap. Néanmoins, pour faire cesser d'un côté les

inquiétudes que sa présence ici paraissait lui donner, et pour profiter de l'autre d'une occasion unique que m'avait offerte l'amiral Malcolm, de faire faire à M. Welle le voyage du Cap gratis, je lui déclarai que je prendrais sur moi de l'y envoyer : mais à condition qu'il reviendrait ici avec l'amiral, pour y compléter ses recherches et transporter ensuite en Europe tout ce qu'il aurait recueilli de plantes soit au Cap, soit à Sainte-Hélène. Le Gouverneur m'objecta qu'une fois parti, il ne dépendrait plus de lui de le laisser revenir. Je lui répondis que, dans ce cas, je devais renoncer à ce projet, le but de la mission de Welle, celui d'emporter ce qu'il y a de plus intéressant dans cette île, ne pouvant pas être rempli de cette manière, et je lui fis entendre que rien ne saurait me décider à le renvoyer en Angleterre, et à m'exposer au reproche d'avoir causé à la cour des frais inutiles, à moins que je n'y fusse forcé.

Un mois s'écoula, depuis cette explication, sans qu'il ait été question de Welle. Le 27 octobre, je reçus un billet du Gouverneur, dans lequel il m'annonça le départ d'un brick pour l'Angleterre, en me priant de lui faire savoir si je n'avais pas l'intention d'en profiter pour faire retourner M. Welle en Europe. Je me référai, dans ma réponse, à ce que je lui avais dit de vive voix. Il revint à la charge et me força d'entrer en discussion écrite. Il m'adressa lettre sur lettre. Il voulut voir les instructions de Welle, et l'autorisation officielle que j'avais de ma cour à le conduire ici.

Cela nous entraîna dans une correspondance assez désagréable, car je ne lui cachai point que je trouvais sa demande aussi étrange que nouvelle. Néanmoins, pour ne point donner prise à son caractère ombrageux, je me prêtai à tout ; mais comme je ne pus m'empêcher d'y mettre de la mauvaise grâce, il me renvoya ces pièces sans les avoir lues.

D'ailleurs il lui suffisait que je n'aie point hésité à les lui communiquer, pour faire cesser toute espèce de soupçon.

Il s'efforça de me prouver que ce n'était point par le grand'maître de la cour que l'empereur pouvait m'avoir donné des ordres, et avança mille absurdités qui décelaient de la mauvaise humeur, et qui ne méritent point d'être rapportées à V. A. Enfin, me voyant décidé à ne pas laisser partir M. Welle, et ne voulant point pousser les choses à bout, il m'écrivit de nouveau, pour me prier de lui renvoyer le passeport qu'il lui avait donné dans le temps, afin de pouvoir l'échanger contre un autre. Cet échange eut lieu en effet.

On m'envoya un nouveau passeport pour M. Welle, par lequel il lui était défendu d'aller à Longwood et de visiter les côtes. Pour ne pas provoquer de nouvelles discussions, je me bornai à en accuser la réception. J'ai envoyé la première partie de cette longue et fastidieuse correspondance à M. le prince d'Esterhazy, à Londres, pour le mettre à même de répondre à Lord Bathurst ou à Lord Castlereagh, en cas qu'un de ces ministres lui en parlât. Je me serais fait un devoir de l'envoyer aujourd'hui à Votre Altesse, si elle n'avait perdu tout intérêt, depuis que le hasard m'a fait découvrir le motif secret qui a fait agir le Gouverneur, en cette circons-

tance, et qui l'a porté à mettre en avant une foule
de prétextes spécieux pour éloigner M. Welle, dont
il croyait devoir suspecter la conduite. J'appris que
Bonaparte avait reçu, peu de jours après notre arrivée, des cheveux de son fils, et que l'on soupçon-
nait Welle de les avoir apportés. Je sommai aussitôt celui-ci de me dire la vérité. Il n'hésita pas à
m'avouer qu'il avait été chargé d'un paquet pour le
sieur Marchand, valet de chambre de Bonaparte,
qu'il le lui avait remis le lendemain de notre arrivée
à l'hôtel, où nous étions descendus. M. Welle m'assura que ce paquet, qu'il avait reçu de M. Boos, directeur des jardins de Sa Majesté l'Empereur, était
ouvert, et qu'il ne contenait aucune lettre, mais
simplement quelques cheveux de madame Marchand
pour son fils

Je blâmai fort M. Welle de m'en avoir fait un secret. Il s'excusa, en m'assurant que ce paquet lui
avait paru de trop peu de conséquence, pour qu'il
valût pas la peine de m'en parler. Je crois, en effet,
qu'il ne s'était jamais douté que ces cheveux pourraient bien ne pas être ceux de madame Marchand,
qui, dans ce cas, n'aurait servi que de prête-
nom.

Prévoyant que cette affaire, quoique insignifiante
en elle même, ferait naître en Europe des bruits
que les rapports du gouverneur ne manqueraient
pas d'accréditer, je me décidai à en parler à l'amiral
Malcolm, à son retour du Cap, qui eut lieu le 23 du
mois passé. Il m'avoua qu'il en était instruit depuis
longtemps; qu'il n'avait jamais cru que Welle
avait été le porteur de ce paquet, mais que l'on ne

m'en avait rien dit, parce que l'on ne pouvait croire que je le savais et qu'il avait été remis avec mon approbation.

L'amiral m'ayant laissé entrevoir que j'aurais été compromis moi-même et qu'on avait été jusqu'à suspecter les intentions de la cour, je pris sur moi de m'en expliquer avec le Gouverneur. Je lui racontai tout ce que j'avais appris à ce sujet. Il me confirma ce que m'avait dit l'amiral, en y ajoutant qu'il savait de source certaine que ces cheveux étaient accompagnés d'une lettre, qu'on lui avait dit même que j'avais lu cette lettre, et qu'il s'était attendu à plus de franchise. Je l'interrompis avec vivacité, pour lui dire que c'était lui seul qui en avait manqué, qu'il n'aurait dépendu que de lui d'apprendre la vérité et de donner de meilleures informations à son gouvernement, s'il m'en avait parlé dès le premier jour. Il prétendit qu'il ne pouvait se contenter des éclaircissements que je lui avais donnés, et voulut absolument interroger M. Welle lui-même. Je lui déclarai que ce dernier était placé sous mes ordres, et qu'il n'appartenait qu'à moi de lui faire subir un pareil examen. Rentré chez moi, je questionnai de nouveau M. Welle, et lui fis faire par écrit une déposition en forme de lettre, que je l'obligeai à confirmer par serment. Votre Altesse la trouvera ci-jointe *sub. lit.* A. 30. Il résulta de cette déposition qu'il avait remis en effet une espèce de lettre, ce dont il n'était pas convenu d'abord, prétendant que ce qu'il avait apporté ne méritait point ce nom.

J'écrivis le lendemain à Sir Hudson Lowe la

lettre ci-jointe en copie *sub. lit.* B., [31], en y ajoutant la déposition de N. Welle, et la traduction que j'en avais faite. Je la communiquai à l'amiral Malcolm, qui vint me voir le jour même. Il me félicita d'avoir pris le parti d'en parler au Gouverneur, et me confia qu'il était persuadé que la lettre, adressée à Marchand, venait du fils de Bonaparte, et que madame Marchand n'y avait apposé que sa signature.

Le 7 de ce mois, le Gouverneur m'adressa la lettre ci-jointe en copie, *sub. lit.* C. [32] à laquelle je répondis hier ! Cette réponse se trouve ci annexée *sub. lit.* D. [33] Votre Altesse, y verra que je n'ai point hésité à satisfaire le Gouverneur, sur tous les points, et que je ne lui ai rien laissé à désirer de tout ce qui a pu contribuer à mettre au jour une affaire, qui aurait pu devenir désagréable, par les doutes qu'elle avait fait naître.

Il ne me reste plus qu'à dire un mot en faveur de M. Welle. Il est d'autant plus à regretter qu'il ait donné lieu à ce motif de plainte, que d'ailleurs sa conduite, depuis qu'il est avec moi, a toujours été irréprochable. Botaniste de cœur et d'âme, il ne s'est constamment occupé que de ses plantes, et il serait impossible d'apporter plus de zèle, pour le service de Sa Majesté. En outre, ses qualités personnelles l'ayant fait admettre partout, les serres de Schönbrunn lui devront quelques plantes rares et précieuses, qu'il ne s'est procurées qu'en se faisant des amis.

Agréez.   Baron STURMER.

N° 6. — P. S. 2.

Sainte-Hélène, ce 13 décembre 1816.

Mon prince,

M. le comte de Las Cases a été arrêté le 25 du mois passé, pour avoir cherché à corrompre un des habitants de l'île, dans l'intention de faire passer des lettres en Angleterre. Le désespoir de se voir privé de tout moyen légitime de communication peut seul expliquer l'imprudente légèreté avec laquelle il a ourdi cette trame.

Un domestique mulâtre, fils d'un fermier nommé Scott, et passant ici pour un garçon très adroit, avait été au service de M. de Las Cases, pendant plusieurs mois, lorsqu'il fut obligé par le Gouverneur, vers la fin du mois d'août, de quitter son maître, pour avoir porté clandestinement, de la part de ce dernier, un message dont j'aurai l'honneur de rendre compte à Votre Altesse, dans un autre rapport.

M. de Las Cases, croyant pouvoir compter sur un homme, dont il avait éprouvé la fidélité et l'attachement, espéra s'en servir encore, dans une circonstance majeure. Pour lui fournir un prétexte plausible de retourner à Longwood, il l'engagea à y laisser ses hardes et à ne venir les prendre que plus tard quelque temps.

Dès ce moment, M. de Las Cases paraît s'être occupé sans relâche à préparer les matériaux qui devaient faciliter l'exécution de son plan. Il en eut tout le loisir, car ce ne fut que le 24 du mois passé que le domestique reparut à Longwood, pour chercher ses effets. Il est assez difficile à concevoir qu'après les motifs de plainte auxquels il avait donné lieu précédemment, et qui l'ont fait renvoyer de Longwood, on lui ait permis d'y retourner et de se rendre, sans escorte et sans témoin, chez son ancien maître. Cette insouciance contraste, d'une manière frappante, avec la sévérité des règlements établis dans l'île et l'extrême rigueur que l'on étend souvent, jusqu'aux détails les plus minutieux.

M. de Las Cases se hâta de mettre à profit l'apparition de ce domestique, qu'il attendait avec une vive impatience, et le revêtit d'un gilet, qui contenait le dépôt précieux, dont il devait être le porteur. Il l'engagea à s'embarquer sur le premier bâtiment qui se présenterait, pour se rendre en Angleterre, et employa toute son éloquence pour lui persuader que sa fortune était faite s'il remettait ce gilet (qu'il lui recommandait surtout de ne pas laisser mouiller avec de l'eau salée) à un nommé Clavering, à Londres, pour lequel il lui donna en même temps une lettre ouverte.

Le domestique, après avoir promis de courir les plus grands dangers, pour servir son ancien maître, alla niaisement, ce même jour, en faire la confidence à son père. Celui-ci voulut qu'il se rendît de suite chez le Gouverneur, pour lui découvrir ce qui s'était passé et sur le refus du fils de se conformer aux ordonnances établies, il le prit par le collet et lui déchira son gilet. Il aperçut, alors, un foulard de soie blanche écrit tout entier en caractères presque imperceptibles, qu'il s'empressa d'aller porter lui-même au Gouverneur. Le jeune homme fut aussitôt saisi et examiné, mais il se coupa si souvent dans les interrogatoires qu'il subit, qu'on eut de la peine à démêler la vérité. Ce qu'il y eut de plus important, c'est qu'on trouva, en le fouillant encore, plusieurs foulards, écrits tous de la même manière, et cousus dans le gilet. Ce travail dont on ne peut, dit-on, s'empêcher d'admirer la perfection, a été exécuté par le fils de M. de Las Cases.

Le coupable fut mis dans un cachot, et le Gouverneur se rendit le lendemain, avec tout son état major, à Longwood, pour faire arrêter M. de Las Cases et son fils [34] qui se promenaient paisiblement dans le jardin de Bonaparte [35]. On les fit monter à cheval ; ils ne résistèrent point et se prêtèrent à tout, avec calme et une apparente gaieté. Ils furent conduits dans une maison, située à un quart de lieue de Longwood, dont ils ne purent sortir.

Le surlendemain, on s'empara de tous les papiers de M. de Las Cases. On y trouva plusieurs feuilles de l'histoire de Bonaparte, écrites sous sa dictée. Je ne doute point qu'on se soit empressé d'en prendre copie. Mais je tiens de bonne source qu'elles ont été restituées à Bonaparte, [36].

Votre Altesse concevra, aisément, combien cet événement a dû agiter les esprits, dans cette île où l'on saisit, avec avidité, tout ce qui peut faire diversion à la monotonie dont on est accablé. On dit que Bonaparte n'a eu aucune part à cette affaire, que rien surtout n'y décèle le moindre projet d'évasion, et que l'ex-Empereur, lorsqu'on lui annonça ce qui vient d'arriver à Las Cases, avait répondu froidement : « C'est un fou ».

Quand on considère que ce même Las Cases a tout quitté pour suivre Bonaparte, qu'il lui a sacrifié sa fortune, son temps et ses veilles, qu'il a formé ici sa société la plus intime et presque unique, qu'il travaillait tous les jours avec lui et sous sa dictée, on a de la peine à s'expliquer l'indifférence vraie ou affectée, que Bonaparte a montrée pour lui dans cette circonstance. On ne sait pas non plus s'expliquer que Las Cases ait pu faire une pareille démarche, de son chef et à l'insu de son maître.

M. le Gouverneur, fidèle à son système de dissimulation, de réserve et de méfiance, dont il nous donne tous les jours de nouvelles preuves, n'a point jugé à propos de nous parler de cette affaire. Le hasard a voulu que nous fussions priés à dîner chez lui, le 25, et l'arrestation de M. de Las Cases ayant eu lieu immédiatement, avant le dîner, il se borna à nous dire en arrivant : « Je viens de faire arrêter M. le comte de Las-Cases. Il a voulu corrompre un des habitants de l'île. » Il n'articula pas un mot pendant le reste de la journée, selon son usage, et il n'en fut plus question depuis.

Agréez, etc...

Baron STURMER.

P.-S. Je viens d'apprendre, sur l'affaire de M. de Las Cases, les détails suivants : M. Clavering (que les uns appellent Sir Thomas et les autres Sir Robert Clavering), est marié à une Française, qu'il a épousée à Anvers, où il a séjourné, pendant plusieurs années, comme prisonnier de guerre, et c'est particulièrement à Lady Clavering que le domestique était adressé. Bonaparte, qui d'abord s'était montré absolument indifférent au sort de M. de Las Cases, a fini par dire : « On ferait bien de m'isoler entièrement. Je ne puis trouver beaucoup de consolation dans la société de gens qui doivent craindre à tout instant de se voir enlever ». Lorsqu'on lui observa qu'il ne dépendait que d'eux de ne point donner lieu à des motifs de plainte, il répondit avec humeur : « On ne sera jamais embarrassé de trouver des prétextes. » M. de Las Cases a déclaré qu'il ne voulait plus retourner à Longwood, quand même il en serait le maître, en disant : « Je suis flétri aux yeux de l'Empereur. » Il désirerait vivement être renvoyé en Angleterre, et y passer paisiblement le reste de ses jours. En examinant les papiers de M. de Las Cases, qui sont maintenant sous scellés, on y trouva un journal qu'il avait tenu depuis longtemps et que l'on dit être du plus grand intérêt

Bonaparte le fit réclamer, mais M. de Las Cases
soutint qu'il lui appartenait, en toute propriété, et
qu'il ne s'en déferait à aucun prix. Lorsqu'on apporta
à Bonaparte les feuilles dont j'ai fait mention plus
haut, il déclara qu'il les brûlerait, à moins que le
gouvernement ne lui donnât sa parole qu'on ne les
avait pas lues.

———

N° 6. — P. S. 3.

Sainte-Hélène, ce 13 décembre 1816.

Mon Prince,

Mes rapports officiels avec le Gouverneur ne sont
nullement satisfaisants. Il paraît s'être fait une loi
de ne point nous parler d'affaires, et lorsqu'on lui
fait la question la plus insignifiante, son visage se
rembrunit et, après avoir longtemps hésité à proférer
un mot, il se décide enfin à dire qu'il désire ne pas
répondre. Sachant qu'il n'a pas l'intention d'offenser,

3

je ne puis attribuer cette manière de s'énoncer qu'à un manque absolu de formes.

La présence des commissaires, ici, le gêne et lui donne des inquiétudes. On m'assura, pendant mon séjour à Londres, qu'il avait fait dans le temps des démarches réitérées, pour que l'on engageât les puissances à ne pas envoyer de commissaires à Sainte-Hélène. Cette prévention contre nous se manifesta dès notre arrivée dans toutes ses actions. D'après sa manière de voir, nous devrions nous borner à constater, machinalement, l'existence de Bonaparte, ne pas prendre connaissance de ce qui se passe et moins encore en rendre compte à nos cours. Or, comme au tour qu'ont pris les choses et qu'on a eu soin de leur donner, nous ne pouvons voir Bonaparte, notre séjour, ici, à l'avantage près qui peut en résulter pour l'opinion des peuples, se trouverait ainsi être absolument inutile.

Voyant, avec peine, que six mois de connaissance et une conduite, j'ose le dire, sage et mesurée, ne m'avait pas plus avancé dans la confiance du Gouverneur, je pris enfin sur moi, à l'occasion de la discussion que nous eûmes ensemble, au sujet de M. Welle, de m'en expliquer avec lui. Je lui représentai que Bonaparte, étant le prisonnier de l'Europe, nous avions des droits à être tenus au courant des mesures que l'on prend à son égard ; qu'en nous abstenant, jusqu'ici, de toute espèce de communication, soit directe, soit indirecte, avec Bonaparte et les personnes de sa suite, nous avions écarté tout ce qui pouvait lui donner de l'ombrage ; que tous les officiers de la garnison de l'île étaient mieux instruits que nous; que la méfiance que l'on nous témoigne contraste, surtout, avec cette noble franchise qui distingue le gouvernement britannique et qui rend les affaires, en Angleterre, si simples et si faciles; enfin, qu'en nous mettant dans l'impossibilité, par son extrême réserve, d'apprendre la vérité, il nous exposait à mander des mensonges. Le Gouverneur me répondit qu'il était naturellement peu communicatif, mais que se faisant un devoir d'informer son gouvernement de tout, jusqu'aux plus petits détails, celui-ci communiquerait à nos cours, s'il le jugeait à propos, ce qui pourrait les intéresser.

Le marquis de Montchenu et le comte de Balmain ne cessent de former, à cet égard, les mêmes plaintes. On ne s'ouvre pas plus, envers eux, qu'envers moi.

Il suffirait, peut-être, d'une explication franche entre notre ambassadeur à Londres et l'un des ministres de S. M. britannique, pour rendre le Gouverneur plus confiant et me mettre à même de transmettre à V. A. des informations dont je pourrais garantir l'authenticité. Daignez, mon prince, peser dans votre sagesse ce que vous jugerez convenable de faire.

Baron STURMER.

N° 6. — P. S. 4.

Sainte-Hélène, ce 13 décembre 1816.

Mon prince,

Bonaparte continue à jouir d'une parfaite santé. Il mange beaucoup, engraisse à vue d'œil et ne fait point d'exercice. Il ne sort plus, ni à cheval ni en voiture, et on ne l'aperçoit que rarement, se promenant à pied devant sa maison.

Agréez,

Baron STURMER.

N° 7. — P. S. 1.

Sainte-Hélène, ce 31 décembre 1816.

Mon prince,

M. de Las Cases et son fils ont été transportés, en ville, dans la maison du Gouverneur, le 24 de ce mois,

au grand étonnement de tout le monde. L'*Oronte*
étant arrivé peu de jours auparavant, on supposa
que le Gouverneur profiterait de cette occasion pour
les renvoyer en Angleterre, mais ils furent embar-
qués hier sur un brick, le *Griffon*, qui a fait voile
pour le cap de Bonne-Espérance. Cette disposition
paraît tenir à une mesure générale, dont Lord Bathurst parla au marquis de Montchenu, à Londres,
en vertu de laquelle les personnes, renvoyées d'ici,
ne peuvent retourner en Europe qu'après avoir fait
un séjour dans cette colonie.

Un voile impénétrable couvre encore l'affaire de
M. de Las Cases. On s'épuise en conjectures. Les
uns disent que ce n'était qu'un stratagème de sa part,
pour échapper à Bonaparte et quitter Sainte-Hélène :
les autres, qu'il avait un but plus important, que l'arrivée du domestique à sa destination devait remplir ; d'autres enfin, et c'est ce qu'il y a de plus probable, qu'ayant deux chances à courir, il espérait
trouver, dans l'alternative, un moyen d'adoucir son
sort.

M. de Montchenu ayant observé, devant moi, au
Gouverneur, qu'il serait important pour sa cour de
connaître, en France, les noms des personnes qui
pourraient être compromises dans cette affaire, il lui
répondit sèchement : « Le ministère britannique les
fera connaître, s'il le juge à propos. »

Bonaparte regrette, vivement, la perte de M. de
Las Cases. Il a dit deux jours après son arrestation :
« Que ne puis-je mourir ! « Ces regrets sont d'autant
plus faciles à concevoir, qu'il n'y a personne à Longwood capable de le remplacer et que Bonaparte

puisse employer, avec succès, dans les travaux qu'il a commencés.

Agréez, mon prince, je vous prie, l'hommage de mon respect.

Baron STURMER.

N° 7. — P. S. 2.

Sainte-Hélène, ce 31 décembre 1816.

Mon prince,

J'ai l'honneur d'envoyer à V. A. *sub. lit.* A. [49] la continuation de ma correspondance avec le Gouverneur, le paquet apporté par M. Welle au sieur Marchand, valet de chambre de Bonaparte.

Le nommé Prince, dont il y est question et qui paraît être compromis dans cette affaire, est un négociant anglais qui a quitté l'île, il y a quelques mois, en y laissant une réputation de probité, assez équivoque. L'amiral Malcolm m'a assuré qu'il avait été toujours fortement suspecté, d'entretenir des relations secrètes, avec des personnes de la maison de Bonaparte. Il parait même que ce sont ces soupçons qui l'ont fait renvoyer d'ici.

J'ose me flatter, mon prince, que vous approuverez le soin que j'ai pris d'empêcher que M. Welle ne comparût devant le conseil de l'île. Les motifs qui m'ont guidé dans cette circonstance sont développés, en partie, dans ma lettre à Sir Hudson Lowe, du 19 de ce mois. Un autre, non moins puissant, était la crainte que l'on ne profitât de cette occasion, pour interroger M. Welle, publiquement, sur des objets étrangers à celui pour lequel il était appelé. Ç'eût été un moyen adroit, quoique peu loyal, d'éluder le droit, que j'avais prétendu avoir seul, de lui faire subir un pareil examen.

La réponse du gouverneur, à ma lettre du 11 de ce mois, en date du 22, exige plusieurs observations.

Le fait que les règlements de l'île avaient été communiqués aux commissaires, avant que les domestiques de Bonaparte fussent venus voir les nôtres, est faux. Le gouverneur doutait si fort, lui-même, de ce qu'il prétendait savoir, avec certitude, qu'après m'avoir expédié sa lettre, il demanda de nouveau à M. Welle, s'il ne se rappelait point positivement le jour où il avait rencontré Marchand.

N'ayant pas la mémoire assez heureuse pour me remettre les plus petites circonstances de ce qui s'est passé, il y a six mois, je ne puis avoir recours, en pareil cas, qu'à un journal particulier, que j'ai tenu, dès mon arrivée, et dans lequel, rien n'a été omis. J'y ai trouvé, à la journée du 20, que j'ai été voir Sir Hudson Lowe, dans la matinée, et que l'on m'a dit, en rentrant à l'hôtel où nous étions descendus, que les domestiques de Bonaparte venaient d'en sortir, et à la journée du 21, que l'on est venu me remettre, vers le soir, de la part du gouverneur, une copie des proclamations publiées depuis l'arrivée de Bonaparte par l'amiral Coockburn et Sir Hudson Lowe. Je les joins ici en original, *sub. lit.* B [49] telles qu'elles m'ont été communiquées.

J'engageai M. Welle à alléguer cette circonstance à la fin de sa première déclaration, comme excuse en sa faveur. Avouer au gouverneur que je lui avais souvent recommandé, avant notre arrivée, de ne point se charger de lettres, c'eût éte attiser le feu, et sacrifier, gratuitement, un homme à qui l'on ne peut reprocher qu'une étourderie. Le trouvant plus coupable, on eût insisté sur son départ pour l'Europe, avant que la saison ne lui permît de transporter ses plantes et le but d'un voyage, aussi long que coûteux, eût ainsi été tout à fait manqué.

Ce que le gouverneur dit dans sa lettre, que les règlements relatifs au cas dont il s'agit auraient dû nous être connus plus tôt, fait voir qu'il a mal compris la phrase, à laquelle il répond. En soutenant que *rien encore ne nous avait été communiqué ici à cette époque,* je lui laissais entendre, clairement, que nous en avions été instruits ailleurs. Je ne me rappelle guère ce que peut m'avoir dit le capitaine de l'*Oronte,* qui n'avait jamais été à Sainte-Hélène, et avec lequel je n'ai eu que des rapports de société et d'amitié. Mais s'il importe à Sir Hudson Lowe de prouver ce qu'il avance, un peu de réflexion aurait dû lui faire penser que l'existence de ces règlements résultait de la nature même de nos instructions. Il en serait convaincu, s'il savait que je m'y suis conformé, dès le moment de ma nomination, il y a 16 mois, en laissant sans réponses les lettres que l'on m'adressa à Paris, pour me demander si je ne voulais point faire passer à Sainte-Hélène de simples nouvelles de famille, et en me refusant, soit en France, soit en Angleterre, à toute espèce de commissions, dont on aurait voulu me charger pour des personnes de la suite de Bonaparte.

Le gouverneur convient, enfin, qu'il y a eu négligence de la part du surveillant qui, après avoir accompagné les domestiques de Bonaparte, jusqu'à la porte de la maison, les a quittés et les a ainsi mis à même de voir tout le monde, sans témoins. Il résulte de là qu'il y a eu des torts des deux côtés et que le gouverneur aurait dû juger, avec moins de rigueur, une affaire qui ne s'est point renouvelée, où il n'y a pas eu d'intention, et à laquelle quelqu'un des siens avait donné lieu.

Sa réponse, à la question que je lui avais faite dans ma lettre du 11, sur les cheveux apportés par M. Welle, est évasive. Elle vous donnera la mesure, mon prince, de la noble franchise dont on use ici à notre égard. D'après ce qui m'est revenu d'autre part, les suppositions plus ou moins fondées du gouverneur ont pris naissance dans les lettres de Longwood, qui ont passé par ses mains.

L'explication qu'il me demande, sur le mot « blanchâtre », est d'autant plus inutile, que M. Welle a affirmé par serment, dans sa première déclaration, qu'il n'avait jamais douté que les cheveux qu'il a apportés ici fussent en effet de la mère du sieur Marchand, et qu'il n'avait jamais pensé à la possibilité qu'ils pussent venir d'une autre personne.

Le gouverneur dit enfin, dans cette même lettre, qu'il lui paraît difficile à croire que M. Welle, ayant demeuré à Schonnbrunn, n'ait pas connu la véritable situation de madame Marchand. Cependant rien n'est plus vrai. M. Welle m'a juré qu'il ignorait, encore à l'heure qu'il est, le genre de fonctions qu'elle remplissait auprès du fils de Bonaparte. Ne voulant point prolonger une correspondance qui dure déjà depuis trop longtemps, et qui ne cesserait d'amener des explications désagréables, je me suis décidé à laisser la dernière lettre de sir Hudson Lowe sans réponse.

A moins que de nouveaux scrupules ne viennent l'assaillir, et ne le décident à entamer une nouvelle discussion, j'ai lieu de croire qu'il ne s'opposera pas à ce que M. Welle reste ici jusqu'au mois de mars, époque à laquelle il se rendra directement en Angleterre avec ses plantes. Sa position n'étant plus la même, depuis qu'on est en droit de se plaindre de lui, j'aurais maintenant pris sur moi, de le faire partir pour le cap de Bonne-Espérance. Après en avoir parlé d'abord de vive voix à Sir Hudson Lowe, je lui écrivis la lettre ci-jointe *sub. lit.* C [50]. Il me répondit que, vu ce qui s'était passé d'irrégulier dans la conduite de M. Welle, et d'après une communication du gouvernement du Cap, il ne pouvait prendre sur lui de faire donner un passe-port pour cette colonie. Sa réponse se trouve jointe à ma lettre.

J'appris en effet que Lord Somerset lui avait écrit que le Cap était rempli d'étrangers, que la surveillance y était très difficile, qu'il n'y avait d'autres troupes de terre que le 60ᵉ régiment d'infanterie, qui était lui-même un ramassis de gens de toutes les nations, qu'on était occupé d'une nouvelle organisation, plus adaptée aux circonstances, et qu'il le priait, en attendant, de ne pas y envoyer des personnes suspectes, qui ne peuvent être gardées à vue.

Je désire vivement, mon prince, ne plus être dans le cas de revenir sur le chapitre de M. Welle, et épargner ainsi à Votre Altesse des détails minutieux qui, à la distance énorme qui nous sépare, ne peuvent que l'ennuyer.

Agréez, etc.

Baron STURMER.

N° 7. — P. S. 3

Sainte-Hélène, ce 31 décembre 1816

Mon prince,

L'acte du Parlement du 11 avril de cette année, concernant la détention de Bonaparte, arriva ici par le *New Castle*, en même temps que nous. Il fut aussitôt imprimé et affiché partout. J'ai l'honneur d'envoyer à Votre Altesse ci-joint, *sub. lit.* D, un exemplaire de ces affiches.

Ayant parlé un jour au gouverneur de cet acte, il s'en expliqua avec moi, à peu près dans ces termes : « C'est sur l'acte du Parlement qu'est fondée toute ma sécurité. Il y a des communications que je ne puis empêcher. On trouvera toujours moyen, si l'on veut, de faire passer des lettres. Bonaparte même peut s'échapper, malgré la surveillance la plus sévère. Il peut tromper la vigilance de ses gardes, et sortir travesti ou de toute autre manière. Mais la peine de mort prononcée contre celui qui serait convaincu d'avoir favorisé, non seulement une tentative, mais un simple projet d'évasion,[52] agit, avec plus de force, que toutes les mesures que je pourrais prendre. J'ai déjà eu l'occasion d'en observer les effets salutaires.

Un Anglais, arrivé des Indes orientales, avait apporté quelques curiosités, qu'il voulait envoyer à Bertrand, pour en faire hommage à Bonaparte, mais aussitôt qu'il eut connaissance de l'acte du Parlement, il y renonça, de quelque peu de conséquence qu'eût pu être un pareil cadeau. »

Le gouverneur me demanda ensuite si je croyais que nous fussions compris, dans cet acte, ainsi que ceux qui nous appartiennent, en m'assurant qu'il avait feuilleté Pufendorf, Vattel et Grotius, sans avoir rien trouvé, qui pût s'appliquer à notre position. Je lui répondis, qu'à mon avis, il serait fort à désirer qu'au moins nos gens y fussent soumis, vu que nous ne saurions être garants de leur conduite.

La crainte du gouverneur que l'acte du parlement pourrait être sans effet pour nous, a augmenté sa méfiance, dans toute les occasions, et a sans doute beaucoup contribué au soin qu'il a mis à prévenir toute espèce de communication entre nous et les personnes de la suite de Bonaparte. J'eus lieu de m'en convaincre, dans une conversation que nous eûmes ensemble, sur plusieurs rencontres fortuites que le marquis de Montchenu avait eues avec quelques-unes de ces personnes. Je lui observai que je ne concevais pas ce qui pouvait donner à l'amiral Malcolm le droit de voir chez lui des personnes que le commissaire de France, revêtu de la confiance du roi, son maître, devrait se faire une loi d'éviter. Il me répondit : « L'amiral est soumis à l'acte du Parlement. »

Dans les premiers jours d'octobre il reçut par *l'Euridice* [54] des dépêches de Lord Bathurst, portant que l'acte du parlement doit-être considéré comme également applicable à toutes les personnes vivant ou abordant à Sainte Hélène.

Il s'empressa de nous en faire part, par la note ci-annexée, en copie, *sub. lit* E, à laquelle il a eu soin de joindre un extrait de ces dépêches .

Avant d'y répondre, je lui demandai s'il avait reçu l'ordre de nous faire cette communication. Il me dit que non; qu'il n'avait voulu que décharger sa conscience, en se mettant en règle, pour tous les cas possibles et que nous étions les maîtres d'interpréter les dépêches du Lord Bathurst comme nous l'entendrions. Je me bornai, en conséquence, à lui en accuser la réception, dans une lettre particulière, que je lui adressai pour un autre objet.

Nullement satisfait de cette réponse, il craignit de ne pas avoir donné à sa note un caractère assez officiel et vint me prier de lui permettre de la signer, ce qu'il n'avait pas fait d'abord, parce qu'il y parlait à la 3e personne. Je lui observai que je ne pouvais ajouter aucune importance à une pareille communication, tant qu'elle ne m'était pas faite par ma cour.

M. de Montchenu entama, de son côté, avec Sir Hudson Lowe, une correspondance assez désagréable dans laquelle il soutient que le roi, son maître, ne consentirait jamais à ce qu'un commissaire de France soit justiciable devant un tribunal anglais.

J'ai cru devoir entrer dans tous ces détails, pour mettre Votre Altesse à même d'asseoir un jugement et de me faire parvenir ses ordres, sur la manière dont je devrais envisager, pour moi et les miens, l'acte du Parlement susmentionné.

Agréez, etc.

Baron STURMER.

N° 7. — P. S. 4

Sainte-Hélène, ce 31 Décembre 1816.

Mon prince,

Lorsque j'ai eu l'honneur de transmettre à Votre Altesse une correspondance qui avait eu lieu entre le gouverneur et le marquis de Montchenu, et qui se trouve jointe en copie à mon P. S 4 N° 5, en date du 2 septembre, je m'étais réservé de lui adresser, par la première occasion, un rapport détaillé sur ce qui en fait le sujet.

Au moment même où Bonaparte déclarait qu'il ne se reconnaîtrait jamais prisonnier de l'Europe, refusait de voir les commissaires, 56 tout ce qui

compose sa suite n'en chercha pas moins à se
mettre en relations avec nous. Bonaparte, lui-même,
eût été bien aise de nous voir, comme particuliers ;
il le fit entendre à plusieurs personnes, et M. de
Las Cases alla jusqu'à dire, hautement, qu'il irait
à notre rencontre, si nous venions à Longwood.
Bonaparte demanda à Sir Hudson Lowe si M. de
Montchenu se refuserait à voir madame Bertrand,
en cas qu'elle lui fît une visite. Le gouverneur lui
observa, assez adroitement, que M. de Montchenu
pouvait seul répondre à cette question.

En attendant, le général Gourgaud et le jeune
Las Cases vinrent à l'hôtel où nous étions descendus, dans l'espérance d'y rencontrer quelqu'un.
Ils y trouvèrent M. de Montchenu, avec lequel ils
s'empressèrent de faire connaissance. Peu de jours
après, M. de Montholon y fit une semblable apparition. Il aborda le marquis, qu'il trouva déjeunant à
table d'hôte, pour lui demander s'il ne pouvait
point lui donner des nouvelles de ses parents.
Enfin ce dernier, étant un jour prié à dîner chez
l'amiral Malcolm, y rencontra M. et madame Ber-
tran, qui y étaient en visite. Je ne puis que me
référer, quant aux détails de cette rencontre, à la
lettre de M. de Montchenu au gouverneur. Le comte
Balmain, qui se trouvait aussi chez l'amiral, jugea à
propos de se retirer, pour éviter cette entrevue.

Le gouverneur, craignant de voir s'établir des
relations plus directes et plus suivies, ne tarda pas à
s'en expliquer avec nous et il en résulta la correspondance avec M. de Montchenu, que j'ai eu
l'honneur de transmettre à Votre Altesse.

On ne peut qu'être surpris de la prétention élevée, dans cette circonstance, par le gouverneur. Sa réponse à M. de Montchenu n'est qu'une mauvaise défaite. Il y parle de règlements violés, de lettres remises sans son intervention, de communications établies à son insu, etc.

Qu'est-ce que tout cela a de commun avec les faits dont il s'agit ? Prétend-il établir des règlements, en vertu desquels aucun des commissaires n'aille dîner chez l'amiral, pour ne pas y rencontrer madame Bertrand, ou qu'il quitte sa place et sorte de table, si, par hasard, un individu de la suite de Bonaparte entrait dans une chambre où il déjeunerait? A quel propos, tout ce remplissage, sur une lettre qui lui a été remise par l'amiral Cockburn? M. de Montchenu a-t-il jamais songé à en faire une, avec ou sans son intervention? Et enfin, qu'entend-il par communication, si de pareilles rencontres lui paraissent mériter ce nom?

Quant à moi, je n'ai vu, jusqu'ici, aucune des personnes de la suite de Bonaparte. Un domestique est venu, il y a quelques temps, à Rosemaryhall, c'est le nom de la maison que j'habite, porteur du message suivant : « M. le comte de Las Cases présente ses respects à madame la baronne de Sturmer et la prie de lui faire savoir, si elle ne peut pas lui donner des nouvelles de sa famille »; j'étais en ville ce soir-là. Madame de Sturmer a fait répondre qu'il y avait plus de 6 mois qu'elle avait quitté Paris, et qu'elle n'y avait vu personne de sa famille [60]; je me suis empressé d'informer le gouverneur de ce qui s'était passé. Il m'en a su le meilleur gré et est venu, lui-même, remercier madame de Sturmer de la réponse qu'elle avait fait faire à M. de Las Cases, en l'assurant que celui-ci aimerait mieux se passer de nouvelles de sa famille que de les recevoir par son canal. J'appris, depuis, que le domestique fut obligé de quitter Longwood, pour s'être chargé, clandestinement, d'un pareil message. C'est ce même homme qui a donné lieu, plus tard, à un motif de plainte plus grave, dont j'ai eu l'honneur de parler à Votre Altesse.

Quoique j'aie été assez heureux dans le choix de tous mes domestiques, un d'entre eux ne m'en a pas moins causé les plus grands désagréments. Le surlendemain de notre arrivée, le sieur Marchand, valet de chambre de Bonaparte, accompagné d'un autre domestique de la maison, vint à l'hôtel où nous logions, pour voir les gens des commissaires, espérant, sans doute, en tirer des renseignements sur nous et apprendre des nouvelles de l'Europe.

Ils étaient suivis d'un soldat anglais, mais une fois établis dans la maison, celui-ci les quitta. Deux lettres furent remises à cette occasion. Le gouverneur, qui ne tarda pas à en être informé, nous en parla, peu de temps après. Je découvris aussitôt que mon cuisinier avait apporté une lettre ouverte, pour un nommé Cipriani, maître d'hôtel de Bonaparte, et que cette lettre lui avait été remise, à Londres, par un cuisinier, que le comte de Balmain avait amené de Paris, et qu'il y a renvoyé avant son embarquement. J'en informai le gouverneur, en lui témoignant combien j'en étais fâché ; je lui offris de renvoyer le cuisinier. Il me répondit que cela n'était pas nécessaire, pourvu que de nouvelles communications n'aient plus lieu. Je lui dis qu'on m'avait assuré que le contenu de la lettre à Cipriani était absolument insignifiant, qu'elle était d'un de ses parents, et qu'il n'y était question que de sa famille. Le gouverneur me répliqua, d'un ton mystérieux, que ce n'était point la seule lettre qui avait été remise. Je le conjurai de me dire, avec franchise, tout ce qui pouvait être parvenu à sa connaissance, en lui promettant de faire tous mes efforts pour apprendre la vérité. Il jugea à propos de garder le silence. Je sais maintenant que cette lettre était celle qu'a apportée M. Welle.

Depuis cette époque, le gouverneur n'a plus eu à se plaindre d'aucun des miens. Étant établi à la campagne, à 5 milles de la ville, ils ne sortent que rarement de l'enceinte de mon jardin et ne vont presque jamais en ville, toutes espèces de communications avec les domestiques de Bonaparte cessant par là d'elles-mêmes. Néanmoins, les soupçons renaissent à tout moment, et six mois n'ont pu effacer les premières impressions.

Agréez.

Baron STURMER.

N° 7. — P. S. 5

Sainte-Hélène, ce 31 décembre 1816.

Mon prince,

Les conversations de Bonaparte pouvant un jour offrir à l'histoire des matériaux intéressants, je me fais un devoir de transmettre à Votre Altesse tout ce que j'ai pu recueillir de celles qu'il a eues, depuis mon arrivée, avec l'amiral Malcolm (c'est de tous les Anglais celui auquel il paraît témoigner le plus de confiance). Je les classerai d'après les sujets qu'elles traitent.

Sur sa détention à Saint-Hélène.

B. Vous me tiendrez donc toujours ici?

L'amiral. Je le crois.

B. N'avez-vous pas d'autres colonies?

L'amiral : Vous n'y seriez bien, sous aucun rapport.

B. Ce qu'on fait à Sainte-Hélène est absurde, ridicule. Tenez, ce soldat, sur la pointe de ce rocher, à quoi sert-il? Craignez-vous que je ne m'échappe? Un oiseau le pourrait-il? je conçois que la ville me soit interdite, c'est assez naturel; mais hors de là, je devrais être libre.

L'amiral. Vous l'êtes; on ne vous empêche même pas d'aller en ville.

B. Avec cet officier (le capitaine Papleton) à mes trousses ? Ce serait me dégrader, me reconnaître prisonnier. Je ne le suis pas.

L'amiral. On ne peut cependant plus vous traiter en souverain.

B. Et pourquoi pas ? Qu'on me laisse ces honneurs, comme un amusement, dans ma position. Sur ce rocher, quel mal cela peut-il faire ?

L'amiral. Il faudrait donc vous qualifier d'empereur ?

B. (*Aprés un moment de réflexion*) : Non, j'ai abdiqué.

L'amiral. Vous ne voulez pas être appelé général ?

B. Je ne le suis plus depuis mon retour d'Égypte. Tout autre nom me convient. Qu'on m'appelle Napoléon.

Sur son projet de descente en Angleterre.

L'amiral. Quel était le but de vos grands préparatifs à Boulogne ?

B. Celui de faire passer la Manche à mes soldats

L'amiral. La conquête de l'Angleterre vous paraissait donc facile ?

B. Non, mais elle vaut assurément la peine d'être entreprise.

L'amiral. On n'a jamais pu deviner votre plan.

B. Il était simple. Ma flotte faisait mine d'aller, en Amérique, avec des troupes de débarquement. J'étais sûr que le gros de la vôtre l'y suivrait. Villeneuve profitant alors de la première chance (il y en a tant sur mer) devait tourner court, regagner le

canal, au moins quinze jours avant l'amiral anglais,
et y croiser pendant que mes bateaux passeraient.

Sur la mort du duc d'Enghien.

L'amiral. Pour quel crime le duc d'Enghien a-t-
il été condamné à mort ?

B. Jugé ? je ne l'ai point jugé ; je l'ai fait fusiller.
Il conspirait contre moi, c'était prouvé.

Sur Waterloo.

B. Savez-vous que Wellington a beaucoup ris-
qué? Il devait se retirer, attendre les Alliés ; sans
les Prussiens, il était perdu.

L'amiral. Oui, mais il savait que les Prussiens
viendraient.

B. Et comment le savait-il? Si Grouchy eût fait
son devoir, nous n'en serions pas là. C'est lui qui a
tout perdu.

L'amiral. Qu'est-ce qui vous a fait ouvrir cette
campagne par une attaque contre les Prussiens? La
position des Anglais devait vous gêner davantage.
C'était le côté de la mer, il fallait s'en assurer.

B. Le caractère des généraux que j'avais en tête,
m'a tracé ma conduite. Cet ivrogne de hussard, impatient de se battre, eût tout quitté pour secourir
les Anglais, et j'aurais eu trop d'ennemis à la fois.
J'ai commencé par l'affaiblir, je l'ai battu. Son
armée était en désordre. Grouchy devait l'empêcher

de rien entreprendre. On n'a pas exécuté mes ordres, et les résultats n'ont plus été les mêmes; mais quoique les Prussiens aient beaucoup fait, la journée est à Wellington.

Sur les Prussiens et leur armée.

L'amiral. Que pensez-vous des Prussiens?

B. Ce sont des coquins.

L'amiral : Et de leur armée ?

B : Il m'en a coûté si peu pour l'écraser à Iena, avec les manœuvres de Potsdam, que j'ai été surpris moi-même de ma victoire.

L'amiral. Mais elle a changé depuis.

B. Un peu.

Sur la Russie.

B. Ce pays, si l'on n'y prend garde, fera un jour la loi à tous les autres. Il ne lui faudrait qu'un homme; on verrait alors de grands événements. Cette cavalerie légère, de cosaques, suffirait seule pour désoler l'Europe. Son souverain est pacifique, c'est heureux, fort heureux.

L'amiral. Mais les cosaques sont en apparence une mauvaise cavalerie.

B. Ne vous y fiez pas; ils font bien la petite guerre. Ils sont habiles à attaquer, à se défendre, à ravager le pays et l'on ne peut les entamer. Ils vont d'un pays à l'autre, sans savoir les langues. Je ne leur ai jamais fait de prisonnier.

L'amiral. Mais que pensez-vous de la marine des Russes?

B. Une flotte, peu nombreuse, dans la Baltique, et une contre les Turcs, pour défendre les frontières, doit leur suffire. Tous les frais pour une grande marine sont perdus. La Russie ne sera jamais une puissance maritime.

Bonaparte ne parle que rarement de la campagne de Moscou. Il dit un jour à l'amiral Cochburn : Pour ma gloire, j'aurais dû mourir à Moscou. On accuserait mes généraux des malheurs de cette guerre.

Lorsque son médecin, O'Meara, lui annonça que le maréchal Ney avait été fusillé ; Bonaparte répondit : « Fusillé ? C'est la chambre des pairs qui l'a jugé. Je suis surpris qu'il n'a pas été décapité. » Puis après un moment de réflexion : « Il était brave, mais il m'a trahi à Fontainebleau. »

Ce fut aussi O'Meara qui lui apprit la mort de Murat. Bonaparte se borna à lui demander s'il était mort sur le champ de bataille. O'Meara étant entré alors dans quelques détails, il l'écouta et garda le silence.

Je continuerai, mon prince, à noter soigneusement tout ce qui pourra me revenir des conversations de Bonaparte, et à en rendre compte à V. A.

Agréez,

Baron STURMER.

P. S. — N'ayant rien trouvé, jusqu'ici, qui valût la peine d'être mandé à V. A. dans ce que Bonaparte a dit sur le compte des commissaires, je ne le joins ici que pour compléter ce rapport.

Le docteur O'Meara, s'étant trouvé en ville, au moment de notre arrivée, il s'empressa, à son retour à Longwood, de nous nommer à Bonaparte et de lui donner les renseignements, qu'il avait recueillis sur nous. Au nom du marquis de Montchenu, Bonaparte s'écria : « Ah ! je le connais, c'est un vieux c..., un vieux radoteur, un vieux fou, un général de carrosse qui n'a de sa vie entendu un coup de fusil. » Lorsqu'on lui parla de moi, il dit : « Je crois connaître ce nom ; mais je ne me le rappelle que confusément. » Et à propos de madame de Stürmer, il eut grande hâte de demander si elle était jolie. On lui assura que oui. « Si elle est jolie, répliqua-t-il, que diable est-elle venue faire sur ce rocher? » La seule observation qu'il ait fait sur le comte de Balmain, c'est que ce n'était point là un nom russe.

N° 7. P. S. 6.

Sainte-Hélène, ce 31 décembre 1816

Mon prince,

La santé de Bonaparte a été altérée par des vertiges, accompagnés d'une légère atteinte de fièvre. Le médecin, ayant ordonné qu'on lui jetât sur la tête de l'eau de Cologne, mêlée d'eau fraîche, les domestiques s'y prirent si maladroitement qu'il en eut les yeux remplis. Cela lui causa des douleurs si aiguës, qu'il cria au meurtre et à l'assassinat, s'emportant, jurant, pestant et ruant contre tous ceux qui l'avaient approché. Il en eut une inflammation des yeux qui le fit souffrir pendant plusieurs jours.

Son médecin, O'Meara, m'a dit qu'il l'avait conjuré de changer de régime, soit en faisant de l'exercice, soit en diminuant la quantité de ses aliments.

On prétend qu'il a eu de temps en temps les pieds enflés et d'après les observations que l'on a faites, on a lieu de supposer qu'une hydropisie de poitrine ou un coup d'apoplexie termineront, tôt ou tard, la carrière de cet homme extraordinaire.

Agréez,

Baron STURMER.

N° 1.

Sainte-Hélène, ce 10 janvier 1817.

Mon prince,

Je n'ai absolument rien à annoncer à V. A. si ce n'est que Bonaparte existe, qu'il est ici et qu'il se porte bien.

Agréez,

Baron STURMER.

Sainte-Hélène, ce 10 janvier 1817.

Mon prince,

Jamais vos bontés ne m'ont été plus nécessaires que dans ce moment. Je suis ruiné pour toujours, si l'on me refuse ce que je demande.

Mon établissement m'a coûté plus de 1,300 livres sterling, et je vous jure, mon prince, qu'il me serait absolument impossible de vivre, décemment, à moins de 3,000 par an. Je souffre de voir l'Empereur dépenser tant d'argent pour si peu de chose. S'il ne s'agissait que de moi, 1,000 livres sterling partout ailleurs me paraîtraient préférables à 10,000, à Sainte-Hélène. Il faut beaucoup de courage et de résignation, pour supporter patiemment cet exil. Il en est peu d'aussi tristes. Tout y rappelle l'éloignement du reste du monde. Nous sommes sans nouvelles de nos familles, depuis le 12 juillet. Partout où l'on porte ses regards, on ne voit que des rochers et la mer. La beauté du climat, ce seul point de compensation, que nous espérions pouvoir opposer à tant de désagréments, ne mérite pas la moitié des éloges qu'on lui donne. L'atmosphère des tropiques ne convient point aux Européens. Une quantité d'Anglais sont attaqués d'obstructions de foie et de maladies inflammatoires. La mortalité n'a jamais été aussi grande que dans ce moment. Il n'y a pas de jour où il n'y ait un enterrement.

Parmi les naturels du pays, les hommes sont grossiers et ignorants, les femmes sottes et laides, les enfants superbes, le peuple misérable et les gens aisés avares comme dans Molière. Un signe de tête, un *yes* nasillé ou un sourice niais, sont les seules réponses que l'on puisse tirer des dames de Sainte-Hélène. Les Anglais sont ennuyés et par conséquent ennuyeux. La maison du Gouverneur est la seule qui offre quelques ressources. Sir Hudson Lowe fait peu de frais pour la société ; il parle rarement et est toujours distrait et rêveur ; le plus souvent, il s'endort. Lady Lowe, en revanche, fait assez bien les honneurs ; c'est une femme, d'environ trente-quatre ans, gaie, un peu coquette et commère par excellence ; elle paraît avoir été jolie et cherche à faire valoir, autant qu'elle peut, ce qui lui reste de beauté.

Lady Malcolm est petite, bossue et richement laide ; quoiqu'elle mette beaucoup d'apprêt et d'originalité, dans sa toilette, pour réparer des ans l'irréparable outrage, on n'en rit pas moins souvent à ses dépens : c'est, au total, une bien excellente femme.

Viennent ensuite une petite Lady Bingham qui n'est ni laide, ni jolie, ni spirituelle, ni sotte ; une madame Wyngard, femme du quartier-maître général, qui plaît assez agréablement, et une demoiselle Bethsy Balcomb, vive, sémillante et pleine de naïveté, qui n'a que quinze ans et à qui la faveur de

Bonaparte a donné de la célébrité. Le reste ne vaut pas l'honneur d'être nommé. Bonaparte, dont la société aurait seule pu donner de l'intérêt à notre solitude, est toujours invisible pour les commissaires. Lady Lowe commence à voir madame Bertrand et madame de Montholon. Elle n'a pas encore vu Bonaparte, prétendant qu'il lui devait la première visite, mais elle paraît avoir changé d'avis et fait des avances pour lui être présentée. Quant à moi, j'avoue, mon prince, qu'après avoir fait 2,000 lieues, pour m'assurer de son existence, je serais heureux de revenir en Europe, sans l'avoir aperçu. Le fait suivant prouvera à V. A. avec quelle exactitude chacun des surveillants ici fait son devoir. Une sentinelle était postée, à minuit, près d'une batterie, très élevée, qui domine la ville. Il faisait clair de lune ; la sentinelle apperçoit son ombre, se trouble, la prend pour un prisonnier qui s'échappe et, sans plus d'examen, lui tire un coup de fusil, chargé à balle. On crie aux armes, toute la ville accourt, on cherche, on examine et chacun en est quitte pour aller se recoucher. Voilà, mon prince, un de ces grands événements qui font ici, pendant trois semaine, le sujet de toutes les conversations. Un autre plus tragique, c'est qu'un petit garçon de treize ans, esclave, s'étant endormi dans un corridor, eut un morceau de la jambe mangé par un rat. Une nuée de sauterelles fut jadis regardée, en Egypte, comme une punition du ciel. Qu'était-ce pourtant auprès du fléau qui désole cette île ? Elle est couverte de rats qui y font, journellement, les plus grands dégâts et contre lesquels les habitants, mêmes, ne peuvent assez se précautionner. L'histoire la plus récente est celle d'une madame Younghusband, femme d'un capitaine, qui a été traduite, devant un tribunal, pour avoir osé attaquer, publiquement, la vertu d'une femme. La réputation compromise ayant été évaluée à 250 livres sterling, madame Younghusband a été condamnée à les payer.

Quoique j'aie encore dix-sept mois à passer ici, mon esprit ne s'en occupe pas moins déjà de mon retour, et cette pensée n'est pas exempte d'inquiétudes, sur les périls qui me restent à courir. Il y a toute apparence que je devrai aller d'abord d'ici au Cap, où les tempêtes sont fréquentes et dangereuses. Peut-être, même, serai-je obligé de m'embarquer sur un bâtiment de transport, où l'on est toujours beaucoup plus exposé. V. A. serait-elle fâchée, si je revenais en longeant la côte d'Amérique et en touchant à Philadelphie? C'est un pays qui m'a toujours vivement intéressé. Aucun diplomate autrichien n'y a encore été, à ce que je sache. Le cas, où je me trouve, rendait cette occasion unique. Je ne voudrais y faire, au plus, qu'un séjour de deux ou trois mois. Cela me suffirait pour rapporter à V. A. des notions intéressantes sur un gouvernement qui fixera peut-être, un jour tous les regards. J'y apprendrais à connaître les dispositions des esprits sur Bonaparte (ce sont toujours les Américains que l'on craint ici) et ce serait en quelque sorte compléter ma mission. Je tâcherais de me procurer des données sur l'existence des étrangers de marque qui y sont réfugiés, sur leurs projets et leurs espérances, ce qui aussi ne serait pas sans intérêt. V. A devinera aisément que je ne pourrais m'engager à faire ce voyage qu'aux frais de S. M., frais qui d'ailleurs seraient peu considérables. Au lieu de me rendre du Cap, directement en Europe, je me dirigeais sur les États-Unis et m'embarquerais ensuite pour l'Angleterre ou pour la France. Quand, une fois, on est lancé au milieu des mers, un détour de 4 ou 500 lieues n'est rien. On n'en souffre ni plus ni moins. Daignez, mon prince, peser ce projet dans votre sagesse et m'honorer d'un mot de réponse. Permettez qu'avant de terminer cette lettre, je vous entretienne un moment de mon bonheur domestique ; ce sujet n'est point étranger à V. A., puisqu'il s'agit de son ouvrage, Madame de Stürmer charme et embellit mon existence, nous étions faits l'un pour l'autre, et jamais union ne fut plus heureuse. Sans une pareille compagne, la mélancolie m'aurait, sans doute, déjà accablé de tout son poids, et je n'aurais pu arriver au terme prescrit pour mon séjour ici sans succomber. La bonté avec laquelle V. A. daigna s'intéresser à mon mariage, cette grande circonstance de ma vie, ne s'effacera jamais de mon souvenir. Nous vous en aurons, madame de Stürner et moi, une éternelle reconnaissance.

Je prie V. A. de me mettre aux pieds de madame la princesse de Metternich et de la princesse Marie et d'agréer, pour elle-même, l'expression renouvelée de mon respect et de mon parfait dévouement.

Baron STURMER.

P. C. — Madame de Stürmer prie V. A. de vouloir bien lui conserver une place dans son souvenir.

N° 3

Saint-Hélène, ce 28 janvier 1817.

Mon prince,

Bonaparte se porte bien ; il vit plus retiré que jamais et est devenu presque invisible. On prétend, qu'il commence à traiter ses Français avec plus de douceur et d'affection : il les voit plus souvent et cherche à se les attacher davantage. On en conclut que Las Cases a été mécontent, et que Bonaparte craint de se voir entièrement abandonné. C'est maintenant madame de Montholon qui écrit sous sa dictée, et qui lui tient lieu de secrétaire. Il continue à s'occuper de l'histoire de sa vie, qu'il narre à la troisième personne, à l'instar des Commentaires de César.

Malgré les chagrins de la détention, madame

Bertrand vient d'accoucher d'un fils, [81]. Madame de
Montholon lui en avait donné l'exemple, quelque
temps auparavant. Bonaparte, s'étant opposé à ce
que l'enfant fût baptisé par un ministre protestant,
on lui céda en apparence, mais le petit Montholon
n'en reçut pas moins, secrètement, le baptême et les
noms de Charles, Joseph, Marie, Henri, Hélène
Napoléon.

La frégate l'*Euridice* a apporté la nouvelle du dé-
cès de S. M. l'Impératrice. Ce malheureux événement a produit ici des sensations bien différentes.
Tout ce qu'il y a d'Autrichiens en a ressenti l'afflic-
tion la plus vive et a partagé la douleur de notre
auguste maître.

Agréez, etc...

Baron STURMER.

N° 4

Saint-Hélène, ce 28 janvier 1817.

Mon Prince,

J'ai pris la liberté d'adresser à V. A, le 10 du mois
passé, une longue lettre où je suis entré dans les
plus grands détails sur les désagréments de notre séjour ; je profite aujourd'hui du départ de M. Welle, [84],

pour vous envoyer 1° un soulier chinois qu'une très jolie femme a porté longtemps ; il est si petit qu'il semble n'avoir pu servir qu'à un enfant, mais V. A. sait, qu'en Chine, on attache tant de prix à rapetisser les pieds des femmes, que dès l'âge le plus tendre, on les fait entrer dans un moule de fer dont ils conservent la forme ; 2° un jeu chinois, assez ingénieux, qui consiste en pièces de rapport, et qui semble fait pour exercer la patience du plus patient. Nous passons souvent nos soirées, faute de mieux, à nous amuser à ce jeu. On vient d'en envoyer plusieurs, en Angleterre, où il n'est pas encore connu, et où il va devenir à la mode ; 3° un petit singe qui vient d'arriver de la Chine, et qui m'a paru fort gentil et extrêmement apprivoisé ; M. Welle en aura soin dans la traversée. Je prie V. A. d'accueillir ces bagatelles avec bonté. Si je vais au Cap, je tâcherai d'en rapporter plusieurs choses curieuses pour vous, mon prince. J'ai déjà écrit qu'on m'envoie un petit écureuil de Madagascar, pareil à celui qu'a M. le duc de Richelieu et dont l'espèce est fort estimée en Europe. Je compte aussi apporter à V. A. un ou deux beaux perroquets ; j'en ai déjà un magnifique de Botany-Bay, qui lui est destiné. Je vous prie de me dire, mon prince, ce qui pourrait encore se trouver ici de votre goût. Il nous arrive beaucoup de marchandises de la Chine et du Japon, le meilleur thé du monde, des soieries, des mousselines, des crêpes, etc. Si V. A. désire faire emplète d'une certaine quantité de vin de Constance, je me ferai un plaisir de lui en procurer ; on en trouve ici, et probablement, j'irai, moi-même, en acheter sur les lieux. Le meilleur coûte, à peu près, un ducat la bouteille. Tout est cher dans ces pays, et pour y être bien, il faut pouvoir verser l'argent à pleines mains.

Je ne puis assez me féliciter d'être enfin débarrassé de M. Welle ; c'est un excellent garçon, mais il m'a donné bien du fil à retordre. Jamais on n'a échangé plus de notes sur un objet plus insignifiant. Je suis, pourtant, bien aise d'avoir mis cette affaire au clair, car il y a tout à parier qu'on en parle dans tous les journaux anglais, et peut-être même malicieusement. Je serais au désespoir, s'il en résultait un tort quelconque pour ce pauvre Welle, car le ciel n'est pas plus pur que le fond de son cœur, et jamais personne n'a été plus compromis d'une manière plus innocente.

Les choses, ici, sont toujours sur le même pied. Bonaparte et son entourage vivent dans un tel isolement, et nous savons si peu ce qui se passe à Longwood, que je n'ai pas même la satisfaction de mander à V. A. une seule anecdote.

Baron STURMER.

Saint-Hélène, ce 28 février 1817.

Mon Prince,

M. Welle va s'embarquer sur un bâtiment de la compagnie des Indes, le *Earl of Balcarras* (capitaine Janesson) qui vient d'arriver de la Chine, et qui doit mettre, ce soir, à la voile pour l'Europe.

Sa Majesté l'ayant placé sous mes ordres, pour le temps qu'il aurait à passer avec moi, il est de mon devoir, en le renvoyant, de rendre compte à V. A, de sa mission.

Arrivé ici le 18 juin, il n'a pu commencer ses recherches que vers la fin de juillet, le gouverneur ne lui ayant accordé qu'à cette époque la permission d'herboriser, librement, dans toutes les parties de l'île, à l'exception seulement de l'enclos où est située la maison de Bonaparte. Un mois lui a suffi pour recueillir tout ce que cette île offre d'intéressant, et d'après les ordres de Sa Majesté, j'aurais dû le faire partir immédiatement après. M. Welle m'ayant représenté que ses plantes périraient si elles arrivaient en Europe dans la mauvaise saison, je m'étais décidé à prendre sur moi de profiter d'une occasion unique que m'offrait le départ de l'amiral Malcolm sur le *New-Castle*, pour lui faire faire gratis une tournée au Cap de Bonne-Espérance, où

il aurait pu enrichir sa collection. Le gouverneur
me déclara qu'une fois parti, il ne dépendrait plus
de lui de le laisser revenir. Je renonçai, alors, à mon
projet, et j'engageai M. Welle à attendre patiemment
l'arrivée de la belle saison. J'ai eu, depuis, beaucoup de peine à le conserver ici, et V. A. voudra
bien me permettre de me référer, à cet égard, aux
rapports que que j'ai eu l'honneur d'adresser à M. le
prince de Metternich, en date du 13 et du 31 décembre de l'année passée.

Il ne me reste qu'à le reccommander aux bontés
de V. A., qu'il a méritées par la conduite irréprochable qu'il a tenue depuis dix-sept mois que nous
sommes ensemble. Je n'ai jamais eu à me plaindre
de lui et l'ai toujours vu plein de zèle et d'activité,
lorsqu'il s'agissait du service de Sa Majesté. C'est
un malheur, pour lui, de s'être chargé d'un paquet
pour le sieur Marchand, valet de chambre de Bonaparte ; mais on ne peut en accuser que son inexpé-
rience, dans des affaires entièrement étrangères
à son état, et le désir pardonnable d'obliger M. Boos,
sous les ordres duquel il est placé, et qui lui a confié
ce paquet.

Agréez...

Baron Sturmer.

Sainte-Hélène, ce 12 mars 1817.

Mon Prince,

Daignez, mon prince, ne pas oublier de m'honorer d'un mot de réponse à ce que j'ai eu l'honneur de vous écrire de mon projet de voyage, aux Etats-Unis; mais j'ose conjurer V. A. de ne pas donner plus d'étendue à mes vœux, en me chargeant d'une mission lointaine, qui serait de quelque durée. Mon père, qui touche au terme de sa carrière, et qui met son bonheur à me revoir encore une fois et à faire la connaissance de madame de Stürmer, vient de m'adresser de nouvelles instances, pour qu'après mon retour en Europe, je demande à V. A. la permission de faire un voyage à Constantinople. Après cela, elle me trouvera prêt à courir de nouveau le monde, et à aller m'établir dans un autre hémisphère, s'il le faut.

Agréez...

Baron STURMER.

N° 5

Sainte-Hélène, ce 12 mars 1817.

Mon Prince,

Deux bâtiments de la compagnie des Indes, arrivés du Bengale, le *Prince Régent* et le *Phœnix*, devant faire voile aujourd'hui pour l'Europe, je profite de cette occasion pour annoncer à V. A. que la santé de Bonaparte est toujours excellente, et qu'il continue à mener le même genre de vie. On assure qu'il est devenu plus traitable, depuis le départ de M. de Las Cases, qui semblait avoir pris à tâche de l'irriter contre les autorités anglaises et de mettre la zizanie entre lui et le gouverneur.

Agréez....

Baron STURMER.

N° 6

Sainte-Hélène, ce 16 mai 1817

Mon prince,

Le *New Castle* devant partir aussitôt que l'amiral Plampin sera arrivé, je ferai parvenir mes dépêches à V. A. par cette occasion.

Je me borne à lui annoncer, aujourd'hui, par le *Marquis of Ely*, un bâtiment de la compagnie des Indes, venant de la Chine, que Bonaparte jouit d'une parfaite santé. Lady Malcolm ayant été le voir, il y a quelques jours, avec l'amiral Malcom, il l'invita à jouer aux échecs avec lui. Il gagna la première partie et fut assez galant pour perdre la seconde.

Agréez...

Baron STURMER

N° 7.

Sainte-Hélène, ce 15 mai 1817.

Mon prince,

Bonaparte continue à jouir d'une très bonne santé. Il paraît, maintenant, s'occuper exclusivement de son histoire. Il a fait prier le gouverneur, il y a huit ou dix jours, de lui envoyer la collection complète de l'*Ambiger*, qu'il parcourt dans ce moment. Agréez...

Baron STURMER.

N° 8

Sainte-Hélène, ce 8 juin 1887.

Mon prince,

Le *Conquéror*, sur lequel se trouve l'amiral Plampin, n'est pas encore arrivé. Nous savons qu'il a quitté Portsmouth le 15 mars et qu'il a touché à Madère, où il ne s'est arrêté que 48 heures. Il y a 86 jours qu'il est en mer. On s'épuise en conjectures. sur ce qui peut le retarder, si longtemps. Peut-être aura-t-il passé l'île, ce qui n'est pas sans exemple ; peut-être aussi une tempête l'aura-t-elle jeté sur les côtes du Brésil.

S'il lui est arrivé quelque malheur. nous ne tarderons pas à l'apprendre, par la frégate dont il est accompagné.

Le retard de ce vaisseau contrarie beaucoup le gouverneur, qui craint toujours de se voir embarrassé, par quelque nouvelle démarche de la part des commissaires. Il espère recevoir. par cette occasion, des instructions détaillées sur la conduite qu'il devra tenir à notre égard.

Le comte de Balmain lui ayant représenté, il y a quelque temps, combien le rôle qu'on nous faisait jouer devenait humiliant, à mesure que notre séjour ici se prolongeait, et s'étant montré décidé à suivre un autre plan de conduite, le gouverneur avoua qu'il sentait, lui-même, les désagréments de notre position. Il le pria, seulement, d'attendre les dépêches du *Conquéror*, qui aplaniraient sans doute toutes les difficultés.

Voilà, mon prince, où nous en sommes. Je n'ai rien d'intéressant à mander à V. A., si ce n'est que Bonaparte est toujours bien portant, solitaire et plus occupé que jamais à son histoire. Agréez...

Baron STURMER.

N° 9

Sainte-Hélène, ce 4 juillet 1817.

Mon prince,

J'ai appris, il y a une quinzaine de jours, que M. Welle a apporté au général Gourgaud une lettre ouverte et un mouchoir de soie. Mes collègues, qui en ont été informés en même temps, sont convenus avec moi que nous n'en parlerions à qui que ce fût ici, pour ne pas donner au gouverneur de nouveaux sujets de méfiance, qui s'étendent toujours sur nous tous ; mais nous sommes tombés d'accord, que nous ne pouvions nous dispenser de le mander à nos gouvernements.

La conduite de Welle, dans cette circonstance, fait naître d'étranges réflexions. Que penser de la profonde dissimulation avec laquelle il est parvenu à tromper tout le monde, pendant près de neuf mois qu'il a passés ici, le fait qu'on lui impute ne pouvant avoir eu lieu qu'aussitôt après notre arrivée. Il peut bien s'être chargé, par bêtise, d'un paquet que lui a remis M. Boos, et qu'il a pu croire insignifiant ; mais d'où lui est venue la lettre pour le général Gourgaud et le mouchoir de soie, qui selon son apparence était du genre de ces foulards que M. de Las Cases avait adressés à madame Clavering ? Et comment justifiera-t-il d'avoir osé faire passer ces objets au général Gourgaud, à mon insu? Après la manière dont il a été traité chez moi, et l'intérêt que je lui ai témoigné personnellement dans l'affaire des cheveux où il n'eût tenu qu'à moi de le sacrifier, ne devait-il pas, en honnête homme, me découvrir la principale faute qu'il avait commise, et ne pas mettre le comble aux désagréments qu'il m'avait causés, en m'exposant à de nouveaux embarras ?

Je saisis cette occasion, pour informer V. A. que c'est par le comte de Balmain que j'ai su que Welle avait apporté ces cheveux; l'amiral le lui avait confié sous le plus grand secret. Je ne puis assez me féliciter d'avoir fait cette découverte. Sans elle, les soupçons planeraient encore sur mes gens, sur madame de Stürmer, sur moi, et, ce qu'il y aurait de plus fâcheux, sur notre gouvernement. Agréez...

Baron Stürmer.

5.

N° 10

Sainte Hélène, ce 4 juillet 1817.

Mon prince,

Pour mettre V. A. à même d'apprécier, comme ils doivent l'être, les bruits répandus en Europe sur ce qui se passe à Sainte-Hélène, j'aurai l'honneur de lui exposer, sous leur vrai jour, les faits qui y ont donné lieu.

On a débité en France et en Angleterre que M. de Montholon avait été pendu à bord d'un vaisseau anglais, le jour même où madame de Sémonville, sa mère, avait donné un bal à Paris ; que madame Bertrand était en prison à Londres, pour avoir cherché, à l'aide de l'argent que Bonaparte avait mis à sa disposition, à fomenter des troubles, à tramer des conspirations, et pour avoir même pris part, en secret, aux mouvements séditieux contre le gouvernement ; qu'il y avait eu à Longwood un incendie qui avait réduit en cendres tous les papiers de Bonaparte, et qui avait causé le plus grand désordre ; qu'un bâtiment américain avait été surpris, avec une mauvaise intention sur l'île ; que le commissaire d'une grande puissance avait donné les mains à un projet d'enlèvement pour faciliter, par son entremise, des communications écrites et de clandestines correspondances ; que Sainte-Hélène, à cette occasion, avait été mis à feu et à sang ; enfin que j'avais apporté à Bonaparte un portrait et des cheveux de l'archiduchesse Marie-Louise et de son fils.

Voici, mon prince, l'exacte vérité : M. de Montholon n'a pas encore recueilli le fruit de ses travaux. et madame de Sémonville peut encore se donner le plaisir de faire danser chez elle. — Madame Bertrand continue à partager la prison de son maître, et ne s'y occupe qu'à elever sept enfants et à en augmenter le nombre. Le feu a pris effectivement à Longwood, dans la cheminée du salon de l'ex-Empereur ; mais on en a été quitte pour quelques moments de frayeur et une glace cassée. Il n'y a eu de désordre que dans la tête de sir Hudson Lowe, à qui elle faillit tourner, lorsqu'on lui en porta la première nouvelle. L'apparition du bâtiment américain n'est qu'un conte, dénué même de toute vraisemblance. Pour oser se présenter avec de mauvaises intentions sur l'île, il faudrait y arriver au moins avec cinq ou six vaisseaux de ligne. Pour ce qui regarde le commissaire d'une grande puissance. et les machinations secrètes et peu honorables qu'on lui attribue, on ne peut y voir que le résultat des conjectures que l'on a tirées de plusieurs événements, vrais ou supposés, arrivés en même temps.

Une parfaite tranquillité a régné à Sainte-Hélène depuis que nous y sommes, et le bouleversement qu'on prétend avoir eu lieu, n'est qu'une fiction. Je ne m'arrêterai point sur ce que l'on m'impute personnellement ; j'ai eu l'honneur d'informer V. A., dans le temps, de ce qui a fait naître cette imputation.

Les journaux anglais doivent être considérés comme la principale source des mensonges répandus sur Sainte-Hélène. On y trouve des conversations entières avec Bonaparte, qui n'ont jamais eu lieu. Des voyageurs, qui ne peuvent parvenir à se faire admettre à Longwood, en forgent à plaisir et les font imprimer, pour satisfaire leur amour-propre et se rendre intéressants. Beaucoup d'autres articles sont entièrement dénués de fondement ou tellement défigurés que l'on a peine à y démêler la vérité. J'en joins, ici, un exemple *sub lit. A. 87* tel qu'il m'a été communiqué. En voyant cet article, Bonaparte à dit à son O'Meara : « Eh bien, quand je vous disais que tous ces vieux émigrés ne sont que des imbéciles. » Le marquis de Montchenu prétend qu'il n'a jamais rien mandé de pareil ; [88] mais quand on connaît sa vanité, on ne peut du moins s'empêcher de l'en croire capable.

Le Courrier rapporte un extrait de la *Gazette de Manheim* ci-joint [89]. Le fait, dont il y est question, n'était qu'une bagatelle. Il a pris un tour plus sérieux, dans les dépêches de M. de Montchenu ; en y ajoutant des incidents, il l'a dénaturé, et de rien en a fait quelque chose. Il se défend toutefois d'avoir rédigé le rapport en question ; il assure qu'il n'a mandé que la vérité. Dans tous les cas, la voici. Bonaparte, en arrivant, à Sainte-Hélène, fut logé dans la maison d'un M. Balcombe, négociant, que l'on dit fils naturel du prince-régent. Cet homme, père de plusieurs enfants, a une fille de 15 ans, nommée Bethsy, jolie, vive et étourdie. Sa naïveté

plut à Bonaparte, et il joua avec elle comme avec
un enfant. Un jour, qu'ils étaient seuls avec
Jenny, sœur de Bethsy, celle-ci aperçut une épée
dans un coin de la chambre, s'en saisit, la tira, et
en présentant la pointe à l'ex-empereur : « Défendez-
vous, où je vous tue, » lui cria-t-elle avec un grand éclat
de rire. Bonaparte prit fort bien la plaisanterie et appela à son secours Jenny qui s'empressa de désarmer
sa sœur. Tout cela se passa en badinant, sans qu'il
ait été question le moins du monde, ni de l'intervention de M. de Las Cases, ni d'une frayeur de la part de
Bonaparte et moins encore d'une sentinelle appelée
à sa défense. On n'a jamais vu Bonaparte se livrer à
une gaîté aussi franche que dans cette famille.
Bethsy et sa sœur le firent jouer, plus d'une fois, à
colin-maillard et aux quatre-coins. Bethsy lui banda
les yeux, puis lui donnant un petit soufflet sur la
joue : Catch me as you can (Attrapez-moi, comme
vous pourrez), lui dit-elle en s'enfuyant. Ma mission
se composant en grande partie de bagatelles, V. A.
voudra bien me pardonner d'y avoir ajouté celle-ci.

Encore un autre article sur Sainte-Hélène, inséré
dans le *Times* et dans la plupart des journaux français et allemands, est une lettre de M. de Montchenu
au directeur des postes d'Angoulême, dont il avoue
lui-même l'authenticité. Cette lettre, qu'il a eu l'imprudence de faire publier, lui a fait beaucoup d'ennemis ici. Les Anglais ne lui pardonnent pas d'avoir
voulu s'arroger, en partie, le mérite de la surveillance,
en annonçant que rien ne se faisait à son insu et
sans son approbation. Bonaparte est choqué du ton
avec lequel il a parlé de lui et de l'importance qu'il se

donne, comme s'il pouvait disposer de son sort ? En
parcourant cette lettre, il a dit à O'Meara que jamais
M. de Montchenu ne mettrait le pied chez lui, sous
quelque prétexte que ce soit, et s'est répandu en
invectives contre lui. «C'est, a-t-il dit, entre autres, un
de ces hommes, qui peuvent encore accréditer, dans
le monde, l'ancien préjugé que les Français ne sont
que des saltimbanques.» C'est ainsi que M. de Montchenu, tout en voulant se rapprocher de Bonaparte,
trouve le secret de s'en éloigner, de plus en plus, et
de rendre sa position, à pure perte, encore plus désagréable. M. Balcombe lui en veut d'avoir compromis gratuitement sa fille, en mettant dans sa bouche
des propos qu'elle n'a pu tenir. Il vient de lui adresser une lettre, où il le somme, catégoriquement, de
déclarer s'il est l'auteur de l'article ridicule et extravagant sur sa fille Bethsy. On dit que l'idée de cette
lettre a été suggérée à Balcombe, par l'entourage
du Prince-Régent, et que le but que l'on se propose,
est d'arracher à M. de Montchenu une réponse, que
l'on veut faire imprimer, pour se venger de lui.

    Agréez, etc.

                Baron STURMER.

N° 11

Sainte-Hélène, ce 4 juillet 1817.

Mon prince,

Une année entière s'est écoulée sans que je puisse transmettre à V. A. des détails satisfaisants sur Bonaparte, sa manière de vivre, ses conversations, ses désirs, ses espérances, sur les personnes qui l'entourent, sur l'esprit dont ils sont animés, enfin sur ce qui se passe dans l'intérieur de Longwood et ce que l'on prend tant de soin de nous cacher. Tant que nous ne verrons point Bonaparte, et que nous ne pourrons parler, sans témoins, à ceux qui lui appartiennent, les notions que nous nous procurerons seront ou imparfaites ou partiales. Le tableau de notre position et de l'état des choses, en général, que j'ai eu l'honneur de mettre sous les yeux de V. A. et les développements dans lesquels je suis entré, dans plusieurs rapports précédents, en fournissent des preuves incontestables. Je dois donc me borner à répéter les bruits qui courent ici, dans le public, et à y ajouter mes propres observations.

Il est difficile de juger si Bonaparte, dans la conduite qu'il a tenue jusqu'ici, n'a fait que suivre l'impulsion du moment, ou bien, s'il a été guidé, par un plan dont lui seul a la clef ; mais ce qu'il y a de plus étonnant, c'est l'ascendant que cet homme déchu, prisonnier, entouré de gardes et de surveillants, continue à exercer sur tout ce qui l'approche. Sa fierté, que rien ne peut abattre, le souvenir de sa puissance et de sa grandeur, le prestige attaché à son génie, l'air de souverain et de maître, qui lui est devenu si naturel et dont il ne se dépouille jamais, sont autant de motifs d'éloignement, pour ceux qui voudraient s'émanciper, et personne encore n'a osé, même dans le tête-à-tête, lui refuser le respect qu'il commande. Les Français paraissent encore éblouis de l'éclat qui l'environnait autrefois, et se soumettent à ses moindres volontés. « Je puis me consoler d'être à Sainte-Hélène, a dit un jour M. de Las Cases, en parlant de lui, puisque j'ai le bonheur d'y voir la plus belle chose du monde. » Les voyageurs, qui sont admis à son audience, en sortent enchantés de l'accueil qu'on a daigné leur faire et pleins d'admiration et d'enthousiasme pour le grand homme. Ceux mêmes qui le surveillent, briguent un mot, un regard, et tirent vanité des moindres faveurs qu'on veut bien leur accorder. Il a vanté lui-même le bon esprit de l'équipage du *Bellerophon*, de celui du *Northumberland* et des officiers du 53ᵐᵉ régiment.

Personne ne sait ce qui a déterminé Bonaparte à s'isoler et à se rendre presque invisible. On prétend que c'est la note, que nous avons adressée à Sir Hudson Lowe, à son égard, qui lui a donné de l'humeur. Ce qu'il y a de certain, c'est qu'il a fermé sa porte, depuis ce moment. Jusqu'alors, il fallait, avant tout, être muni, d'un permis du gouvernement, pour voir Bonaparte ; on écrivait, ensuite, au général Bertrand, pour obtenir une audience par son entremise. Depuis, il a fait déclarer à Sir Hudson Lowe qu'il pourrait se dispenser, de donner dorénavant un permis à qui que ce fût, ne voulant plus qu'on se présentât chez lui, à moins d'en avoir obtenu un du grand maréchal, lequel devait suffire. C'était une autre manière de dire, qu'il ne verrait plus personne, le Gouverneur ne pouvant consentir à ce que l'on se fasse introduire chez lui, sans sa permission. L'amiral Malcolm, qui a seul continué à le voir, l'ayant interrogé sur le motif de cette mesure, il se borna à lui dire que cela changerait. Néanmoins, plusieurs mois se sont passés depuis, et elle existe encore. Le Gouverneur s'en félicite tous le jours. En effet, si Bonaparte avait pris à tâche de seconder ses vues, dans toutes les occasions, il ne pourrait s'y prendre autrement.

Sir George Cockburn paraît avoir contribué à aigrir l'esprit de son prisonnier. Le caractère peu flexible de cet amiral et la fermeté qu'il opposa souvent à ses prétentions, blessèrent son orgueil. Après avoir, par exemple, causé une ou deux heures, debout avec lui, il prenait un siège et s'asseyait. sans y être invité. Lorsqu'il le rencontrait, hors de chez lui, l'amiral, après avoir ôté son chapeau pour le saluer, le replaçait sur sa tête, au grand scandale des Français, avant qu'on lui en donnât la permission. Ces sortes de licences choquèrent vivement l'ex-Empereur, et l'amiral s'en ressentit, dans plusieurs occasions. Ayant voulu lui présenter, un jour, un de

ses amis, arrivé des Indes, il refusa de le voir, et
les démarches réitérées de Sir George Cockburn, à
cet égard, restèrent sans succès. C'est alors que cet
amiral, dans son dépit, s'écria : « Je le montrerai à
tous les tambours du régiment. » Sir Hudson Lowe
lui donna d'autres sujets de plaintes. Il insista, dès
son arrivée, pour le voir deux fois par jour, pour
s'assurer, par ses propres yeux, de son existence.
Bonaparte, indigné, jura de s'y opposer de vive
force. Ce fut à cette occasion qu'il menaça, pour la
première fois, de brûler la cervelle à celui qui forcerait sa porte. Il eut, avec le Gouverneur, les scènes
les p'us vives, dans lesquelles il se répandit en invectives et parla, plusieurs heures de suite, avec la
plus grande véhémence. Le gouverneur se vit obligé
de céder. Depuis ce moment, ils ont toujours été mal
ensemble. Sir Hudson Lowe, loin de lui manquer
de respect, nous a dit qu'il avait pour lui les mêmes
égards qu'il aurait pour le prince régent. Néanmoins
il lui est désagréable. Ils ne se touchent par aucun
point et ne peuvent se convenir. Lorsque l'un donne
un libre cours à ses pensées, toujours grandes et
élevées, l'autre ne lui oppose qu'un fonds inépui-
sable d'idées communes, des formes froides et re-
poussantes et un esprit étroit et minutieux. L'amiral
Malcolm ayant dit, un jour, à Bonaparte, en parlant
de Sir Hudson Lowe, qu'il ne rendait pas assez
justice à ce brave homme, il lui répondit : « Que
voulez-vous ; ce n'est peut-être qu'un enfantillage
de ma part ; mais la première impression est faite,
et il ne dépend pas de moi d'en revenir. Je m'acco-
modais bien de Cockburn. Il voyait les choses en

grand, et si j'ai eu des torts à lui reprocher, ce n'a jamais été pour des vétilles. »

Peu content des chefs, Bonaparte s'attacha, pendant quelque temps, à caresser les subalternes, à affecter des préférences marquées, et à exciter ainsi l'envie des uns en flattant les autres. Sir Pultney Malcolm ne fut distingué que pour mortifier, par ce contraste, Sir Hudson Lowe. L'amiral profita de cette disposition, pour s'insinuer dans la confiance de Bonaparte. Il y réussit à souhait. Les conversations qu'ils eurent ensemble seraient du plus grand intérêt, si on les connaissait ; mais toutes les fois qu'il était question des Anglais, l'amiral ne nous en communiquait que des fragments, en nous cachant soigneusement tout ce qui pouvait froisser l'amour-propre national.

Je n'ai rien à ajouter, à ce que j'ai déjà eu l'honneur de mander à Votre Altesse, sur la manière de vivre de Bonaparte. Toutes les représentations que lui ont faites les médecins sur la nécessité de faire de l'exercice, ont été inutiles. Il ne sort plus maintenant qu'à six heures, c'est-à-dire à la nuit tombante, se promène à pied autour de la maison, ne s'en éloigne que d'une cinquantaine de pas et rentre au bout d'un quart d'heure. On dit qu'il a beaucoup grossi et qu'il devient tous les jours plus lourd. On dit aussi qu'il a écrit au prince régent pour qu'on le dispense de se faire accompagner par un officier, lorsqu'il sort de son enceinte. La fameuse capote grise est toujours son costume habituel. Lorsqu'il donne audience, il paraît le plus souvent en habit de chasse vert tout usé, culotte et bas blancs, boutons

à figures de cerfs, sangliers, renards, son chapeau
ordinaire sous le bras, boucles de souliers ovales en
or, une tabatière à la main et la plaque de la
Légion d'honneur. Son histoire continue à absorber
tout son temps. Lorsqu'il veut se distraire, il joue
aux échecs avec Montholon, ou au billard avec Gourgaud. Madame de Montholon le désennuie, quelque-
fois, en jouant du piano et en chantant, d'une voix
mal assurée, et déjà presque éteinte, quelques airs
italiens. Quelle chute pour un homme qui disposait,
à son gré, des premiers orchestres de Paris !

Les individus qui composent sa suite paraissent
plus unis, maintenant, qu'ils ne l'étaient, il y a quelque temps. Il n'y a que madame Bertrand et madame
de Montholon qui ne se voient pas d'un très bon œil :
elles ont été l'une et l'autre bien mal en cour ;
c'est ce qui les a brouillés. Le bruit, que l'on avait
répandu en Europe, que Bertrand avait été destitué
de sa place de grand maréchal du palais est faux. Il
n'a cessé d'en remplir les fonctions. M. de Montholon
dirige les affaires du ménage, et n'est, à proprement
parler, que premier maître d'hôtel. C'est celui de
tous, quoique gentilhomme, que l'on assure avoir
les sentiments les plus révolutionnaires. Le général
Gourgaud, neveu du comédien Du Gazon, a l'inspec-
tion des écuries et s'arroge le titre de grand-écuyer.
La place de secrétaire d'État est vacante, depuis le
départ de M. de Las Cases.

Ces messieurs ne cessent de se plaindre du mauvais traitement qu'on leur fait essuyer. Quoique
nous ayons tout lieu de croire que ces plaintes sont
exagérées, il serait injuste de se prononcer, avant

d'avoir entendu les deux partis. Les Anglais disent que Bonaparte veut paraître malheureux. Le fait est qu'il se récrie souvent contre la manière dont on agit à son égard. « Si j'étais entre les mains de l'Empereur Alexandre, dit-il un jour, on préviendrait mes désirs. Ce prince est noble et généreux ; j'oublierais mon infortune, Piontowsky et le jeune Las Cases, s'étant trouvés seuls avec un étranger, quelque temps après notre arrivée, lui dirent : « On nous traite d'une manière indigne. L'empereur est mal logé, mal servi, mal nourri. Vous ne pouvez juger de notre position ; vous n'entendez que les Anglais. »

M. Balcombe est chargé de fournir les objets de consommation pour la maison de Bonaparte. Ce dernier a dit un jour : « Je crois que Balcombe veut faire ses choux gras avec moi » : d'après les renseignements que j'ai recueillis, cette supposition n'est pas sans fondement.

Quant à la dépense qui se fait à Longwood, je ne puis que me référer à la note de M. de Montholon, que j'ai eu l'honneur d'envoyer à Votre Altesse. Les journaux nous ayant appris que Bonaparte, pour ne pas se trouver à la merci des Anglais, avait mis en vente son argenterie, après en avoir fait effacer ses armes, j'ai tâché de savoir ce qui en était. On m'assure que cela est exact. Elle a été évaluée à 20,000 livres sterling. Le Gouverneur, trouvant cette somme trop forte pour être mise à la disposition de son prisonnier, a voulu qu'elle fût déposée chez lui.

Agréez, etc...

Baron STURMER.

N° 13

Sainte-Hélène, ce 4 juillet 1817.

Mon Prince,

Me faisant un devoir d'informer Votre Altesse de tout ce qui peut lui faire connaître la manière de voir des Anglais à notre égard, je vais avoir l'honneur, de lui rendre compte de ce que l'amiral Malcolm m'a dit, des commissaires, dans un de ces moments, où le vin dispose à parler avec plus d'abandon et de confiance.

« Pourquoi, me dit-il, a-t-on envoyé ici des gens titrés et décorés ? De simples officiers, voilà ce qu'il fallait. Ils se seraient mis en pension avec les nôtres et vivraient avec eux ; il en coûterait moins cher à vos cours. Ils leur annonceraient, une ou deux fois par an, qu'ils sont en vie, car, que leur faut-il de plus, que de pouvoir dire qu'elles ont des commissaires à Sainte-Hélène. Si elles veulent savoir ce qui se passe ici, pourquoi ne s'adressent-elles pas à nos ministres, à Londres ? Ils pourront donner de meilleurs renseignements que vous, parce que le gouverneur les tient au courant de tout. »

Je le sommai de m'avouer que, dans aucun cas, les Anglais ne verraient les commissaires d'un bon œil. « C'est vrai, me répliqua-t-il, votre présence nous gêne. Si l'on me faisait gouverneur, ce qui est très possible, j'adresserais les instances les plus vives, à mon gouvernement, pour que l'on engageât vos cours à vous rappeler. Supposez que je réussisse, étant gouverneur, à établir des rapports de société avec Bonaparte et que je parvinsse à l'attirer chez moi ; ce seraient autant d'occasions pour vous de le rencontrer. Nous serions toujours vos dupes, car personne de nous ne sait assez bien le français pour suivre vos conversations. Bonaparte ne veut vous voir que pour avoir le plaisir de se déchaîner contre les Anglais ; cela nous est désagréable. Nous en viendrions peut-être à des explications et jamais la bonne harmonie ne pourrait s'établir entre nous. »

Cet amour-propre national que personne ne pousse aussi loin que lui, nous a souvent été nuisible. On dit que c'est l'amiral Malcolm, qui a déterminé le Gouverneur, à ne nous communiquer qu'un extrait de la note de M. de Montholon, en lui représentant qu'il fallait dérober à la connaissance des étrangers les invectives qui s'y trouvent contre les Anglais.

Quant à la façon de penser de sir Hudson Lowe à l'égard des commissaires, je ne puis que me référer à ce que j'ai eu l'honneur d'en écrire à V. A., dans le temps. Elle est toujours la même. Il ne peut s'habituer à se voir entouré de gens indépendants, dont il se défie plus ou moins, qui peuvent au besoin contrôler sa conduite, et qu'il considère, je ne sais pourquoi, comme les avocats de ceux qu'il surveille.

Persuadé de l'inutilité de notre séjour ici, il m'a demandé, plusieurs fois, si je ne comptais pas profiter de la proximité du cap de Bonne-Espérance, pour aller visiter cette intéressante colonie, [102]. J'ai toujours répondu, que je ne pouvais quitter mon poste, sans une permission de ma cour. Il m'observa que cela ne lui paraissait pas nécessaire, parce que je pourrais être de retour en trois mois. Admettons, lui dis-je, que Bonaparte vînt à mourir pendant mon absence. Dans ce cas, les journaux ne manqueraient pas d'en donner avis, me répliqua-t-il, avec beaucoup de sang-froid.

Toutes les fois que nous nous trouvâmes à Plantation-House, mes collègues et moi, à l'heure où on vient lui présenter le bulletin ordinaire de Longwood, que j'ai eu l'honneur d'envoyer à V. A., il mit une sorte d'affectation à nous le montrer. « Il me semble que c'est là tout ce qu'il vous faut, messieurs, nous dit-il, pour l'information de vos cours. »

Causant un jour, avec moi, de mon mariage et des circonstances, qui m'avaient amené ici, il me dit : « Vous perdez votre temps dans cette île, monsieur le baron; je ne conçois pas comment on a pu se décider à envoyer un diplomate à Sainte-Hélène, car il n'y a certainement pas ici de quoi déployer des talents diplomatiques. » Je lui répondis, qu'en me nommant à cette mission, on s'était fait une autre idée de l'état des choses ici, que l'on devait croire que nous verrions Bonaparte, habituellement, et qu'exerçant alors une surveillance morale, un diplomate n'aurait pas été entièrement déplacé. Cette réponse l'embarrassa. Il se renfrogna et me dit, d'un ton in-

quiet : « C'est vrai ; j'ai été moi-même loin de prévoir que je trouverais les choses ainsi ; mais ce n'est
pas ma faute, je vous assure ; ce n'est uniquement,
qu'à Bonaparte que vous devez vous en prendre. »

Voilà, mon prince, comment on envisage ici notre
mission. Je passe, maintenant, à l'opinion que l'on a
de nous, individuellement. Le marquis de Mont_
chenu, en sa qualité de commissaire du roi de
France, devrait inspirer le plus de confiance ; mais la
conduite imprudente et inconsidérée qu'il a tenue,
dès son arrivée, l'importance et surtout les ridicules
qu'il s'est donnés, et le besoin qu'il éprouve de bavar-
der continuellement, sans mesure et sans réflexion,
l'ont perdu dans l'esprit des Anglais. Ils ne se mé-
fient point de lui, mais ils s'en moquent et n'en font
aucun cas. Le comte de Balmain n'a cessé, jusqu'à
présent, de mettre beaucoup· de circonspection dans
toutes ses démarches. Son caractère liant, ses formes douces et honnêtes, et cette apparence de simplicité et de bonhomie, qui invite à la confiance, lui
ont gagné celle de tout le monde et auraient dû lui
assurer celle de sir Hudson Lowe ; mais sous ce
rapport, il n'a pas été plus heureux que nous. Pour
ce qui me regarde, toutes les circonstances se réunissent, contre moi. Premièrement, comme commissaire impériale, parce que l'on craint toujours que
notre cour ne veuille, encore, se ménager des communications secrètes avec Bonaparte (l'affaire de
Welle n'a malheureusement que trop autorisé cette
crainte). Secondement, comme diplomate, parce que
étant le seul ici de mon espèce, je fais naître des
soupçons, sur les motifs qui ont dicté ce choix. Troi-

sièmement, comme ayant épousé une Française,
qualité suspecte à Sainte-Hélène. Il en résulte que
c'est de moi dont on se méfie le plus, ou plutôt que
je suis le seul dont on se méfie véritablement. Néanmoins, mes relations personnelles avec le Gouverneur sont on ne peut plus satisfaisantes, et si dans
les discussions que nous eûmes ensemble, mes devoirs ne m'ont pas toujours permis de me prêter à
ses désirs, j'ose me flatter que j'ai du moins su conserver son estime.

Agréez.

Baron Stürmer.

N° 14.

Sainte-Hélène, ce 4 juillet 1817.

Mon prince,

Lady Malcolm ayant pris congé de Bonaparte le
23 du mois passé, [103], il lui offrit, comme marque
de souvenir, une belle tasse de porcelaine de la ma-

nufacture de Sèvres, sur laquelle est une vue
d'Égypte. Lady Malcolm y attache le plus grand
prix. Elle se flatte qu'elle passera à ses arrière-petits-
enfants, qui la conserveront, aussi précieusement
qu'elle. Bonaparte perd, en elle, une de ses plus grandes admiratrices. Attachée au parti de l'opposition,
par la famille de son père et ses opinions personnelles, elle était prévenue, d'avance, en sa faveur, et
l'accueil qu'elle en reçut acheva de lui tourner la tête.

Agréez,

Baron STÜRMER.

N° 15.

Sainte-Hélène, ce 4 juillet 1817.

Mon prince,

Pour répondre à la dépêche que V. A. m'a fait
l'honneur de m'adresser, en date du 4 décembre, je
ne puis que me référer à mes rapports n° 6, P. S. 2.
du 15 décembre et n° 7, P. S. 2, du 31 du même

mois. Vous y aurez vu, mon prince, que c'est le sieur Philippe Welle, jardinier de la cour, qui a causé le scandale, dont on a accusé une des femmes de madame de Stürmer.

Les ordres que V. A. veut bien me transmettre, par sa dépêche du 12 janvier, guideront désormais ma conduite envers Bonaparte, et j'aurai soin de m'y conformer, scrupuleusement. Je suis convenu, en attendant, avec M. le Gouverneur, que je ne lui en parlerais, qu'après le départ du *New-Castle*, afin d'avoir le temps, avant tout, d'expédier nos dépêches pour l'Europe. Il m'a dit à cette occasion qu'il aurait aussi des communications à nous faire, mais qu'il devait en conférer, préalablement, avec l'amiral Plampin, auquel on se référait, dans les dépêches qu'il vient de recevoir.

Agréez,

Baron STÜRMER.

N° 16.

Sainte-Hélène, ce 4 juillet 1817.

Mon prince,

Nous ne pouvons assez nous féliciter du départ de l'amiral Malcolm. Il a toujours été l'antagoniste le plus prononcé des commissaires, et tout en nous comblant de politesses et d'honnêtetés, il a saisi, avec avidité, toutes les occasions de faire tourner l'esprit public contre nous. C'est lui, qui a accrédité l'opinion, que nous ne sommes que des espions, qu'il faut surveiller, que notre présence met des entraves à tout, et que l'on ne peut assez se défier de nous. Il a écrit, dans le même sens, en Angleterre, et a eu la prétention de croire que, sur sa seule représentation indirecte, et peut-être encore inconnue au ministère britannique, l'Autriche, la Russie et la France n'hésiteraient point à rappeler, sur le champ, leurs commissaires. Il a dit, hautement il y a deux mois, qu'il serait plaisant que, lui, qui nous a amenés, fût aussi celui qui nous ramènerait. Il ne peut revenir de sa surprise, d'avoir été trompé dans son attente, et ne s'en est point caché envers le comte de Balmain.

6.

C'est l'amiral Malcolm qui a soufllé le feu dans l'affaire de Welle, et qui a alimenté les soupçons du Gouverneur contre notre cour. Je sais, de science certaine, qu'il est persuadé, encore, à l'heure qu'il est, que c'est moi qui ai apporté les cheveux, et que rien ne peut le faire revenir de cette idée. Sachant qu'il a le projet de faire un voyage en France, je me suis fait un devoir, mon prince, de vous faire connaître sa façon de penser, pour vous mettre à même d'apprécier, d'après leur véritable valeur, les nouveaux bruits, que son zèle indiscret pourrait y faire naître. J'ignore si M. le duc de Richelieu fait beaucoup de cas des rapports de M. de Montchenu ; mais je puis assurer à Votre Altesse qu'ils sont tous, en ma faveur, et que, si l'on y ajoute foi, la malveillance et l'ignorance s'efforceront, en vain, de jeter du louche sur la pureté de nos intentions.

L'amiral ne quitte son poste qu'à regret. On lui avait promis que sa mission, y compris le temps de son voyage et de son retour, ne durerait qu'un an. Mais ses rapports avec Bonaparte, l'espoir de les rendre encore plus satisfaisants, et l'ambition de jouer un rôle, lui ont fait désirer d'en prolonger le terme. Je tiens de bonne part qu'il a écrit par le *Larkins*, le 15 décembre, pour s'offrir à rester ici, encore trois ans, avec la moitié du traitement alloué à sir Hudson Lowe, si on voulait lui donner sa place. Il fit valoir, à cette occasion, sa manière d'être avec Bonaparte et appuya sur le contraste qu'elle formait avec l'éloignement que ce dernier a pour sir Hudson Lowe. Il représenta que l'on pouvait s'en reposer sur la marine, pour la garde de Bonaparte, et que le gouvernement britannique s'épargnerait des dépenses considérables et inutiles, en diminuant de beaucoup le nombre des troupes qui sont ici et en ôtant un Gouverneur dont le séjour, seul, entraîne tant de frais. C'est à cette occasion, surtout, qu'il insista sur la nécessité de rappeler les commissaires, pour simplifier, autant que possible, le mode de surveillance.

Soit que l'amiral ait été trahi par ses alentours, ou par quelques propos imprudents qu'il a tenus ici, soit que le gouverneur ait eu vent de ses intrigues, par des lettres arrivées de Londres, ils ne se sont vus qu'une seule fois depuis l'arrivée du *Godargus*, et tout le monde s'aperçoit qu'ils sont brouillés. Ce qui doit rassurer sir Hudson Lowe, c'est que le gouvernement britannique, loin de vouer quelque attention aux manéges de l'amiral, ne paraît y avoir trouvé qu'un motif de hâter son rappel.

Beaucoup de personnes font remonter l'origine de ce refroidissement entre le Gouverneur et l'amiral, aux mauvaises dispositions de ce dernier pour les approvisionnements de l'île. 104. Nous manquons de grains depuis trois mois. On nous fait espérer qu'un bâtiment, qui est allé au Brésil, en apportera. En attendant, tous les chevaux, sans excepter ceux de Bonaparte, sont réduits à la demi-ration. On se croit d'autant plus en droit de se plaindre de l'amiral Malcolm, que du temps de sir Georges Cockburn, son prédécesseur, on n'a jamais manqué de rien un seul instant.

Agréez...

Baron STURMER.

N° 19.

Sainte-Hélène, ce 26 juillet 1817.

Mon prince,

J'ai eu l'honneur de faire part à Votre Altesse, dans mon rapport du 31 décembre (N° 7, P.-S. 3), des inquiétudes que causait à M. le Gouverneur, l'incertitude où il était, sur l'étendue de l'acte du parlement, à notre égard. Il en écrivit à lord Bathurst. La réponse de ce ministre lui étant parvenue par le *Conquéror* il vient de nous la communiquer dans ces termes :

« Messieurs, nous dit-il, je suis chargé de la part de milord Bathurst de vous faire la déclaration suivante : Quoique, dans le cas extraordinaire où vous vous trouvez, il soit permis de contester si vous pouvez ou non vous prévaloir des privilèges attachés, ordinairement, aux missions diplomatiques, l'intention de Son Altesse Royale le prince-régent n'a jamais été de vous faire comprendre, personnellement, dans l'acte du parlement, mais elle croit que les gens de votre suite doivent y être soumis, dans tous les cas. »

Je me bornais, pour ma part, à rappeler à M. le Gouverneur le désir que je lui avais témoigné, dans le temps, à ce sujet. « Je n'ai pas oublié, me répondit-il, que vous avez été de cet avis et n'ai pas manqué d'en informer mon gouvernement. »

Agréez...

Baron STURMER.

N° 20

Sainte-Hélène, ce 26 juillet 1817.

Mon prince,

Conformément aux ordres que Votre Altesse a bien voulu me transmettre, par sa dépêche du 12 janvier, je déclarai à M. le Gouverneur que, s'il ne se présentait pas, pour moi, une occasion naturelle de me convaincre de la présence de Bonaparte à Sainte-Hélène, je renoncerais à satisfaire à ce point de mes instructions. J'y ajoutai que notre cour désirait, sincèrement, que j'évitasse tout ce qui pourrait lui donner de nouveaux embarras. Le marquis de Montchenu, à qui M. le duc de Richelieu avait

écrit à peu près, dans le même sens, lui fit la même
déclaration. Il en parut extrêmement satisfait et
nous en remercia, à plusieurs reprises.

Le comte de Balmain a demandé à voir Bonaparte,
comme particulier, mais cette démarche n'a point
eu le succès qu'il en espérait. Ne connaissant pas
encore, à fond, les discussions qui ont eu lieu à
cet égard, je dois remettre à l'occasion prochaine
d'en rendre compte à Votre Altesse.

Agréez...

Baron STURMER.

N° 21

Sainte-Hélène, ce 14 août 1817.

Mon prince,

J'ai l'honneur d'envoyer à Votre Altesse, ci-joints,
les deux derniers bulletins de la santé de Bonaparte [107].

Il paraît commencer, de nouveau, à faire un peu d'exercice. Depuis l'arrivée du *Conqueror*, il a reçu plusieurs personnes, lord Amherst, entre autres, avec lequel il s'est entretenu pendant plus de deux heures. Dans ses moments de délassement, il s'amuse à déclamer, devant ses Français, qui l'écoutent avec transport. Souvent il se donne ce plaisir, à la fin des repas, qui se prolongent ainsi, fort avant dans la nuit. Le rôle de Néron dans *Britannicus*, celui d'Auguste dans *Cinna*, sont ceux qu'il affectionne le plus. Il prend, dans ces déclamations, le ton et les attitudes de Talma qu'il se plaît à imiter.

Agréez...

Baron STURMER.

N° 22

Sainte-Hélène, ce 14 août 1817.

Mon prince,

Le fait, dont j'ai eu l'honneur d'informer Votre Altesse, dans mon rapport numéro 9, de cette année, a été raconté à M. le comte de Balmain, par le général Gourgaud lui-même, il y a environ six semaines.

La conversation étant tombée sur les cheveux apportés par Welle, Gourgaud lui dit : « Il ne valait vraiment pas la peine de faire tant de bruit pour si peu de chose » et après un moment de reflexion, « Welle m'a aussi apporté à moi une lettre ouverte et un mouchoir de soie. »

Le général Gourgaud ayant, sans doute, rendu compte à Bonaparte de cet entretien, il est à présumer qu'il aura été entendu de quelque personne tierce, qui se sera empressée d'en faire part au Gouverneur. Celui-ci demanda à M. de Balmain s'il était vrai que Gourgaud lui eût fait cet aveu. Il en recut la réponse, qu'à la vérité, ce général lui avait parlé d'une lettre et d'un mouchoir, mais qu'il n'avait pas été question de Welle.

Cette réticence, de la part de M. de Balmain, a été l'effet d'une délicatesse qui lui fait honneur. Il croit être bien sùr que Gourgaud lui a nommé Welle, et c'est dans cette persuasion qu'il nous en a parlé, dans le temps, à M. de Montchenu et à moi, et qu'il l'a mandé à son gouvernement ; mais, nous dit-il : je pourrais avoir mal compris, et dans la crainte de compromette innocemment M. Welle, je me suis fait un scrupule, d'avouer au Gouverneur ce que je n'oserais affirmer par serment.

Quelque minutieux que soient ces détails, j'ai cru de mon devoir, de les porter à la connaissance de Votre Altesse, pour ne pas avoir à me reprocher les suites d'une accusation fondée, selon toute apparence, mais peut-être injuste.

M. de Balmain m'a assuré que le gouverneur ne lui avait pas paru attacher une grande importance à cette découverte, et qu'il s'était montré beaucoup plus raisonnable qu'il ne l'est ordinairement en pareil cas. C'est fait, lui dit-il entre autres, il est inutile de revenir sur le passé : je désirerais seulement que M. Welle ne fût jamais venu ici.

Agréez....

Baron STURMER.

N° 24

Sainte-Hélène, ce 30 septembre, 1817.

Mon prince,

J'ai l'honneur d'envoyer à Votre Altesse, ci-joints, les 2 derniers bulletins de la santé de Bonaparte. Les indispositions qui lui sont survenues et dont les suites pourront être fâcheuses, doivent être attribuées, en grande partie, d'après l'avis des méde-

cins, au manque total d'exercice auquel il s'est condamné volontairement.

Agréez...

Baron STURMER.

———

N° 25

Sainte-Hélène, ce 31 octobre 1817.

Mon prince,

Autorisé par Votre Altesse à prendre avec moi
deux botanistes prussiens, que Sa Majesté le roi de
Prusse avait placé sous mes ordres, j'engageai, dans
le temps, M. le baron Jacobi à faire auprès du ministère britannique les démarches nécessaires, pour
lever toutes les difficultés, qui auraient pu s'opposer
à leur séjour à Sainte-Hélène. Mylord Castelreagh,
à qui ce ministre s'était adressé, lui fit observer que
l'on craignait qu'il n'y eût déjà trop de monde sur

le *New-Castle*. Il n'avait pas encore été question de l'*Oronte* à cette époque.

M. de Jacobi ne se laissa pas rebuter. Il revint à la charge. On renouvela la même objection. Le secrétaire d'Etat de Sa Majesté Britannique, sachant que l'intention de la cour de Berlin était que ces Messieurs se rendissent de Sainte-Hélène au cap de Bonne-Espérance, proposa de leur faire commencer leur voyage par cette colonie, sauf à se rendre ensuite de là à Sainte-Hélène. M. de Jacobi crut devoir accepter cette proposition. Il m'en fit part dans une note officielle. 112

On me mande du Cap de Bonne-Espérance que les deux botanistes y sont arrivés au mois d'août de l'année dernière. Ne devant y passer qu'un an, il serait possible qu'ils demandassent bientôt à venir ici. Je doute que Sir Hudson Lowe, sans un ordre exprès de la part de Mylord Bathurst, leur permette de mettre pied à terre ; M. Welle lui a trop appris à se méfier des botanistes. Quant à moi, je craindrais trop de m'exposer à de nouveaux désagréments pour ne pas contribuer de mon mieux à le maintenir dans ces dispositions. J'ose me flatter que Votre Altesse désapprouvera d'autant moins ce plan de conduite qu'il s'agit de deux individus qui me sont entièrement étrangers, et dont je ne m'étais chargé que par pure complaisance.

Je saisis cette occasion pour vous informer, mon prince, que M. de Jacobi m'a adressé, pendant mon séjour à Londres, les instances les plus vives pour m'engager à donner à M. le prince de Hardenberg des nouvelles de Sainte-Hélène. Je lui ai fait sentir que, sans une permission de ma Cour, cela m'était impossible. Il espéra néanmoins que je m'y prêterais *subsherati*, et m'écrivit la lettre ci-jointe en copie 113. Je lui répétai, dans ma réponse, également ci-jointe, ce que je lui avais dit de vive voix. Je ne puis que me féliciter de n'en avoir plus entendu parler, car je ne pourrais, sans secrétaire, suffire à une double correspondance.

Agréez...

Baron STURMER.

N° 26

Sainte-Hélène, ce 31 octobre 1817.

Mon prince,

Il n'est que trop vrai que c'est M. Welle qui a apporté au général Gourgaud la lettre et le mouchoir dont j'ai eu l'honneur de parler à Votre Altesse dans mes rapports N⁰ˢ 9 et 22 de cette année.

Le hasard m'ayant fait rencontrer ce général, c'est à lui-même que je me suis adressé pour savoir la vérité. Il n'hésita pas à convenir qu'il avait en effet reçu, par M. Welle, une lettre, ouverte, de sa mère, et un mouchoir de batiste brodé, qu'il m'avoua naïvement avoir été un signe, dont il était convenu avec sa sœur sur un mariage auquel il s'intéressait beaucoup. D'après cet aveu, la supposition que ce mouchoir pourrait bien avoir été écrit dans le genre des foulards de M. Las Cases, me paraît plus fondée que jamais. Je lui demandai si Welle lui avait remis ces objets, lui-même. Il me répondit qu'il les avait donnés à Marchand, valet de chambre de Bonaparte. « Mais êtes-vous bien sûr, lui dis-je, que c'est de Welle que Marchand les a reçus ? — Très sûr, me répliqua-t-il, je pourrais encore vous faire voir la lettre de ma mère, où il est nommé comme en étant le porteur et qualifié de botaniste autrichien. Je vous dirai plus ; l'ayant rencontré, peu de jours après, à l'hôtel où vous étiez descendu, je l'en remerciai. »

Comme je savais que le gouverneur connaissait déjà une partie de ces détails, je voulus me faire un mérite auprès de lui de ma franchise, en lui faisant part de cet entretien. Il y parut sensible, et m'en remercia. « Si je nevous ai plus parlé de cette affaire, me dit-il, c'est qu'il m'a paru inutile de revenir sur le passé. » Nous raisonnâmes sur la conduite de Welle et nous tombâmes d'accord que, pour cette fois, elle est inexcusable. Comment a-t-il pris sur lui de se charger, clandestinement, et en pays étranger, d'un paquet de madame Gourgaud, Française, pour son fils, homme suspect et proscrit? Comment, placé immédiatement sous mes ordres en tout et pour tout, a-t-il pu remettre ce paquet non seulement à mon insu, mais contre ma défense expresse et réitérée de se charger d'aucune lettre pour qui que ce fût de la suite de Napoléon Bonaparte? Comment enfin a-t-il osé affirmer par serment (dans sa déclaration du 29 novembre qui se trouve jointe à mon rapport Nº 5, P.S. 2 du 13 décembre de l'année dernière) qu'il s'était borné à donner au sieur Marchand des nouvelles de sa mère, et qu'il n'avait été question d'aucune autre chose entre eux?

Je ne sais, mon prince, si, au milieu des affaires importantes dont vous êtes accablé, vous vous souvenez encore que j'ai eu l'honneur de vous montrer à Paris deux billets que j'avais reçus de la sœur du général Gourgaud; elle me demandait un rendez-vous dans l'intention de m'entretenir de son frère et de me prier sans doute de me charger de ses commissions pour lui. Votre Altesse m'observa que le meilleur parti à prendre était de laisser sans réponse toutes les lettres que l'on m'adresserait sur de pareils sujets; je me conformai à ses ordres. La famille Gourgaud, désespérant de me faire entrer dans ses vues, aura tâché de mettre dans ses intérêts quelqu'un des miens. Il m'est pénible de m'arrêter sur les moyens qu'elle peut avoir employés pour y parvenir, mais en tout cas le hasard la servit à merveille; elle n'aurait pu mieux tomber qu'en s'adressant à M. Welle.

Agréez...

Baron STURMER.

N° 27

Sainte-Hélène, ce 31 octobre 1817.

Mon prince,

La cherté augmente de jour en jour en jour. J'ai été forcé de faire un nouvel emprunt pour couvrir ma dépense. La viande fraîche et les grains sont devenus d'un prix exorbitant. Je viens d'acheter dix moutons anglais qu'un capitaine, revenant des Indes, m'a cédés dans l'intention de m'obliger pour 60 guinées, ce qui équivaut à raison de 9 fl. 30 la livre sterling à 600 fl. de convention. Un sac d'orge coûte 30 schillings.

La ressource de tirer du Cap de Bonne-Espérance une partie de nos provisions, est presque entièrement perdue. Les deux bâtiments, destinés à entretenir des communications avec cette colonie, ont été envoyés au Brésil, il y a plus de quatre mois, pour y chercher des grains et ne sont pas encore revenus.

Le total de mes dépenses, pour la première année de mon séjour ici, se monte, avec les frais de mon établissement, à 4,770 livres sterling, sans avoir donné ni fête, ni repas (je n'ai eu que quatre fois douze à quatorze personnes à dîner), sans frais de luxe ou de toilette, ayant apporté avec moi tout ce qu'il faut pour mon entretien ; sans fantaisies, mais vivant, au contraire, de la manière la plus simple, à la campagne, n'y voyant que très peu de monde et n'en sortant presque jamais.

La maison que j'habite exige des réparations continuelles ; elles me coûtent déjà 346 livres sterling ; en ajoutant à cette somme les 150 livres sterling que je dois payer annuellement, mon loyer, pour deux ans, se montera à 646 livres sterling, c'est-à-dire à 6,137 fl. de convention.

Daignez, mon prince, ne pas oublier les représentations que j'ai pris la liberté de vous adresser, et m'honorer d'un mot de réponse. Les dégoûts dont on est abreuvé journellement dans cet exil, sont trop grands pour ne pas mériter une sorte de compensation. Je la trouverai dans une aisance honnête et dans la conscience de servir mon souverain et mon pays avec tout le zèle dont je suis capable et qu'aucun sacrifice ne saurait ralentir.

Le commissaire de France a obtenu un traitement de 60,000 francs, à dater du jour de son arrivée à Saint-Hélène. Il en a reçu l'avis par le *Conqueror*, le 18 juin de cette année.

Agréez...

Baron STURMER.

N. 28.

Sainte-Hélène, ce 31 octobre 1817.

Mon prince,

Je sais maintenant, de science certaine, que le gouverneur a porté des plaintes formelles à son gouvernement contre sir Pultney Malcolm. Il l'a accusé de n'avoir pas mis assez de circonspection dans ses rapports avec Bonaparte, et d'avoir violé les règlements de l'île, en faisant passer à Longwood à son insu et sans son intervention, des journaux et des nouvelles, et en recevant chez lui des personnes de la suite de l'ex-Empereur. Ces griefs existaient depuis longtemps ; le fait suivant les fit éclater.

Dans la dernière entrevue que Bonaparte eut avec Sir Malcolm, il se déchaîna d'une manière impitoyable contre le prince régent et ses ministres. L'amiral soit par pusillanimité, soit pour ne pas perdre les bonnes grâces de l'ex-Empereur, qu'il s'était ménagées avec autant d'adresse, garda le silence. Un capitaine de vaisseau, témoin de cette entrevue, eut l'indiscrétion de répéter ces invectives dans une boutique où se réunissent ordinairement tous les fainéants de Jamestown et que l'on doit regarder comme la principale source des commérages de l'île. On en rendit compte au gouverneur ; il devint furieux et voulut, d'après son usage, traiter cette affaire par écrit. Il adressa, dans l'espace de trois jours, onze lettres à l'amiral Malcolm. Cette correspondance a été mise sous les yeux du ministère britannique.

Le colonel Reating paraît avoir donné lieu à des plaintes plus graves. On m'a confié qu'il avait été découvert, après son départ, qu'il s'était chargé d'une quantité de paquets et de lettres de Longwood qu'il a fait parvenir à leur destination à l'insu de son gouvernement.

Agréez...

Baron STURMER.

N° 29.

Sainte-Hélène, ce 31 octobre 1817.

Mon prince,

Je ne sais si Votre Altesse a vu un ouvrage qui a paru à Londres l'année dernière, intitulé :

Letters written on board H. M. ship the Northumberland, and at Saint-Helena ; in which the conduct and conversations of Napoléon Bonaparte, and his suite during the voyage and the first months of his residence in that island, are faithfully described and related. By William Warden, surgeon on board the Northumberland (1).

On y trouve, parmi beaucoup de mensonges, quelques particularités intéressantes. Ce qu'il y a de plus plaisant, c'est un propos sur Sir Hudson Lowe, dont on m'a garanti l'authenticité. Dans un entretien que Bonaparte eut avec l'auteur et où M. de LasCases lui servit d'interprète, il lui demanda s'il se connaissait en physionomies.

L'auteur. — Je n'y[ai pas consacré d'études.

Bonaparte. — Avez-vous lu Lavater?

L'auteur. — J'ai lu quelques extraits de ses œuvres.

Bonaparte. — Avez-vous le talent de lire sur un visage?

L'auteur. — Je sais la différence qui existe entre une jolie figure et une qui ne l'est pas.

Bonaparte. — Avez-vous regardé la figure de Sir Hudson Lowe ?

---

(1) Lettres écrites à bord du navire de Sa Majesté *Le Northumberland* et à Saint-Hélène, dans lesquelles sont racontées en détail la conduite et les conversations de Napoléon Bonaparte et de sa suite pendant le voyage et les premiers mois dé séjour dans l'île, par William Warden, chirurgien à bord du *Northumberland.*

L'auteur. — Oui.

Bonaparte. — Qu'en dites-vous ?

L'auteur. — A dire vrai, je préfére la figure de Lady Lowe.

Bonaparte se mit à rire.

L'opinion générale, ici, sur cet ouvrage, est que l'auteur n'a eu en vue que de flatter son amour-propre. Plein de lui-même, il tire vanité des moindres familiarités qui lui ont été accordées à Longwood, et cherche à se donner, aux yeux de ses compatriotes, une importance qu'il n'a jamais eue. C'est à ce but qu'il a souvent sacrifié la vérité.

Lorsque le docteur O'Meara a observé à Bonaparte que M. de Las Cases en serait fort mécontent, puisque, en sa qualité d'interprète, presque tout avait été mis sur son compte, il répondit : « Fara certamente qualche libraccio. »

Agréez...

Baron STURMER.

N° 30.

Sainte-Hélène, ce 31 octobre 1817.

Mon prince,

Le 21 du mois passé, à dix heures du soir, nous éprouvâmes un tremblement de terre assez violent, il dura près de vingt secondes et se fit sentir par trois fortes secousses, accompagnées d'un bruit singulier ; il me sembla qu'une grosse voiture chargée traversait le toit de ma maison. Les verres se heurtèrent sur les tables et les cadres s'agitèrent sur les murs.

Des enfants, qui s'étaient endormis, furent réveillés par le mouvement, et s'écrièrent que quelqu'un voulait les jeter hors du lit.

Les sentinelles qui étaient en plein air, n'éprouvèrent aucune secousse, mais elles furent obligées de faire des efforts pour marcher contre le vent qui soufflait avec une impétuosité extraordinaire.

Bonaparte crut d'abord que le *Conqueror* ou quelque magasin à poudre avait sauté, mais à la deuxième secousse, il ne douta plus que ce ne fût un tremblement de terre.

Les Chinois furent les moins effrayés. Ils prétendent que l'île est soutenue par un géant qui, affaissé
sous le poids, avait plié un genou pour s'en alléger
le fardeau, et que c'était là la cause du mouvement
que nous avions éprouvé.

Ce tremblement de terre est le troisième que l'on
ait senti, dans cette île, depuis sa découverte. Le
premier a eu lieu il y a quatre-vingt ans et le second il y a trente-cinq ans.

Agréez...

Baron STURMER.

N° 31.

Sainte-Hélène, ce 31 octobre 1817.

Mon prince,

Dans mon rapport N° 20 de cette année, j'ai eu
l'honneur d'annoncer à Votre Altesse que le commissaire de Russie avait demandé à voir Bonaparte

comme particulier, mais que cette démarche n'avait pas eu le succès qu'il en avait attendu. Il en parla d'abord de vive voix au gouverneur, qui lui fit mille objections. Cet entretien, jetant de nouvelles lumières sur notre position, je vais tâcher de le rapporter, en entier aussi bien que ma mémoire me le permettra.

Le comte de Balmain. — Comme il paraît décidé que nous ne verrons pas Bonaparte comme commissaires, je désirerais lui être présenté comme particulier. Pour me conformer, à cet égard, à l'usage établi pour les Anglais, je voudrais faire une visite au comte Bertrand, soit avec vous, avec quelqu'un des vôtres, ou seul, cela m'est parfaitement indifférent.

Le gouverneur. — Je ne puis, moi, vous considérer que comme commissaire. Par la démarche que vous désireriez faire auprès de Bertrand, vous auriez l'air de reconnaître le grand-maréchal, et ce n'est point là, je présume, l'intention de votre cour.

Le comte de Balmain. — Une simple visite, faite non comme commissaire, mais comme particulier, ne saurait être regardée comme une reconnaissance.

Le Gouverneur. — Vous ne connaissez pas, comme moi, toutes les prétentions de ces gens-là et leurs sourdes manœuvres. C'est Bertrand, surtout, qui en manifeste le plus, et c'est à moi de les réprimer.

Le comte de Balmain. — Si je vous témoigne le désir d'aller faire une visite à Bertrand, c'est pour me conformer aux usages établis pour tout le monde. Je ne veux faire que ce que vous avez fait jusqu'ici vous-même, ce que font journellement tous les Anglais, et ce que lord Amherst, entre autres, vient de faire à votre instigation.

Le Gouverneur. — Je ne me suis jamais adressé à Bertrand.

Le comte de Balmain. — N'est-ce pas par lui que vous avez annoncé à Bonaparte l'arrivée des commissaires?

Le gouverneur (embarrassé). — Oui..., je l'ai rencontré... c'est vrai. Cet état de choses a été établi par l'amiral Cockburn ; je ne l'ai jamais approuvé.

Le comte de Balmain. — Dans ce cas, quel inconvénient y a-t-il à ce que je fasse comme tout le monde et nommément comme lord Amherst?

Le Gouverneur. — Votre position diffère entièrement de celle des Anglais qui sont ici et des voyageurs qui passent à Sainte-Hélène. Vous avez un caractère public dans l'île dont vous ne sauriez vous dépouiller dans aucune circonstance. Du moins, quant à moi, je le répète, il ne m'est pas permis d'arranger les choses autrement. Si j'avais prévu que vous pourriez vous croire en droit de vous appuyer de son exemple, je me serais opposé à cette visite.

Le comte de Balmain. — Nous serons donc toujours les seules personnes de l'île qui ne pourront voir Bonaparte.

Le Gouverneur. — Si Messieurs les commissaires sont choqués de ce que les habitants de l'île, les officiers de la garnison et les voyageurs voient Bonaparte, ayez la bonté de me le dire, je ferai cesser vos plaintes, en fermant la porte de Longwood à tout le monde. Je vous prie de considérer, seulement, que cela empirera de beaucoup la position de Bonaparte.

Le comte de Balmain. — Nous ne vous demandons pas cela. Procurez-nous l'occasion de le voir à notre tour; nous n'en voulons pas davantage.

Le Gouverneur. — S'il ne tient qu'à moi, vous me trouverez toujours prêt à vous y conduire; mais vous savez que c'est de Bonaparte que viennent toutes les difficultés. Le malheur est que je ne suis pas bien avec lui; ce n'est pas ma faute, je vous assure; il est impossible d'agir plus mal avec un homme qu'il n'a agi envers moi. Il m'a traité comme un cochon (ce sont les propres expressions de Sir Hudson Lowe). Arrangez-vous avec lui si vous pouvez, je ferai le reste.

Le comte de Balmain. — Comment voulez-vous que nous nous arrangions, si vous ne cessez de mettre des entraves à toutes les relations directes où indirectes que nous pourrions établir avec lui?

Le Gouverneur. — Je n'y mets point d'entraves, mais je ne puis autoriser des communications secrètes. Vous êtes indépendants, vous ne devez compte de vos actions et de vos discours qu'à vos gouvernements; l'acte du Parlement n'a aucun effet sur vous, je ne puis pas vous faire pendre (c'est une de ses expressions favorites qu'il nous a répétées à tous mille fois). Les Anglais dépendent entièrement de moi et n'agissent que par moi.

Lorsque je leur permets d'aller à Longwood, je suis le maître de leur imposer des conditions, de les examiner et de les interroger à mon gré ; mais avec vous, messieurs, c'est bien différent.

Le comte de Balmain. — Vous vous méfiez donc de nous, et qui plus est, de nos cours ?

Le Gouverneur. — Non, je ne me méfie de personne ; mais j'ai des instructions que je dois suivre. Si vous voyez Bonaparte ou quelqu'un de son entourage, je désirerais que ce fût toujours en ma présence ou avec un officier de mon état-major.

Le comte de Balmain. — Je ne m'y suis jamais opposé ; je serais au contraire charmé que vous y fussiez toujours vous-même.

Le Gouverneur. — Il s'est passé bien des choses sur ce rocher que vous ignorez. Je souhaiterais certainement que ma conduite fût connue du monde entier, et que Messieurs les commissaires fussent au fait de tout ; mais j'ai des instructions. Vous ne sauriez vous faire une idée de l'activité de Bonaparte. Son esprit est infatigable, il tire parti de tout, essaie tout, ne néglige aucun moyen pour parvenir à son but et ne fait rien sans intention. Je pourrais vous citer des gens marquants, qui lui ont servi d'instruments sans s'en douter (l'amiral Malcolm). Il est impossible de prévoir quelles insinuations il vous ferait, quels moyens il emploierait pour vous faire servir à ses vues?

Le comte de Balmain. — A quoi ces insinuations le mèneraient-elles ? Je ne vois rien qui puisse le tirer d'ici, et c'est là l'essentiel. Vous vous opposerez donc à ce que j'aille faire ma visite à madame Bertrand ?

Le Gouverneur. — Je ne m'y oppose pas, mais cela me paraît sujet à mille inconvénients.

Le comte de Balmain. — Dans ce cas, j'ai l'honneur de vous prévenir que je vous écrirai, afin que vous ayez la bonté de m'exposer ces inconvénients par écrit. Je fais mon devoir et ne vous demande que le moyen de légitimer ma conduite aux yeux de ma cour.

Le Gouverneur. — Écrivez-moi, je suis prêt à vous répondre. Soyez persuadé, monsieur le comte, que je sais me mettre à votre place. Il n'y a peut-être jamais eu de position plus extraordinaire que celle de Messieurs les commissaires dans cette île.

Le comte de Balmain. — Vous devez sentir qu'elle n'est pas agréable.

Le Gouverneur. — Oui, je le sens, vous êtes dans une fausse position. A mon avis, il faut que Messieurs les commissaires puissent voir Bonaparte quand ils le jugent à propos, ou qu'il n'y en ait point du tout.

Le lendemain de cet entretien, M. de Balmain écrivit à sir Hudson Lowe, en forme de billet, pour lui renouveler la demande qu'il lui avait faite la veille. Sa lettre n'était conçue qu'en peu de lignes : il témoignait au gouverneur le désir de faire, à l'instar de ses compatriotes, de lord Amherst entre autres, la visite d'usage au comte Bertrand, en

ajoutant qu'il serait très flatté si le gouverneur voulait bien l'y présenter lui-même.

Le Gouverneur répondit par une lettre de quatorze pages, en y développant une partie des objections qu'il lui avait faites de vive-voix, et appuyant
surtout sur les prétentions de Bertrand et la nécessité de les réprimer. Le comte de Balmain était décidé à ne point donner suite à cette affaire, et les
choses en restèrent où elles étaient auparavant.

Agréez,

Baron STURMER.

N° 32.

Sainte-Hélène, ce 31 octobre 1817.

Mon prince,

Le comte de Balmain avait demandé son rappel, il
y a huit mois, à cause du dépérissement de sa santé
qu'il attribuait au climat. La réponse qu'il vient de

recevoir de **M.** le comte de Nesselrode porte en substance : que l'empereur espère qu'il se remettra et s'acclimatera avec le temps, que Sa Majesté attache beaucoup de prix à recevoir des nouvelles directes de Sainte-Hélène, qu'Elle veut qu'elle y passe au moins trois ans, et qu'elle lui permet, en attendant, de faire des voyages de peu de durée dans les parages les plus rapprochés de l'île, si sa santé l'exigeait impérieusement. Son traitement a été fixé à deux mille livres sterling par an, à dater du jour de sa nomination qui est le 1ᵉʳ septembre de l'année 1815.

Je suis avec respect,

Baron STURMER.

A l'encre violette sur la même page et de l'écriture de Stürmer.

Bonaparte m'a fait demander si, au cas qu'il tombât dangereusement malade et qu'il me fît témoigner le désir de me parler, je ne me refuserais point à passer chez lui, et s'il pouvait compter que ce qu'il me dirait ne serait rendu qu'à l'Empereur lui-même. M. de Montholon, en s'acquittant de ce message en présence du comte de Balmain, me fit entendre qu'il s'agissait de dispositions relatives à Marie-Louise et à son fils ; j'ai répondu que, dans un pareil cas, je ne voyais aucun inconvénient à aller chez lui, que je ne pourrais prendre sur moi de me charger de communications écrites, mais que

tout ce qu'il me dirait serait rendu à Sa Majesté
l'empereur mot pour mot. Bonaparte portant en lui
les germes d'une maladie dont on ne guérit presque
jamais dans ces climats, cette circonstance pourrait
se présenter plus tôt qu'on ne pense. J'ose donc
prier Votre Altesse de me faire connaître à cet
égard les intentions de Sa Majesté. Dois-je aller
chez Bonaparte, s'il était à l'extrémité et qu'il me
fît demander? Dois-je, si le gouverneur s'y oppose,
y aller sans son consentement? Devrai-je lui rendre
compte de ce que Bonaparte m'aura dit, ou me bor-
nerai-je à lui faire une fausse confidence?

Devrai-je enfin me charger ou non des papiers
qu'on pourrait vouloir me remettre?

N° 32.

Sainte-Hélène, ce 31 octobre 1817.

Mon prince,

Tout nous porte à croire que Bonaparte conti-
nuera à être invisible pour les commissaires. Il per-

sistera toujours dans son refus à nous admettre en cette qualité, et nous savons maintenant de source certaine qu'il est décidé à défendre sa porte, si on voulait la forcer. Il serait charmé de nous voir comme particuliers, et n'a cessé de nous faire à cet égard les plus grandes avances. Bertrand, Montholon et Gourgaud ne manquent aucune occasion de nous assurer combien on désire nous voir à Longwood, et de nous engager à venir chez madame Bertrand, où nous serions sûrs de rencontrer Bonaparte. Ce désir paraît pourtant avoir pris un autre caractère. Au commencement on espérait peut-être que nous étions porteurs de communications soit verbales, soit écrites, et que nous n'épiions qu'un moment favorable pour nous acquitter de nos commissions; le temps a fait évanouir cet espoir. Maintenant, on ne paraît nous rechercher que pour faire circuler dans le monde, par notre organe, l'opinion qu'ils voudraient accréditer sur leur position et l'état des choses ici. L'occasion de rencontrer Bonaparte à la promenade ne se présentera probablement jamais. Il ne sort plus de l'enclos où est située sa maison, et ne se promène pas même dans l'enceinte de Longwood. C'est, dit-on, un parti pris irrévocablement.

Le commissaire de France a baissé de ton, depuis l'arrivée du *Conqueror*, qui lui a apporté de nouvelles instructions. Il se tient tranquille et affecte de l'indifférence à remplir l'objet de sa mission. Quant à la visite au général Bertrand, qui pourrait seule le mener à voir Bonaparte, elle lui a toujours répugné. Je ne puis, dit-il, comme commissaire de France, aller au-devant d'un homme condamné à mort par mon souverain pour crime de haute trahison et exécuté en effigie. Il espérait toujours qu'un de ses collègues ferait le premier pas, et qu'alors il verrait Bonaparte par notre intervention.

La position du comte de Balmain est moins embarrassante. La conduite qu'il a tenue dès le commencement a été entièrement approuvée par sa cour. L'empereur Alexandre lui en a fait témoigner sa satisfaction particulière. Il est aussi celui de nous à qui Bonaparte a fait faire les plus grandes avances. S'étant montré tout à fait étranger à l'affaire du procès-verbal que M. de Montchenu a poussé avec autant d'ostentation que de maladresse, il s'est prévalu du contraste qu'il y avait entre ses instructions et les nôtres pour s'en faire un mérite auprès de Bonaparte. Celui-ci apprit en même temps qu'il était enjoint au comte de Balmain de le traiter avec les plus grands égards, et que ce passage de ses instructions avait été souligné de la propre main de l'empereur Alexandre. Il le fit prier par un de ses officiers, deux mois après notre arrivée, de faire savoir de sa part à ce souverain combien il y était sensible. M. de Balmain n'attendait qu'une réponse de sa cour à ses premiers rapports pour demander à voir Bonaparte comme particulier. J'ai eu l'honneur d'informer Votre Altesse dans mon rapport n° 31 du mauvais succès de cette démarche.

Quant à moi, je fais ce que je puis pour ne pas donner ombrage au gouverneur. Si le comte de Balmain avait vu Bonaparte comme particulier, je me serais prévalu de son exemple pour le voir de la même manière, mais ma position, plus délicate que celle de mes collègues, ne me permet pas de me mettre en avant.

Le gouverneur paraît avoir l'ordre de mettre des obstacles à toute communication qui pourrait s'établir entre Bonaparte et les commissaires sans articuler positivement que telles sont les intentions de son gouvernement. C'est d'après ce principe qu'en nous ouvrant toutes les portes, il ne cesse de nous faire entendre qu'il y aurait de l'inconvénient à en franchir le seuil.

Quand on entre en explication avec lui, il dit que sa position vis-à-vis des commissaires est embarrassante, tantôt, parce qu'il a des instructions qui le gênent, tantôt, parce qu'il n'en a point. Il résulte aussi de là qu'il se contredit fréquemment. Lorsque nous avons demandé, M. de Montchenu et moi, à voir Bonaparte comme commissaires, il a dit au comte de Balmain : Ces messieurs veulent que je le leur montre comme un ours enchaîné. Quand le comte de Balmain à son tour a désiré voir Bonaparte comme particulier, le gouverneur m'a dit : Comment le comte de Balmain peut-il penser à le voir autrement que comme commissaire ?

Quelques jours après la lettre où il avait appuyé avec tant de force sur l'inconvenance qu'il y aurait à reconnaître Bertrand comme maréchal, il lui échappa de dire au comte de Balmain : Le titre de grand maréchal ne signifie rien, il est tombé même à Longvood.

Agréez, etc....

Baron STURMER.

8

N° 33.

Sainte-Hélène, ce 31 octobre 1817.

Mon prince,

J'ai reçu, en même temps, par la frégate l'*Iphigénie*, arrivée ici du Cap de Bonne-Espérance, le 25 de ce mois, les deux dépêches que Votre Altesse m'a fait l'honneur de m'adresser en date du 26 mars et du 31 mai.

Je suis vivement affligé de ce que ma conduite avec sir Hudson Lowe, relativement au jardinier Philippe Welle, n'a point rencontré l'approbation de Sa Majesté et j'en serais inconsolable si Elle n'avait daigné rendre justice à mes intentions.

La crainte de compromettre la dignité de la cour, en abandonnant un sujet autrichien à une juridiction que je me croyais seul en droit d'exercer, le désir de ne pas sacrifier un homme, qui ne me paraissait coupable que d'une légèreté imprudente, et plus encore, la conviction que trop de condescendance de ma part priverait la cour d'une occasion unique d'acquérir ce que cette île offre de plantes et d'animaux,

et lui ferait perdre une somme de deux mille du-
cats, tels ont été les principaux motifs qui m'ont
guidé dans cette circonstance. Je regrette de n'avoir
pas toujours été assez maître de moi dans ma correspondance et dans mes discussions avec le gouverneur, mais si vous connaissiez, mon prince, ses
emportements, ses formes provoquantes, son esprit
minutieux et ses prétentions bizarres et déraisonna-
bles, j'ose me flatter que vous me jugeriez avec plus
d'indulgence. Pour épuiser tous les moyens propres
à détruire ses préventions, je lui ai laissé prendre
lecture de la dépêche de Votre Altesse. J'ai pensé
qu'il verrait dans ce procédé une noble franchise,
et que le sacrifice que je lui faisais de mon amour-
propre me donnerait de nouveaux droits à son estime. Il a été frappé de cette démarche, et j'eus lieu
de m'apercevoir qu'elle n'a pas entièrement manqué
son effet. Je dis pas entièrement, car la connaissance
profonde que j'ai de son caractère, me persuade, de
plus en plus, qu'il est impossible de gagner sa confiance.

Quant à l'acte du parlement, j'aurais sincèrement
désiré y être soumis ; les inquiétudes du gouverneur auraient par là cessé d'elles-mêmes, et je n'en
aurais été que plus libre ; mais Votre Altesse sait
sans doute, déjà, que l'intention du prince-régent n'a
jamais été de nous y comprendre personnellement.
Pour ce qui regarde nos gens, nous nous sommes
engagés, depuis longtemps, à les livrer sur-le-champ
si l'occasion s'en présentait. Mes collègues ont demandé des ordres à leurs cours, à la même époque
que moi, sur la manière dont ils devraient envi-

sager l'acte du parlement; ils n'ont reçu aucune
réponse.

Agréez, etc.
                    Baron STURMER.

N° 35.

Sainte-Hélène, ce 3 octobre 1817.

Mon prince,

J'ai l'honneur d'envoyer à Votre Altesse, ci-joints
en copie, deux énormes cahiers d'observations sur
le discours de Lord Bathurst au parlement du
22 mars de cette année, que Bonaparte a fait remettre cachetées a sir Hudson Lowe sous l'adresse
de Lord Liverpool. Elles ont été rédigées par le
comte de Montholon. Ces observations, quoique
remplies de déclamations, d'hyperboles, de lon-
gueurs et de répétitions, ne sont pas sans intérêt.
Elles renferment des détails circonstanciés sur les

mesures prises jusqu'à ce jour pour la détention de Bonaparte, sur ses demandes, ses protestations, ses rapports avec les autorités anglaises, ses plaintes contre sir Hudson Lowe en partie fondées, et quelques pièces officielles assez curieuses.

Les copies des pièces jointes ayant absorbé la plus grande partie de mon temps, je n'ai pu les accompagner des commentaires et des réflexions qu'elles me paraissent exiger. Je m'occuperai de ce travail aussitôt que j'aurai fait partir mon expédition d'aujourd'hui.

Agréez, etc.

Baron STURMER.

––––––

N° 36.

Sainte-Hélène, ce 31 octobre 1817.

Mon prince,

Vers la fin du mois passé, M. Balcombe ayant quelques comptes à régler avec le comte Bertrand,

8.

se rendit à Longwood. Il vit Bonaparte et fut effrayé du mauvais état de sa santé. Il est vrai, dit celui-ci, mes jambes s'enflent, le scorbut est à mes gencives ; ils m'assassinent en violant même le bill du parlement. Ce négociant courut, à ce qu'il paraît, faire au gouverneur le rapport de ce qu'il avait vu et entendu. Le surlendemain, sir Hudson Lowe se rendit chez le comte Bertrand pour lui demander pourquoi Bonaparte ne montait pas à cheval et ne faisait pas d'exercice. Cette explication donna lieu à une correspondance, que j'ai l'honneur d'envoyer à Votre Altesse ci-joint en copie, et dont je n'ai pu encore me procurer la continuation.

L'état de Bonaparte a donné l'alarme à sir Hudson Lowe, il a craint que son mal n'empirât et qu'on ne lui imputât sa mort. Les médecins lui ayant représenté qu'il fallait avant tout le déterminer à faire de l'exercice, il employa tous ses moyens pour le faire sortir. On lui objecta ses restrictions, il les leva. On lui demanda de supprimer dans sa correspondance le titre de général Bonaparte ; il y consentit et ne l'appela plus, même en parlant avec nous, que Napoléon Bonaparte ou simplement Napoléon. On fut étonné de voir tout à coup tant de faiblesse succéder à une conduite tyrannique et arbitraire. Si les restrictions, se disait-on, n'étaient pas nécessaires, pourquoi les a-t-on faites ? Si elles l'étaient, comment a-t-on pu les lever ? On profita des dispositions du gouverneur pour pousser plus loin les prétentions. On déclara que Bonaparte ne sortirait que lorsqu'on lui permettrait de correspondre librement dans l'île, sans l'intervention du gouverneur. Or, cela était impossible. Celui-ci m'en ayant parlé, je lui observai qu'il valait autant lui permettre d'expédier des courriers, car qui peut correspondre librement dans l'île, peut aussi entretenir des correspondances au dehors. Bonaparte ne pourra donc pas sortir, voilà la conséquence qu'on en tire à Longwood.

Agréez, etc.

Baron Sturmer.

N° 37

Sainte-Hélène, ce 31 octobre 1817.

Mon prince,

J'ai l'honneur d'envoyer à Votre Altesse, ci-joints, les 4 derniers bulletins de la santé de Bonaparte. Il paraît certain qu'il a un commencement d'obstruction au foie. La chaleur qu'il ressent au côté droit, la douleur dont elle est accompagnée et qui se communique à l'épaule droite, sont les symptômes ordinaires de cette maladie devenue aussi commune ici qu'aux Indes orientales, et que nous voyons enlever à la fleur de l'âge les gens les plus robustes. Les médecins se plaignent de ce que Bonaparte n'a recours à eux qu'à l'extrémité ; il les met ainsi dans l'impossibilité de prévenir des maladies graves. L'exercice lui serait maintenant plus salutaire que jamais ; on met tout en œuvre pour le persuader de monter à cheval. Mais il est probable qu'il persévérera dans le genre de vie qu'il a adopté. Lorsqu'on lui parle de sa santé, et des dangers auxquels il s'expose, il montre la plus grande indifférence. On veut me tuer, qu'on me tue, et que cela finisse : voilà sa réponse ordinaire.

Agréez, etc.

Baron STURMER.

N° 38

Sainte-Hélène, ce 1er novembre 1817.

Mon prince,

Le gouverneur vient de m'envoyer à l'instant même un bulletin de la santé de Bonaparte. Il se trouve ci-joint. [128] Depuis que Bonaparte a su que l'on communiquait aux commissaires ceux du docteur O'Meara, il lui a non seulement défendu d'en rédiger, mais il s'est même refusé à répondre aux questions que ce médecin est dans l'usage de lui faire sur sa santé. [129] Le gouverneur nous a dit que Bonaparte en a été informé par une indiscrétion de M. de Gors, aide-de-camp du marquis de Montchenu, à qui il est échappé de dire au général Gourgaud, dans la conversation, qu'il était question dans le dernier bulletin du docteur O'Meara de palpitations de cœur. M. de Gors nie ce fait. Je ne tarderai pas à savoir la vérité. Cela est d'autant plus fâcheux que les rapports du docteur Baxter, médecin en chef de l'île, ne porteront point le même caractère de franchise. On a passé trois jours à rédiger celui-ci, et à en peser tous les termes.

Le docteur Baxter est chargé spécialement par le gouvernement Britannique de voir Bonaparte en cas de maladie, mais il ne le reçoit point. Il veut du bien à Baxter personnellement, et lui a fait dire qu'il le verrait avec plaisir, mais pas comme médecin.

Le gouverneur m'a envoyé en même temps, je ne sais pourquoi, les principaux règlements auxquels Bonaparte est assujetti.

Agréez, etc.

Baron STURMER.

N° 40

Sainte-Hélène, ce 10 novembre, 1817.

Mon prince,

Je n'ai que le temps d'annoncer à Votre Altesse que Bonaparte est toujours dans le même état. Ses jambes sont moins enflées, les palpitations de cœur ont cessé, mais la douleur au côté continue. On lui fait prendre des bains de mer qui le soulagent beaucoup. Au moral, il est plus abattu que jamais, il est triste et rêveur et s'assoupit à tout moment. Il a dit au général Gourgaud, il y a quelques jours : « C'en est fait de moi, je me sens dépérir, je n'irai pas loin. » Il a prononcé ces mots d'un ton si pénétré, que le général Gourgaud en a eu les larmes aux yeux.

Ayant vu dans les journaux que la brochure intitulée : Manuscrit venu de Sainte-Hélène, a fait beaucoup de bruit en Europe, j'ai tâché de savoir ce qu'il en était : Bonaparte assure qu'elle n'est pas de lui, mais qu'il s'y reconnaît, et que l'auteur a très bien saisi son caractère. M. de Montholon dit que plusieurs anachronismes prouvent évidemment qu'elle ne peut être de Bonaparte; on y place par exemple la bataille de Iéna après la paix de Tilsitt, etc. « Pour M. de LasCases, ajoute-t-il, on ne saurait la lui attribuer ; elle est sortie d'une plume supérieure à la sienne. »

Agréez...

Baron STURMER.

N° 43.

Sainte-Hélène, ce 17 novembre 1817.

Mon prince, je profite du départ de « l'*Albrona* » bâtiment de transport arrivé des Indes orientales, pour transmettre à Votre Altesse, ci-joint, un nouveau bulletin de la santé de Bonaparte. Il est exact et s'accorde parfaitement avec les données que j'ai recueillies moi-même ; j'y ajouterai seulement, que Bonaparte ne s'ouvre pas assez envers son médecin, qu'il ne lui dit que la moitié de ce qu'il devrait savoir ; qu'il a le teint plus jaune que jamais, symptôme ordinaire d'une obstruction très avancée au foie, qu'il a une répugnance invincible pour le mercure, seul remède propre à guérir cette maladie ; qu'il ne sort que rarement de sa chambre où il déjeune et dîne seul ; qu'il ne s'occupe plus de son histoire ; qu'il est abattu, ennuyé, dégoûté et qu'il y a beaucoup à parier qu'il n'ira pas loin. Plusieurs personnes ne lui donnent plus qu'une année à vivre.

Agréez...

Baron STURMER.

N° 42

Sainte-Hélène, 18 décembre 1817.

Mon prince,

Les occasions sont maintenant si rares, que je profite du départ d'un petit navire destiné à la pêche des baleines, *Sir Charle Price*, pour envoyer à Votre Altesse, ci-joints, les trois derniers bulletins de la santé de Bonaparte [140]. L'opération que Bonaparte s'est enfin décidé à subir, en se faisant arracher une dent qui depuis longtemps lui causait les douleurs les plus aiguës, est remarquable en ce qu'elle est la première qui ait jamais été faite sur sa personne.

Agréez...

Baron STURMER.

N° 43

Sainte-Hélène, ce 17 novembre 1817.

Mon prince,

Bonaparte s'isole tellement depuis quelque temps qu'on a de la peine à s'assurer de son existence.

Il y a trois mois qu'il n'a vu un seul Anglais. Le général Sir Georges Cockburn qu'il accueille, ordinairement avec beaucoup d'affabilité, y a été trois fois, depuis cette époque, sans être reçu.

Agréez.

Baron STURMER.

N° 1

Sainte-Hélène, le 8 janvier 1818.

Mon prince,

J'ai l'honneur d'envoyer à Votre Altesse, ci-joint, la copie d'une lettre que le marquis de Montchenu a reçue du chargé d'affaires de France au Brésil par la frégate anglaise, *The Blossom*, arrivée ici de Rio Janeiro le premier jour de l'an. [1]

M. de Montchenu s'étant empressé de communiquer cette lettre au gouverneur, celui-ci se borna à la lui demander pour en faire prendre copie sans daigner lui dire un mot sur cette affaire. Il garda le même silence envers M. de Balmain et moi. Je fis tomber la conversation sur ce sujet, mais il ne répondit point. Sa conduite envers les commissaires ne se dément dans aucune circonstance. Pour cette fois, elle est d'autant plus choquante, qu'il aurait eu peu de mérite à nous parler de ce que nous savions déjà, et qu'il s'agit d'un fait qui intéresse toute l'Europe.

L'arrivée du *Blossom* a causé ici une agitation générale. On sait qu'il est parti de Rio Janeiro six heures après en avoir reçu l'ordre. On en conclut qu'il a été chargé de dépêches importantes. Cependant rien ne transpire. Le gouverneur a la bouche close, et nous faisons semblant de tout ignorer. On dit dans le public que des armateurs croisent dans ces parages, dans l'intention d'attaquer l'île ; qu'une flotte, partie de je ne sais où, s'avance dans la même direction et dans le même but, etc.

Les Français de Longwood sont les plus intrigués. Ils se donnent beaucoup de mouvement pour savoir la vérité. Ils paraissent plutôt alarmés que réjouis. « Je redoute, a dit le comte Bertrand, qu'on ne veuille enlever l'empereur ; ce serait malheureux, car les Anglais le tueraient, j'en suis convaincu. »

Agréez...

Baron STURMER.

Nº 2

Sainte-Hélène, ce 8 janvier 1818.

Mon prince,

Votre Altesse aura de la peine à concevoir qu'il est devenu presque impossible d'apprendre ce que fait Bonaparte et comment il se porte. Sir Hudson Loowe a si bien fait qu'il est réduit lui-même à savoir seulement qu'il existe. Il a eu la maladresse de se brouiller avec le docteur O'Meara, qui lui a déclaré par écrit que le rôle d'espion répugnait à son honneur, et qu'il ne voulait et ne devait être que le médecin de Bonaparte.

Les uns disent que ce dernier a une obstruction au foie qui augmente tous les jours, qu'il dépérit à vue d'œil, qu'il est triste, abattu et ne sort plus de sa chambre, d'autres qu'il joue le malade et qu'il ne cesse de faire de l'exercice dans l'intérieur de ses appartements.

Le comte de Balmain m'a fait prendre lecture d'une dépêche de l'ambassadeur de Russie à Londres, dans laquelle il lui parle de l'entretien qu'il a eu avec Mylord Bathurst, sur les communications que Welle a apportées au général Gourgaud. J'y trouvai cette phrase remarquable : L'affaire du jardinier Welle, dont la mission secrète est constatée, vous prouvera combien l'intrigue est ingénieuse.

Mes rapports avec le gouverneur sont maintenant plus satisfaisants que jamais.

Agréez...

Baron STURMER.

N° 3

Sainte-Hélène, le 11 février 1818.

Mon prince,

J'ai eu l'honneur d'informer Votre Altesse, par mon rapport n° 1 P. S. 4 du 31 décembre de l'année 1816, des discussions qui s'étaient élévées entre le gouverneur et le marquis de Montchenu, sur quelques rencontres fortuites que celui-ci avait eues avec des officiers de la suite de Bonaparte.

Plus de huit mois s'écoulèrent depuis, sans que de pareilles rencontres se fussent renouvelées. Sir Hudson Lowe eut soin d'écarter tout ce qui aurait pu les occasionner. Nous montrâmes peu d'empressement de notre côté à aller à Longwood, quoique munis d'un passeport qui nous ouvrait toutes les portes, et certains d'y être désirés et attendus. Guidés par l'espoir de gagner, avec le temps, la confiance du gouverneur par une conduite sage mesurée et conforme autant que possible, à ses vues, nous nous étions fait une loi d'éviter tout ce qui aurait pu lui déplaire ou lui donner de l'ombrage. (Une connaissance plus approfondie de son caractère a fait pour jamais évanouir cet espoir.) Le mauvais succès de nos premières démarches pour voir Bonaparte comme commissaires, était un autre motif d'éloignement. Nous avions en outre, chacun, des raisons particulières qui devaient nous retenir. Il répugnait au commissaire de France d'aller audevant de gens proscrits par son souverain. Le comte de Balmain, qui déjà avait suivi une marche isolée dans l'affaire du procès-verbal, ne voulut point paraître entièrement en opposition avec ses collègues, en recherchant la société de ces messieurs, que nous affections d'éviter. Quant à moi, ma position délicate m'a heureusement toujours imposé la plus grande circonspection. Si, au moment où M. Welle faisait passer à Lodgwood les lettres qu'il avait apportées, j'eusse cherché de mon côté à me ménager des entrevues avec des officiers de la suite de Bonaparte, j'aurais autorisé le gouverneur à concevoir sur mon compte des soupçons que le temps même n'aurait pu détruire.

Un mois avant le départ du *New-Castle*, il y eut à Deawood une course de chevaux, à laquelle se rendit la majeure partie des habitants de l'île. On espéra un moment y voir l'ex-empereur, mais il n'y vint que le général Gourgaud. Nous fîmes connaissance avec lui et causâmes ensemble, sans que le gouverneur, qui était présent, parût en prendre ombrage.

Peu de temps après, le commissaire de Russie, qui avait habité la campagne et dont la santé avait été très altérée, étant allé s'établir en ville, il commença à diriger habituellement sa promenade du côté de Longwood. Le gouverneur en fut alarmé, mais n'osa s'en expliquer avec lui. L'amiral Malcolm, craignant par-dessus tout qu'on ne dît du mal des Anglais, l'y détermina. Cette explication n'eut aucun effet. Sir Hudson Lowe parut embarrassé, il entortilla ses phrases et se borna à témoigner de l'inquiétude. M. de Balmain lui observa : que depuis qu'il habitait la ville et que sa santé lui permettait de nouveau de monter à cheval, Longwood était la promenade qui se trouvait le plus à sa portée ; que c'était la seule qui offre quelque agrément, parce qu'il ne faut ni monter, ni descendre, que le passeport qui nous ouvre les portes de Longwood, ne nous avait été remis que pour que nous en profitions, qu'une quantité d'officiers anglais s'y promenaient tous les jours ; qu'il ne chercherait jamais à rencontrer personne ; mais qu'il ne voyait pas le moyen d'éviter ceux qui l'aborderaient; qu'il ne concevait pas quel mal pouvait en résulter pour la surveillance de Bonaparte; que Gourgaud ne lui avait parlé que de choses absolument indifférentes ; qu'il était bien naturel que ces messieurs attachassent quelque prix à notre société, puisque nous parlons leur langue, et que nous ne sommes point étrangers aux usages de leur pays; qu'au reste, s'il ne voulaient point que nous les vissions, il ne dépendrait que de lui de leur défendre de sortir de chez eux.

Le gouverneur battit la campagne; il dit que c'était une chose très difficile à arranger, et que sa position envers les commissaires était embarrassante. M. de Balmain continua ses promenades; les rencontres devinrent plus fréquentes. Le gouverneur provoqua une seconde explication. M. de Balmain, après lui avoir fait part de la conversation qu'il avait eue avec le général Gourgaud, et qui ne pouvait que le flatter, lui dit : « Je vois avec peine que mes entretiens avec ces messieurs vous inquiètent et vous occupent plus qu'ils ne le mériteraient. Finissons-en ; faites un règlement clair et précis, je m'y conformerai ». Le gouverneur, cette fois-ci, se rabattit sur le manque d'instructions à notre égard, auquel il attribuait tous ses embarras. « Quant aux Français de Longwood ajouta-t-il, j'ai sur eux une autorité illimitée ; je pourrais les faire partir sur-le-champ, s'ils donnaient prise contre eux ; j'ai une excellente opinion de Gourgaud, il ne s'est jamais mêlé d'intrigues ; mais je crains que l'on ne vous décoche Bertrand ou Montholon. Vous êtes les maîtres de faire tout ce qu'il vous plaira ; mais je dois vous prévenir que, si je m'apercevais de quelques communications par écrit ou que ces rencontres amenassent quelque autre résultat fâcheux, ces messieurs en seraient la victime. » M. de Balmain lui protesta qu'il ne se chargerait jamais d'aucune lettre, fût-elle adressée à son souverain; qu'il lui avait apporté fidèlement tout ce qui s'était dit entre le général Gourgaud et lui, et que, dans tous les entretiens qu'il pourrait avoir avec des individus de la suite de Bonaparte, il leur parlerait dans le même sens.

Le jour du départ du *New-Castle*, nous fîmes connaissance, madame de Stürmer et moi, avec le comte Bertrand chez l'amiral Malcolm auquel il était venu faire ses adieux. Madame de Sturmer se trouva placée à déjeuner à côté de lui. La voyant enlever un mouchoir qu'elle avait laissé tomber, il se baissa en même temps qu'elle pour lui dire tout bas avec précipitation : « De grâce, madame, venez donc à Longwood; l'empereur éprouve un besoin de voir des Français. » Pour moi, je n'eus point l'occasion de lui parler sans témoins. Il me dit seulement en partant et n'ayant l'air de venir à moi que pour saluer : « Soyez persuadé, M. le baron, que nous serions enchantés de vous voir, et que ce n'est pas de nous que viennent les difficultés; vous connaissez notre position. »

Je racontai le lendemain au gouverneur ce que Bertrand nous avait dit. Il m'en remercia. « N'est-ce pas très intéressant? s'écria-t-il, en se tournant vers un de ses aides-de-camp. » Il n'ajouta pas un mot et s'enfonça dans ses rêveries.

M. de Balmain ne cessa point d'aller à Longwood et de mettre à profit ses entretiens avec le général Gourgaud, pour en tirer toutes les notions que le gouverneur prend tant soin de nous cacher. M. de Montchenu et moi, voyant ce dernier s'y habituer insensiblement et jaloux de ce qu'un de nos collègues donnait à sa cour, de meilleures informations que nous, nous résolûmes d'en faire autant. La position particulière du commissaire de France lui imposant plus de réserve, il ordonna à son aide-de-camp d'accompagner, de temps en temps, le commissaire de Russie, ou moi, dans nos courses à Longwood. J'eus deux entrevues avec le général Gourgaud et une avec le comte Bertrand. Je rencontrai celui-ci se

se promenant avec sa femme et ses enfants. Il m'a-
borda et causa avec moi pendant un quart d'heure.
J'informai le gouverneur, le même jour, de ce qui
s'était passé, je lui dis que Bertrand m'avait demandé, pourquoi les commissaires ne venaient pas
à Longwood, en m'assurant que l'on serait charmé
de les y voir. Il ne put cacher son inquiétude. « C'est
sérieux, me répondit-il d'une voix agitée. Je vois
clairement dans les propos du comte Bertrand une
intrigue tendant à attirer MM. les commissaires à
Longwood. Il faut que je m'en explique avec lui ou
que je lui en écrive. C'est par de pareilles efferves-
cences, en compromettant ceux qui voudraient s'ouvrir à lui, que le gouverneur les rebute, se prive de
l'avantage qu'il pourrait tirer de leurs confidences.

Dans les premiers jours de septembre, il y eut, à
Deadwood, une autre course de chevaux. Sir Hudson
Lowe causait avec moi, lorsqu'on vint l'avertir que
Bonaparte était sur son balcon. (Sa maison est
située environ à 400 pas de l'endroit de la course).
Il nous engagea aussitôt, mes collègues et moi, à
nous placer derrière un fossé où, moyennant un té-
lescope, nous pourrions le voir, sans être vus. « C'est
le cas, messieurs de dresser un procès-verbal », nous
dit-il en riant. Je vis un homme avec un chapeau à
trois cornes sur la tête, entouré de trois ou quatre
personnes découvertes et se tenant à une certaine
distance ; c'est tout ce que, pour ma part, je fus en
état de distinguer.

Espérant voir l'ex-empereur, de plus près, nous
témoignâmes au Gouverneur le désir d'entrer dans
la dernière enceinte. « Je vous préviens, nous dit-il,

que Bonaparte se retirera aussitôt qu'on vous apercevra. » Nous lui demandâmes s'il voulait qu'un officier anglais nous accompagnât. « Non, répondit-il, cela n'est nullement nécessaire. » Le comte de Balmain, madame de Stürmer, et moi, nous nous dirigeâmes droit sur la maison. Bonaparte se retira, comme le Gouverneur l'avait prédit, mais ce que celui-ci avait été loin de prévoir, c'est qu'il nous envoya sa suite sans exception. Ils vinrent à nous et demandèrent à madame de Stürmer, qu'il n'avait point encore vue, si elle ne voulait pas aller se reposer dans la maison de madame Bertrand. Elle refusa cette offre ; nous poursuivîmes notre chemin. Toute la suite de Bonaparte nous accompagna. C'est à cette occasion que nous fîmes connaissance avec tout le monde, M. de Montchenu, qui avait quitté la course quelques moments après nous, nous avait rejoints à moitié chemin.

A peine le Gouverneur nous avait-il perdus de vue qu'il fut saisi de son anxiété ordinaire. Il se mit à galoper dans tous les sens. Nos domestiques étant restés à la porte de l'enceinte avec nos chevaux, il ne put résister à l'envie de venir les interroger lui-même. « Combien de temps y a-t-il que vos maîtres sont entrés ? leur demanda-t-il d'un ton soucieux. Ne vous ont-il pas dit quand ils reviendraient ? » Puis il s'avança vers la hauteur qui domine cette enceinte pour nous observer. Nous nous acheminions vers la grille de l'enclos où est située la maison de Bonaparte. Arrivés à cette grille, un sous-officier, croyant que nous voulions entrer, vint nous ouvrir les deux battants. Ce moment fut le plus critique pour Sir Hudson Lowe, mais il fut rassuré lorsqu'il nous vit faire volte-face. Il piqua des deux et partit comme un éclair aussitôt qu'il crut que nous pourrions l'apercevoir.

Cette scène ridicule n'échappa point aux habitants de Longwood, armés, à toute heure du jour, de télescopes qui les avertissent de ce qui se passe autour d'eux. Ils ne savaient à quoi s'en tenir sur notre apparition. Ils espérèrent que nous venions faire une visite à Bertrand, et, dans ce cas, il y a tout à parier que nous aurions vu Bonaparte. Celui-ci était à la fenêtre de son cabinet, une lunette d'approche à la main.

Après une promenade d'environ une heure, nous arrivâmes à l'extrémité des limites de Longwood, où nous nous séparâmes. Nous apprîmes que le Gouverneur s'était rendu sur la hauteur à laquelle aboutissait notre promenade, qu'il y était descendu de cheval, et que les bras croisés et la tête baissée, il était resté immobile pendant près de trois quarts d'heure à nous voir promener dans la plaine. Heureusement, je donnai le bras à madame Bertrand, cela le rassura ; mais M. de Balmain se promena seul avec M. de Montholon, ce qui ne laissa pas que de lui troubler l'esprit.

Le surlendemain, nous dînâmes à Plantation-house. Madame de Stürmer raconta à Sir Hudson Lowe, en plaisantant, ce qu'on lui avait dit à Longwood. Il en rit et en parut satisfait ; mais M. de Balmain ne lui dit rien, et cela augmenta ses inquiétudes.

Depuis cette époque celui-ci ne retourna plus à

Longwood sans y trouver M. de Montholon : nouveau sujet d'alarmes pour le Gouverneur, car l'opinion qu'il a de Montholon est aussi mauvaise que celle qu'il a de Gourgaud est bonne. Il en fut d'autant plus effrayé que M. de Balmain, pour éviter des discussions interminables, persévéra à ne plus lui parler de ses rencontres. Je continuai, de mon côté, à me promener à Longwood, mais de loin en loin et bien plus rarement que ce dernier.

Le Gouverneur, désespérant de nous faire adopter un autre plan de conduite, nous invita à une conférence à laquelle assistèrent, comme témoins, deux de ses aides-de-camp et l'amiral Plampin. Il débuta par raconter ce qui s'était passé au sujet des bulletins, et dont j'ai eu l'honneur d'informer V. A. dans mon rapport n° 39 de l'année dernière. Voilà, messieurs, nous dit-il, à quoi aboutissent ces rencontres. Il s'étendit ensuite sur ces rencontres mêmes, s'efforça à prouver qu'elles avaient mille inconvénients, qu'elles influaient sur l'esprit de ses prisonniers, qu'il s'apercevait toujours le lendemain, à leur langage, que quelqu'un de nous les avait vus la veille, etc. Enfin, il nous dit que nous étions les maîtres de continuer ces promenades, si nous le jugions à propos, qu'il ne pouvait pas nous en empêcher, mais qu'il était obligé de nous déclarer qu'elles n'avaient point son assentiment.

Nous lui répétâmes tous, ce que M. de Balmain lui avait déjà dit à cet égard. Il fit les mêmes objections et les choses restèrent comme elles étaient auparavant. Sir Hudson Lowe me prit à part et me dit confidemment : « J'espère que nos gouvernements arrangeront cette affaire ; j'en ai fait le sujet d'un rapport à Mylord Bathurst. » Je retournai à Longwood avec le commissaire de Russie, au bout d'une dizaine de jours. Nous rencontrâmes M. de Montholon avec lequel nous causâmes pendant quelque temps. Le lendemain, je fis une visite au Gouverneur. Il me parla aussitôt de cette rencontre avec beaucoup d'humeur, se perdit en raisonnements dictés par une méfiance mal déguisée, et me fit les observations les plus bizarres. « De quoi ces messieurs peuvent-ils vous parler, me dit-il entre autres, si ce n'est de moi ? Voilà précisément ce que je veux empêcher. » Je tâchai de le rassurer en lui racontant jusqu'aux moindres circonstances de cette entrevue. Il se calma. Je lui rappelai que les ordres qu'il avait demandés à mylord Bathurst, ne tarderaient pas à lever ses scrupules. Mais qu'en sera-t-il en attendant ? me répondit-il, les distances sont si grandes.

Fatigué de ces discussions sans cesse renaissantes, et voulant prouver au Gouverneur combien je désire vivre en bonne harmonie avec lui, même au prix de quelques sacrifices, je résolus de ne plus retourner à Longwood pendant quelque temps. En effet, il y a près de quatre mois que je n'y ai mis les pieds. Vous devez bien être content de moi, lui dis-je en plaisantant, il y a environ trois semaines, car voilà un siècle que je n'ai été là-bas. Il me demanda quelle était la raison de ce changement. Cela vous est si désagréable, lui répondis-je.

J'eus lieu de m'apercevoir qu'il m'en sait le plus

grand gré. Jamais il ne m'a témoigné plus d'attention, et jamais nos relations n'ont été plus suivies, ni plus agréables. En revanche, il en veut au comte de Balmain, qui ne garde plus de ménagements et ne cessera de voir les Français de Longwood, à moins que sa cour ne le lui défende expressément.

Voilà, mon prince, une narration fidèle de ce qui s'est passé. Il me reste à soumettre à V. A. quelques réflexions sur les motifs qui paraissent guider la conduite du Gouverneur. Pourquoi voit-il d'un si mauvais œil que nous causions avec les Français ? Voici ses raisons.

1° Ceux-ci, toujours portés à se plaindre, nous disent du mal des Anglais, et surtout de lui et nous rendrons compte de ces entretiens à nos cours. Est-ce la vérité qu'il redoute ? Dans ce cas il est bon qu'elle soit connue. Sont-ce les faux rapports ? Le moyen le plus sûr et le plus loyal d'en prévenir l'effet, serait, ce me semble, de nous tenir au courant de ce que nous devrions savoir. Est-ce en nous faisant un mystère des moindres bagatelles qu'il espère nous mettre à même de détruire la calomnie ?

« Nous pouvons fournir des armes à l'opposition. — Vingt mois qui se sont écoulés depuis notre arrivée prouvent le contraire. Sont-ce les commissaires qui ont publié la note de M. de Montholon ? Sont-ce eux qui ont fait passer en Angleterre les lettres et paquets dont se sont chargés le colonel Reating et à ce que je viens d'apprendre récemment, lady Malcolm ? Enfin sont-ce eux qui ont publié la brochure de Santini? Le gouvernement m'a dit savoir maintenant de source certaine qu'elle est l'ouvrage d'un Anglais qui a été ici et auquel Santini n'a servi que de prête-nom.

3°. Nos rencontres montent l'esprit de ces messieurs à Longwood, et empirent ainsi la position du gouverneur.

Si celui-ci a à se plaindre de quelques nouvelles prétentions et du ton dont elles ont été formées, ce ne sont pas les commissaires, mais lui seul qui en est la cause. La faiblesse qu'il a montrée, en levant des restrictions, insensées à la vérité, mais qu'il aurait dû soutenir, parce qu'elles étaient une fois établies, lui a fait à Longwood le tort qu'il cherche en vain à nous attribuer. Ces messieurs ont appris, dans cette circonstance, qu'on peut tout espérer de lui, en lui tenant tête, et c'est là ce qui a fait dire à M. de Montholon ; «Nous le connaissons maintenant, c'est un homme qu'il faut mener à coups de canon. »

4° Nous répandons dans le monde des particularités qu'on voudrait laisser ignorer.

Ce ne sont ni les gazettes de Vienne, ni celles de Saint-Pétersbourg qui répandent des nouvelles de Sainte- Hélène ; elles n'ont donné jusqu'ici que des articles tirés mot pour mot des feuilles anglaises. Celles de France gardent un silence absolu sur l'île de Sainte-Hélène et son prisonnier, et semblent ignorer qu'il existe. Les détails que nous recueillons ne servent donc qu'à l'information de nos cours; cela ne peut être un grand mal. D'ailleurs, Bonaparte, étant le prisonnier de l'Europe, n'ont-elles pas un droit bien fondé de savoir ce qui se passe sur ce rocher.

5° Il craint enfin par-dessus tout des communications par écrit.

Qu'entend-il par communications ? Des lettres remises sans l'intervention du gouvernement britannique. Supposer que nos cours voulussent favoriser de clandestines correspondances entre les partisans de Bonaparte, est une absurdité que l'on ne peut re jeter qu'avec mépris. Sont-ce les commissaires individuellement que l'on croit capable d'y prêter les mains ? Dans ce cas, les mêmes soupçons doivent planer sur sir Hudson Lowe, car la confiance dont nos souverains daignent nous honorer, doit équivaloir à celle que lui accorde son gouvernement.

Après cette analyse, V. A. se convaincra aisément de la futilité des craintes du gouverneur. En supposant, d'ailleurs, qu'elles fussent fondées, est-ce en mettant des entraves à ce que nous rencontrions des Français à Longwood qu'elles se dissiperaient ? Avec un peu de pénétration, sir Hudson Lowe se serait persuadé depuis longtemps que ses précautions sont au moins inutiles, et qu'il pourrait se faire un mérite de ce qu'il ne peut empêcher.

Agréez...

Baron Sturmer.

N° 4

Sainte-Hélène, ce 23 février 1818.

Mon prince,

Le nombre des Français attachés à l'ex-empereur vient de subir une nouvelle diminution. Le général Gourgaud a quitté Longwood le 13 de ce mois, à la suite d'une querelle qu'il a eue avec le comte de Montholon. Ennemis depuis longtemps, ils avaient été plusieurs fois sur le point de se battre. Le général Gourgaud, jaloux de voir la faveur de M. de Montholon croître à mesure que la sienne baissait, et attribuant à celui-ci les mauvais traitements qu'on lui faisait essuyer, jura de se venger ou de s'en aller. Bonaparte exigea de M. de Montholon sa parole d'honneur qu'il n'accepterait aucun cartel tant qu'il serait auprès de lui. Irrité par ce refus, Gourgaud menaça d'assommer son rival à coups de cravache. Bonaparte cria à l'assassinat et voulut le faire arrêter. Il ne resta à Gourgaud d'autre parti à prendre que d'aller mettre son sort entre les mains du gouverneur. « Faites de moi ce que vous voudrez,

lui dit-il, j'aime mieux aller en prison que de rester
à Longwood ». Sir Hudson Lowe l'établit dans
une maison de campagne, près de Plantation-house ;
il y est traité à merveille et peut aller partout, avec
un officier anglais, qui loge avec lui et ne le quitte
pas. Ses papiers ont été examinés, mais on n'y a
rien trouvé qui eût pu le compromettre. Le gouverneur me pressa avec instance, il y a quelques jours,
de lui dire ma façon de penser sur cet esclandre.
« Croyez-vous, me demanda-t-il, que Gourgaud soit
de bonne foi, et que sa brouille avec Napoléon soit
réelle ? » Je lui répondit que personne ne pouvait en
juger mieux que lui, mais que d'après mes propres
observations, le général Gourgaud gardait trop peu
de mesures pour le supposer chargé d'une mission
secrète. « Je suis du même avis, me répliqua-t-il :
d'ailleurs, je l'ai toujours vu le même. Je le crois
homme d'honneur. Sa conduite et ses principes
n'ont jamais varié. »

Le général Gourgaud ignore encore combien de
temps il restera ici, et si on l'enverra directement
en Europe, ou bien s'il devra aller d'abord au Cap
de Bonne-Espérance. Son intention est de se rendre
en France et d'y vivre dans le sein de sa famille, si
on lui permet d'y rester. Il s'estimerait heureux de
rentrer au service, mais il n'ose se flatter d'être
employé de nouveau. Il a déclaré à Bonaparte, en le
quittant, qu'il lui conserverait un attachement
éternel, mais qu'il se battrait contre lui, si son devoir le lui ordonnait. Celui-ci paraît le regretter
peu. Sa présence à Longwood y causait du trouble
et du désordre. Officier brave et distingué, il n'est

rien moins que courtisan. Il a eu des scènes avec M. de Las Cases dont il était jaloux, et jusqu'aux domestiques, il s'est mis mal avec tout le monde. Bonaparte lui a reproché que c'était à cause de lui que Las Cases était parti.

Le général Gourgaud se plaint d'être entièrement dépourvu d'argent. Il m'a dit que le comte Bertrand lui avait prêté 50 livres sterling et que c'était là toute sa fortune, mais je tiens de bonne part que Bonaparte vient de lui faire un don de 500 livres sterling et qu'il a assuré à sa mère une pension de 12,000 francs reversible sur lui après la mort de madame Gourgaud. Le Gouverneur paraît ignorer cette circonstance.

Agréez...

Baron STURMER.

N° 5.

Sainte-Hélène, ce 23 février 1818.

Mon prince,

J'ai l'honneur d'envoyer à Votre Altesse, ci-joints, les trois derniers bulletins de la santé de Bonaparte. Le gouverneur m'assure qu'il est toujours dans la même ignorance sur ce qui se passe à Longwood. « Je vous communique les rapports du docteur Baxter, me dit-il, pour remplir les ordres que j'ai reçus, mais je souffre de n'avoir rien de plus authentique à vous offrir. » J'ai fait tout ce qui était en mon pouvoir pour que le docteur Baxter pût voir Bonaparte ; je n'y ai pas réussi, il ne veut même plus le recevoir comme particulier.

Je demandai hier, au général Gourgaud, ce qu'il pensait de la santé de Bonaparte. « Il nous enterra tous, me répondit-il, il a un corps de fer. » Je lui parlai de l'enflure de ses jambes. « Cela date depuis Moscou, me dit-il. Il en est de même de ses insomnies. Depuis que je le connais, il n'a jamais dormi plusieurs heures de suite. Quant à son mal de côté, personne n'a pu savoir encore au juste ce qui en est. »

Agréez...

Baron STURMER.

N° 6.

Sainte-Hélène, ce 23 février 1818.

Mon prince,

Il m'a été impossible de me procurer la continuation de la correspondance entre le Gouverneur et le comte Bertrand dont j'ai eu l'honneur d'envoyer un fragment à Votre Altesse par *le Melville* le 26 octobre de l'année dernière. La pièce ci-annexée est la seule que j'aie pu avoir.

Cette correspondance est terminée depuis longtemps. Le gouverneur, poussé à bout par les invectives du comte Bertrand, le menaça de le renvoyer. Celui-ci eut peur et se tut.

Je m'étais proposé d'envoyer à Votre Altesse aujourd'hui quelques réflexions qui doivent servir de commentaire aux observations de Bonaparte sur le discours de lord Bathurst ; mais le hasard m'ayant mis en rapports suivis et presque journaliers avec le général Gourgaud, qui loge à côté de moi, je vais mettre à profit cette occasion pour vérifier quelques particularités qui ne me sont connues qu'imparfaitement. Le Gouverneur, loin de prendre ombrage de mes entrevues avec Gourgaud, l'a lui-même mis

en relations avec moi. Il est venu annoncer à
madame de Stürmer que ce général était devenu
son voisin, et qu'il s'empresserait de lui présenter
ses hommages.

Agréez...

Baron STURMER.

---

7. N°

Sainte-Hélène, ce 14 mars 1818.

Mon prince,

J'ai l'honneur d'envoyer à Votre Altesse, ci-joints,
les deux derniers bulletins de la santé de Bonaparte. [165].

Il vient de perdre un de ses plus fidèles serviteurs.
Le sieur Cipriani, natif de Corse, et maître d'hôtel
à Longwood, a été emporté en deux jours par une
inflammation du bas-ventre. Il jouissait de la confiance de l'ex-empereur qui le consultait sur ses
affaires, et aimait à causer avec lui. Cipriani avait

été domestique d'abord du ministre Salicetti, et ensuite de la mère de Bonaparte, auprès de laquelle il a laissé sa femme et ses enfants. Il avait beaucoup d'esprit naturel et abondait en saillies qui amusaient son maître. Le jour de son enterrement, Bonaparte passa la journée chez Bertrand, il se promena sans relâche d'une chambre à l'autre et parut agité. Il fut étonné de voir arriver le ministre protestant. « Un prêtre catholique, s'écria-t-il, n'en aurait pas fait autant pour un protestant. » Bertrand et Montholon accompagnèrent le convoi jusqu'au cimetière, à sept milles de Longwood.

Agréez...

Baron STURMER.

N° 8.

Sainte-Hélène, ce 14 mars 1818.

Mon prince,

Les soins du Gouverneur pour dérober à la connaissance du public les projets du colonel Latapie

10

et de ses compagnons d'armes, ont été inutiles. Bonaparte lui-même n'a pas tardé à en être informé; Votre Altesse verra dans mon rapport suivant ce qu'il en a dit.

Depuis l'arrivée des dépêches de Rio-Janerio, sir Hudson Lowe a fait doubler et même tripler les sentinelles à Longwood et en a fait placer de nouvelles sur différents points. Sur mer, on est plus vigilant que jamais. Il passe, depuis quelque temps, jusqu'à quatre vaisseaux par jour, portant pour la plupart pavillon américain. On ne peut démêler quelle est leur intention, mais lorsqu'ils s'approchent de la croisière anglaise, ils ne manquent jamais de s'informer de la santé de Bonaparte.

Agréez...

Baron Sturmer.

N° 9.

Sainte-Hélène, ce 14 mars 1818

Le général Gourgaud m'a dit que Bonaparte lui avait fait offrir de l'argent au moment de son départ de Longwood, mais qu'il ne l'avait pas accepté. « Je ne veux rien devoir à l'empereur, me dit-il; ce serait me lier volontairement. Je veux être maître de mes actions et de mes discours. » Il m'est revenu d'autre part que le général Gourgaud a en effet refusé les 500 livres sterling qu'on lui avait offertes.

Agréez, etc...

Baron STURMER.

N° 10.

Sainte-Hélène, ce 31 mars 1818.

Mon Prince,

J'ai l'honneur de transmettre à Votre Altesse, ci-joints les trois derniers bulletins de la santé de Bonaparte. Le dérangement que lui avait causé l'air froid et humide auquel il s'était exposé dans la soirée du 24, n'a eu aucune suite. En général, son état n'a point empiré. On lui fait prendre toutes les semaines une forte dose de sel.

Agréez, etc...

Baron STURMER.

N° 11.

Sainte-Hélène, ce 31 mars 1818.

Mon Prince,

Le général Gourgaud a quitté l'île le 14 de ce
mois, comme j'avais eu l'honneur de l'annoncer à
Votre Altesse.

Entièrement dépourvu d'argent et ayant refusé
celui que Bonaparte lui avait fait offrir, il pria le
comte Bertrand de lui en prêter de ses propres fonds
et lui écrivit à cet effet la lettre ci-jointe. Il n'en
reçut aucune réponse. La veille de son embarquement, il prit le parti d'aller le voir. Ne voulant pas
entrer dans l'enceinte, il convint avec M. Jackson
(c'est le nom d'un officier anglais qui était chargé
de l'accompagner partout) que celui-ci irait seul
chez le grand-maréchal et le prierait de sa part de
venir lui parler à la barrière. Votre Altesse verra,
par le rapport de M. Jackson, ci-joint, que le Gouverneur m'a communiqué que le comte Bertrand
a décliné cette entrevue, et qu'il a fait dire au général Gourgaud qu'il ne pouvait, sans offenser son

maître, lui prêter de l'argent tant qu'il se refuserait d'accepter les 500 livres sterling que celui-ci avait mis à sa disposition.

Cette réponse déconcerta le général Gourgaud. Le Gouverneur voulut le tirer d'embarras, mais il répondit qu'il ne pouvait profiter de ses offres. On m'accuserait, lui dit-il, de m'être mis à la solde de l'Angleterre; ce serait le moyen de me discréditer entièrement et de me mettre hors d'état de répondre aux calomnies que Bonaparte fera répandre contre moi. Enfin, quelques heures avant son départ, il se décida à faire demander les 500 livres sterling que Bonaparte lui avait fait assigner chez Balcombe. Celui-ci assura qu'il n'avait ni ordre ni fonds. Le Gouverneur fit écrire au comte Bertrand, mais la réponse n'ayant pu arriver avant la nuit, le *Camden* mit à la voile et le général Gourgaud partit sans avoir son argent. Ce ne fut que le lendemain que l'on envoya à Sir Hudson Lowe une lettre de change de 500 livres sterling payable à Londres. Il l'endossa en faveur du général Gourgaud et l'expédia par un bâtiment de la Compagnie des Indes, qui fit voile le même jour pour l'Europe.

Quant à la pension de 12,000 francs, accordée à la mère de Gourgaud, je n'ai pu savoir au juste ce qui en reste. Le Gouverneur m'a dit que ce dernier lui en avait parlé confidemment, mais qu'il lui avait promis de garder le secret. Je me suis borné, me dit-il, à en rendre compte à mon gouvernement. Tout ce que j'ai pu découvrir, c'est que Gourgaud a obtenu cette pension au mois de juillet dernier, dans le temps de sa plus grande faveur, à force de sollicitations et de représentations sur la gêne où se trouvait sa mère.

Je ne m'appesantirai point sur ce qu'on dit à Longwood de son départ; le rapport de M. de Jackson ne laisse rien désirer à cet égard. Bonaparte paraît s'en féliciter; il n'en est que plus tranquille. Il se livre maintenant sans réserve au goût qu'il paraît avoir pris tout à coup pour madame de Montholon, et que Gourgaud avait pris à tâche de contrarier et de tourner en ridicule. Après avoir flatté pendant quelque temps les caprices de l'ex-Empereur, en remplissant auprès de lui les nobles fonctions de pourvoyeuse, madame de Montholon a su triompher de ses rivales et s'est élevée jusqu'au lit impérial. [176]. Son mari, dit-on, en est tout fier. Bonaparte a dit, dernièrement, en parlant de Gourgaud : « Je crois, en vérité, que cet homme était amoureux de moi; cela commençait à me fatiguer; je ne pouvais pas coucher avec lui. Sa tête se dérange; il se fera pendre ou fusiller en France, c'est le sort qui l'attend. Il dira du mal de moi, je m'en moque, un libelle de plus ou de moins, que m'importe. »

J'ai cru devoir communiquer au Gouverneur le rapport que j'ai eu l'honneur d'adresser à Votre Altesse le 14 de ce mois (n° 9), parce qu'il contient quelques détails relatifs à la surveillance. Il l'a lu avec la plus grande attention. « C'est, m'a-t-il dit, la pièce la plus intéressante que j'aie vue depuis que je suis ici. » Il m'a su tant de gré de lui avoir fait cette communication, qu'il m'en remercie chaque fois que nous en parlons. Voyant le prix qu'il y attachait, je lui en laissai prendre une copie qu'il a envoyée à mylord Bathurst. Nous avons beaucoup causé de la possibilité d'une invasion, dont il y est fait mention. Il croit qu'elle n'existe pas et assure qu'il ne comprend rien à tout ce qu'en a dit Gourgaud. Avant de lui laisser prendre lecture de mon rapport, j'avais substitué à cette question : « Qui de vous a rédigé les observations sur le dis_ cours de lord Bathurst ? » celle-ci : « Qui de vous a rédigé la fameuse note de Montholon ? » M. de Montchenu, à qui j'ai également donné connaissance de cette pièce, l'a envoyée au duc de Richelieu.

Agréez, etc...

Baron STURMER.

———

N° 12.

Sainte-Hélène, ce 12 avril, 1818.

Mon prince,

J'ai l'honneur d'envoyer à Votre Altesse, ci-joint, le dernier bulletin de la santé de Bonaparte [177]. Il est à peu près toujours dans le même état, tantôt bien, tantôt souffrant. Depuis quelque mois, il a changé plusieurs fois de manière de vivre. Il dîne maintenant à deux heures, et en dort, dit-on, beaucoup mieux.

Après dîner, il fait appeler Bertrand et Montholon qui lui tiennent compagnie pendant une heure ou deux. A sept heures, il se retire dans sa chambre cause avec ses domestiques, feuillette des livres, où se fait faire la lecture par son valet de chambre Marchand. Il continue à faire un grand usage des bains. Il y a deux mois, il passait souvent la moitié de la nuit dans l'eau. Le dimanche, ses Français dînent avec lui. Ils sont ce jour-là en grande tenue, ainsi que les femmes. La toilette de celles-ci est un objet de rivalité entre elles; l'ex-empereur tenant beaucoup à leur costume. Celle de madame de Montholon, qui met tout son bonheur à lui plaire, ne le cède en rien à celle des femmes les plus brillantes de Paris. S'il les trouve vêtues à son goût, il ne manque jamais de leur en faire compliment. Dans le cas contraire, il leur dit brusquement : Qu'est-ce que c'est que cette robe ? Vous êtes habillée comme une femme de chambre.

Agréez, etc....

Baron STURMER.

N° 13.

Sainte-Hélène, ce 27 avril, 1818.

Mon prince,

Le gouverneur vient de se brouiller ouvertement avec le docteur O' Meara. Il lui a fait signifier qu'il devait se soumettre aux règlements établis pour les Français de Longwood et ne pas sortir des limites qui lui sont assignées, sans une permission spéciale de sa part.

Ne voulant pas se constituer prisonnier, ni renoncer, à aucun prix, aux droits assurés par la loi à tout sujet britannique, le docteur O'Meara déclara qu'il préférait donner sa démission et retourner dans sa patrie. Il fit part de cette résolution à Bonaparte par l'entremise du comte Bertrand, suspendit l'exercice de ses fonctions, s'enferma chez lui et depuis quinze jours ne voit personne.

L'état de l'ex-empereur même, à qui les secours d'un médecin sont devenus indispensables, n'a pu vaincre l'opiniâtreté d'un homme, fort de sa conscience, poussé à bout par les chicanes de sir Hudson Lowe, et irrévocablement décidé à tout sacrifier plutôt que de fléchir sous le joug qu'on veut lui imposer.

Votre Altesse trouvera dans les pièces ci-jointes les détails de cette affaire [180]. Elle verra que tous les torts paraissent être du côté du gouverneur. Les lettres du docteur O'Meara portent l'empreinte de la vérité et de la loyauté. Quand on connaît son caractère doux et conciliant, sa conduite sage et mesurée, son extrême prudence et que l'on considère qu'il est Anglais, qu'il aime son pays, que la confiance entre lui et le gouverneur s'était établie naturellement, sans art et sans effort de la part de ce dernier et que cette confiance était fondée sur un intérêt naturel, il semble que rien n'était plus aisé que de la rendre inaltérable. Mais, je ne sais par quelle fatalité sir Hudson Lowe finit toujours par se mettre mal avec tout le monde. Accablé du poids de la responsabilité dont il est chargé, il s'agite, se tourmente sans cesse et éprouve un besoin de tourmenter les autres.

Le docteur O'Meara est le seul Anglais que sa position ait mis à même de voir Bonaparte à toute heure, et de s'insinuer dans sa confiance la plus intime. Il pouvait ainsi rendre au gouverneur des services essentiels. Celui-ci paraît, en effet, l'avoir employé longtemps avec succès; mais au lieu de continuer à ménager sa délicatesse et à le faire servir à ses vues, pour ainsi dire à son insu, il voulut tout à coup en faire un espion à gages et l'afficher en cette qualité. O'Meara se révolta contre cette proposition, et déclara que rien ne le forcerait à se charger d'un rôle indigne d'un galant homme.

Le gouverneur, furieux de se voir privé du seul canal qu'il avait pour apprendre ce qui se passait à Longwood, s'emporta contre le docteur O'Meara, l'accabla d'injures et d'outrages et voulut l'épouvanter en le menaçant dès lors de le soumettre aux réglements établis pour les prisonniers français ! Celui-ci lui écrivit, le 23 décembre dernier, la lettre ci-jointe. Il y expose avec force ses droits comme sujet anglais, rappelle les conditions auxquelles il s'est engagé d'accompagner Bonaparte, conditions sanctionnées par le gouvernement britannique, réclame contre l'injustice des prétentions du gouverneur, lui reproche ses procédés violents, se plaint de n'avoir reçu de lui que des instructions verbales, vagues, obscures et contradictoires, et le somme enfin de lui en donner par écrit, de claires et de positives.

Les explications continuèrent pendant plus de trois mois. Le gouverneur crut enfin les terminer par un coup d'autorité, mais le résultat n'a point répondu à son attente. Déconcerté par la déclaration d'O'Meara, il lui fit dire qu'il n'avait point le droit de donner sa démission avant d'avoir obtenu son consentement. Celui-ci répondit que jamais un officier anglais de terre ou de mer voulant quitter le service, ne s'était cru obligé d'en demander préalablement la permission à ses supérieurs.

Un autre incident vint tourna la tête à sir Hudson Lowe. Il apprit qu'O'Meara avait écrit à Bertrand. Il chargea aussitôt un de ses aides de camp d'aller lui demander une copie de cette lettre ci-jointe. N'y ayant rien trouvé qui ait pu lui fournir des armes contre O'Meara, il s'efforça de lui prouver que l'existence même de cette lettre était une violation des règlements de l'île. La réponse justificative d'O'Meara est renfermée dans la pièce ci annexée.

Cette affaire fait beaucoup de bruit ici. On est impatient d'en connaître l'issue. Le gouverneur cédera-t-il ? Ce serait se donner un nouveau ridicule et compromettre de plus en plus son autorité. Tiendra-t-il O'Meara sequestré, dans sa chambre, lui refusant d'accepter sa démission et s'opposant à son départ ? Dans ce cas, il devra s'attendre à ce que celui-ci lui fasse un procès, en Angleterre. Il l'accusera d'avoir porté atteinte à sa liberté et d'avoir fait tort à sa fortune en l'empêchant d'exercer son état. Laissera-t-on partir O'Méara ? Rien ne serait plus impolitique ; la conduite du gouverneur en paraîtrait plus odieuse, et d'injustes soupçons en seraient la conséquence naturelle. Déjà Bonaparte est persuadé qu'on veut l'empoisonner. Les Français disent que le gouverneur est brouillé avec O'Méara, parce que celui-ci n'a pas voulu se prêter à ses vues perfides. Outre ce qu'une pareille supposition aurait de révoltant, la mort de Bonaparte ne pourrait être que préjudiciable aux intérêts de Sir Hudson Lowe. Il a dit lui-même que rien de plus fâcheux ne pourrait lui arriver, parce qu'on l'accuserait de l'avoir tué. Il tient en outre beaucoup aux avantages de toute espèce que lui offre un poste aussi lucratif qu'honorable.

Le gouverneur en veut à O'Meara, parce qu'il occupe une place qu'il a tenté en vain de faire donner au docteur Baxter, médecin en chef de l'île, qui lui est entièrement dévoué. Dès l'arrivée de Bonaparte sur le *Northumberland*, le gouverneur britannique témoigna le désir qu'il fut accompagné d'un médecin français. Ce n'est que sur sa demande expresse d'avoir O'Méara qu'on a cru devoir y consentir. Cette délicatesse ne s'accorde guère avec les efforts de sir Hudson Lowe pour faire substituer à ce dernier une de ses créatures ; efforts d'autant plus maladroits que les termes où il en est avec Bonaparte ne peuvent manquer de les lui rendre suspects.

Un autre motif de plainte du gouverneur contre O'Meara, c'est qu'il rapporte à Bonaparte ce qui se passe dans l'île. Mais quel mal y a-t-il à ce que celui-ci connaisse les commérages et les anecdotes d'un endroit aussi éloigné du reste de l'univers et où l'on reçoit si rarement des nouvelles d'Europe ? N'y a-t-il pas plus de cruauté que de prudence à vouloir le priver d'un amusement aussi frivole ?

Plus on examine la conduite de Sir Hudson Lowe, plus on a de peine à concevoir comment les ministres anglais ont pu s'infatuer d'un tel homme. S'il ne fallait qu'un simple geôlier, rien n'était plus aisé à trouver ; mais si la nation anglaise est jalouse de soutenir la réputation de générosité et de loyauté si justement acquise en mille autres circonstances et si elle attache quelque prix au jugement de l'histoire, on n'aurait pu faire un plus mauvais choix. L'Angleterre est pleine de gens aussi probes, aussi honnêtes et aussi incorruptibles ; mais il eût été difficile d'y rencontrer un homme plus gauche, plus extravagant et plus désagréable. Ses ennemis le di-

sent méchant, je ne le crois qu'astucieux : la plupar
de ses actions doivent être attribuées à la bizarrerie
d'un caractère à nul autre pareil.

Agréez...

Baron STURMER.

P-S. — Le gouverneur ne m'a pas dit un mot de
l'affaire d'O'Meara et ne se doute pas que j'en
sache quelque chose.

———

N° 14.

Sainte-Hélène, ce 3 mai 1818.

Mon prince,

Depuis que le docteur O'Meara est détenu à Longwood, le gouverneur ne sait rien de la santé de Bonaparte et n'a plus de bulletins à nous communiquer. Il m'est revenu d'autre part que celui-ci est de
nouveau plus mal. O'Meara s'obstine toujours à ne
pas le voir, tant qu'on ne lui rendra pas sa liberté.
L'ex-empereur, de son côté, soutient qu'il a une ré-

pugnance invincible pour le docteur Baxter, et qu'il mourra plutôt que de se faire traiter par un autre médecin qu'O'Meara. Celui-ci était seul parvenu à vaincre son aversion pour le mercure et à lui en faire prendre de fortes doses, pour arrêter les progrès de son obstruction au foie. Depuis trois semaines, tous les remèdes sont abandonnés.

Je viens d'apprendre qu'il y a une correspondance très active entre le gouverneur et le comte Bertrand sur l'affaire d'O'Meara ; j'ai lieu d'espérer que je pourrai l'envoyer à V. A. en copie par la prochaine occasion. On m'assura que Bonaparte a lui-même ajouté une apostille à une lettre du comte Bertrand à l'adjudant-général, sir Thomas Reade, qui finit ainsi: « Qu'on fasse connaître au Prince régent la conduite de mon assassin afin qu'il le punisse. S'il ne le fait pas, je lègue l'opprobre de ma mort à la maison régnante d'Angleterre ». Agréez...

Baron STURMER.

N° 15.

Sainte-Hélène, ce 17 mai 1818.

Mon prince,

Le gouverneur ayant su que mes collègues et moi
avions rencontré à Longwood les familles Bertrand
et Montholon, craignit que l'on ne se fût empressé
de nous faire instruire de l'affaire d'O'Meara,
et se decida à nous en parler. Je vais avoir l'honneur de rapporter à V. A., mot pour mot, ce qu'il
m'en a dit.

« Je n'aurai plus de bulletins à vous communiquer.
J'ai depuis longtemps à me plaindre du docteur
O'Meara; ce n'est que par égard pour Napoléon que
je ne l'ai pas renvoyé de l'île. Il venait passer des
heures entières en ville, ne manquait jamais de s'y
trouver à l'arrivée d'un bâtiment, et rapportait à Napoléon toutes les nouvelles qu'il apprenait. Je viens
de découvrir qu'on s'est servi de lui pour faire passer des cadeaux, et des communications. Je lui
ai ordonné, en conséquence, de ne plus sortir de
Longwood, sans ma permission. Il m'a répondu
qu'il aimerait mieux s'en aller, et se refuse à continuer l'exercice de ses fonctions. J'avoue que je ne

m'attendais pas à cette démarche. Napoléon se plaint de ce qu'on a attenté à la liberté du seul médecin auquel il puisse donner sa confiance, et ne veut plus se faire traiter par personne. Que pensez-vous de cette affaire ?

Je lui dis qu'elle me paraissait extrêmement délicate.

Le gouverneur. — Mais que feriez-vous à ma place ?

Moi. — S'il est prouvé que le docteur O'Meara a commis quelque faute grave, faites-le arrêter et mettez-le en jugement ; tout le monde vous approuvera. S'il ne s'agit que de bagatelles, je vous conseille d'étouffer cette affaire. Bonaparte peut mourir ; on accusera les Anglais de l'avoir empoisonné ; les apparences seront contre vous.

Le gouverneur. — Il ne s'agit pas de bagatelles. Je ne puis permettre que M. O'Meara remette des cadeaux de Napoléon à mon insu. Au reste, ce n'est pas le seul grief que j'ai contre lui. Vous dites que j'aurais dû le faire arrêter ; mon gouvernement me fera peut-être le même reproche, mais j'ai eu des motifs pour ne pas le faire ; j'ai pensé comme vous que la chose était délicate. »

Le commissaire de Russie lui avait parlé, avant moi, entièrement dans le même sens. Quant à M. de Montchenu, le gouverneur fait si peu de cas de ses avis et de son opinion qu'il ne les lui demande jamais.

Trois jours après, le docteur O'Meara fut mis en liberté. Bonaparte le fit appeler dès le lendemain et le consulta comme de coutume.

Voici, mon prince, ce que j'ai appris au sujet des cadeaux dont Sir Hudson Lowe m'a parlé si mystérieusement. Lors de l'enterrement du sieur Cipriani, M. Boys, un des ministres protestants de l'île, conduisit le convoi funèbre. Bonaparte chargea M. de Montholon de lui donner une boîte d'or et une somme de 25 livres sterling, à distribuer aux pauvres. Il accepta l'une et l'autre. Au bout de quelques jours, il s'en repentit, et craignant de se compromettre, il renvoya la boîte à son ami O'Meara, en le priant de la rendre au comte de Montholon. Le gouverneur est donc mal informé, ou ne dit pas la vérité. M. Boys étant parti pour l'Angleterre, on ne pourra savoir au juste ce qui en est.

J'ai l'honneur d'envoyer à Votre Altesse ci-joint. la continuation des pièces officielles qui ont été échangées sur cette affaire [191]. L'apostille de Bonaparte dont j'ai fait mention dans mon dernier rapport, s'y trouve toute entière. Je dois appeler l'attention de Votre Altesse sur la lettre du docteur O'Meara au major Gorrequer, aide de camp de sir Hudson Lowe ; elle y trouve des détails sur la manière théâtrale et emphatique dont Bonaparte avait congédié ce médecin.

Agréez...

Baron STURMER.

N° 16.

Sainte-Hélène, ce 1ᵉʳ juin 1818.

Mon prince,

Depuis que le gouverneur ne sait plus rien de ce qui se passe à Longwood, nous n'avons qu'un seul moyen d'apprendre des nouvelles de Bonaparte, celui de chercher à rencontrer les Français et de recueillir ce qu'ils veulent bien nous dire. Ces rencontres donnent de l'humeur au gouverneur et amènent des discussions interminables.

Je vais avoir l'honneur de rendre compte à Votre Altesse de tout ce qui s'est passé depuis six semaines entre sir Hudson Lowe et les commissaires. Je commencerai par ce qui me regarde.

J'avais laissé passer quatre mois sans mettre le pied à Longwood, lorsque je me déterminai, dans les derniers jours de mars, à y aller avec mes collègues. Nous y rencontrâmes les familles Bertrand et Montholon. Je fis le lendemain une visite au gouverneur. Il me reçut d'un air renfrogné, baissa la tête et resta immobile, les yeux fixés sur le plancher, sans dire mot. Je lui parlai de l'interrogatoire que l'on avait fait subir à M. Welle, et que je venais de recevoir, en m'expliquant entièrement dans le sens de la dépêche de Votre Altesse à l'ambassadeur de Sa Majesté à Londres, dont celui-ci a eu la bonté de m'envoyer un extrait. Il ne répondit pas une syllabe, ne fût-ce que pour me remercier de la communication que je venais de lui faire. J'attribuai à notre rencontre de la veille cet étrange accueil. Ne voulant pas m'exposer à d'autres malhonnêtetés, je m'en allai. Il courut après moi pour me rappeler. Je revins. » Vous avez été hier à Longwood, me dit-il d'un ton impérieux, j'en suis informé. » Il accompagna cette apostrophe d'un regard menaçant. » Cela ne m'étonne pas, répondis-je, notre entrevue a eu lieu sur le grand chemin, tout le monde a pu nous voir. Il me répéta pour la vingtième fois tout ce qu'il nous avait dit, à mes collègues et à moi sur ce sujet, et dont j'ai eu l'honneur de rendre compte à Votre Altesse dans mes rapports précédents.

Le 4 mai, je retournai à Longwood avec mes collègues. Nous trouvâmes les familles Bertrand et Montholon réunies dans un jardin appartenant à la Compagnie des Indes et ouvert au public. On servit une petite collation sur le gazon à laquelle nous assistâmes. C'est le lendemain que le gouverneur vint chez moi pour me parler de l'affaire d'O'Meara Il y trouva M. de Monchenu qui était venu me voir. Nous n'eûmes pas de peine à nous apercevoir, à son air courroucé, que l'événement de la veille l'occupait au moins autant que l'affaire d'O'Meara, et qu'il s'attendait à ce que nous lui ferions part de ce qu'on nous avait dit à Longwood. Toutefois, pour ne pas donner lieu à une nouvelle incartade, nous n'en parlâmes ni l'un, ni l'autre. Il nous en voulut beaucoup de ce silence, et ne put s'empêcher de glisser dans la conversation quelques phrases ironiques sur le plaisir qu'offre la société de Longwood que nous fîmes semblant de ne pas comprendre. Enfin, n'ayant pu nous arracher un mot, il se leva brusquement et nous dit : « Au reste, messieurs, je ne vous apprends rien de nouveau ; vous savez aussi bien que moi ce qui se passe à Longwood, (et puis s'acheminant vers la porte) ce qui est aussi contraire aux règlements que la conduite du docteur O'Meara. » Rien assurément n'était moins juste ni plus déplacé que cette comparaison, mais il partit sans nous laisser le temps de répondre.

Ce même jour au soir arriva d'Angleterre le *Bachworth* bâtiment de transport, qui lui apporta les duplicata des dépêches qu'on lui a adressées par la frégate *la Favorite*, partie presque en même temps et que nous attendons encore. Depuis cette époque, il s'est opéré dans sa conduite un changement sensible ; il est plus sombre et plus intraitable que jamais. C'est contre les commissaires que s'exhale sa mauvaise humeur. Il a rompu les relations de société, a cessé de nous inviter à dîner, nous reçoit plus mal que jamais lorsque nous allons lui parler d'affaires, et nous fait les scènes les plus ridicules. Il nous a été impossible jusqu'ici d'en deviner la cause. Lui a-t-on écrit de Londres que nous nous plaignons de lui ? Le ministère anglais a-t-il blâmé sa conduite ? Dans ce cas, son amour-propre blessé chercherait-il à se venger sur nous ? Voilà les seules conjectures que nous puissions former.

Il y a une quinzaine de jours, le comte Bertrand vint en ville avec un officier anglais et descendit dans la maison, où est logé le commissaire de Russie. Il profita de cette occasion pour aller voir ce dernier qui lui donna à déjeuner. Le surlendemain, le gouverneur se rendit chez M. de Balmain avec un de ses aides de camps. Il avait l'air furieux. « Je viens vous demander, Monsieur le comte, lui dit-il, si le général Bertrand a été chez vous. Je le sais, mais je désirerais l'apprendre de vous. »

M. de Balmain : — Oui, nous avons passé deux heures ensemble.

Le gouverneur (en colère) —. Il a trompé l'officier d'ordonnance, c'est infâme !

M. de Balmain. — Cela ne me regarde pas. Je ne l'avais pas invité à venir chez moi.

Le gouverneur. — Est-il entré chez vous sans se faire annoncer ?

M. de Balmain. — Oui, j'ignorais même qu'il fût en ville.

Le gouverneur hors de lui se leva, et marchant à reculons vers la porte, répéta quatre fois de suite : « C'est ce que je ne ferais pas moi-même. » Il accompagna ces mots d'un sourire amer et ironique, et sortit. Il semblerait que c'est au comte Bertrand que devaient s'adresser les reproches ; il ne lui en a pas seulement parlé. Celui-ci avait fait six visites avant d'aller chez le comte Balmain. On n'en a fait un crime à personne qu'au commissaire de Russie.

Le 23 du mois passé, Sir Hudson Lowe m'écrivit

la lettre ci-jointe en copie *sub. lit* [194]. Mes collègues en reçurent de la même teneur. Nous répondîmes tous dans le même sens. Ma réponse se trouve annexée *sub. lit.* [195] La proclamation jointe à la lettre de Sir Hudson Lowe a été affichée. ici sur toutes les routes; elle est une suite de l'affaire d'O'Meara.

Le 23 au soir, le gouverneur m'adressa la lettre ci-jointe, [197]. Ayant de bonnes raisons de croire que personne de Longwood ne lui a parlé de Welle. entièrement oublié ici depuis longtemps, je ne puis m'arrêter qu'à une seule supposition, c'est qu'on lui a envoyé par le *Bachvrorth* une copie des observations sur le discours de Lord Bathurst du 18 mars 1817, [198] où il en est question. Peut-être par une indiscrétion commise à Londres, ou par l'ouverture de nos lettres. a-t-il été informé que nous avons envoyé ces *observations* à nos cours. Cela expliquerait son dépit.

Le 25, éprouvant le besoin d'exhaler sa bile, il alla chez M. de Montchenu avec lequel il eut une explication de plusieurs heures. Celui-ci m'a dit qu'il ne l'avait jamais vu monté à ce point. Il m'a assuré que c'était à M. de Balmain qu'il en voulait le plus. Il lui échappa entre autres de dire dans cette conservation : « On écrit, on m'accuse, mais j'écrirai aussi et mon gouvernement me croira. »

Plus de trois semaines s'étaient écoulées sans que j'eusse vu le gouverneur; je lui fis une visite le 29 du mois passé pour lui demander, selon mon usage, s'il n'y avait rien de nouveau à Longwood que je puisse mander à Votre Altesse. Il me reçut d'une manière choquante. L'entretien que nous eûmes ensemble a pris un tour trop désagréable pour que je ne me fasse un devoir d'en rendre compte, mot pour mot, à Votre Altesse. Elle y verra jusqu'où vont l'extravagance et la folie de cet homme.

Moi. — Comment va votre santé ?

Le gouverneur répond par un signe de tête.

Moi. — Oserais-je vous demander s'il y a une occasion pour l'Europe ?

Le gouverneur. — Dimanche ou lundi, pas avant.

Moi. — N'y a-t-il rien de nouveau à Longwood?

Le gouverneur (avec humeur). — Je ne sais rien.

Moi. — Comment se porte Bonaparte ?

Point de réponse ; le gouverneur baisse la tête et regarde fixement à terre.

Moi. — Depuis que nous ne recevons plus de bulletins, il est devenu impossible de savoir au juste ce qui en est.

Point de réponse, le gouverneur reste dans la même attitude.

Moi. — On m'a dit qu'il avait été très mal le 20 au soir.

Point de réponse.

Moi (avec vivacité) — Si c'est là tout ce que vous avez à me dire, j'ai l'honneur de vous saluer.

J'allais partir, le gouverneur me retint.

— Oh ! pardonnez, me dit-il. ce n'est pas... pour vous manquer... je réfléchis... vous devez sentir que je dois peser ma réponse.

Il m'offrit un siège et alla s'asseoir lui-même à l'autre bout de la chambre. Là, les bras croisés, il se mit à méditer sur ce qu'il avait à me dire. Il passa

au moins 20 minutes dans cette attitude . J'étais
sur les épines et ne savais à quoi m'arrêter. Heureusement je trouvai à côté de moi quelques journaux
que je parcourus. Le gouverneur se leva tout à
coup et se mit à marcher à grands pas dans la chambre. Puis il me dit d'un ton brusque : « Je n'ai rien à
dire lorsque je suis devancé dans les informations
par les *followers* de Napoléon Bonaparte. »

Moi — Il y a très longtemps que je n'ai pas été à
Longwood, et je n'ai vu personne de la suite de Bonaparte.

Le Gouverneur. — Mais le comte de Balmain y va.

Moi. — Cela ne me regarde pas.

Le Gouverneur. — Je ne dirai rien avant de savoir
ce que vous a dit le comte de Balmain.

Moi. — Veuillez le lui demander à lui-même.

Le Gouverneur. — Vous le voyez tous les jours. Il
est certain qu'il vous a raconté ce qu'il a appris
à Longwood.

Moi. — Il ne m'a rien dit qui puisse vous intéresser.

Le Gouverneur. — Le marquis de Montchenu
m'a dit des choses extraordinaires... L'affaire des
bulletins est de la plus haute importance.

Moi. — Je ne sais rien de cette affaire.

Le Gouverneur. — Le comte de Balmain doit vous
en avoir parlé ; il m'importe de savoir ce qu'il vous
en a dit.

Moi. — Je vous en prie, monsieur le Gouverneur,
laissons de côté le comte de Balmain. Je ne suis
point responsable de ce que fait le commissaire de

Russie. Parlons de Bonaparte ou de ce qui me regarde personnellement.

Le Gouverneur. — Vous répétez certainement à vos collègues tout ce que vous apprenez de moi. Je ne vois pas pourquoi vous me faites un mystère de ce que vous confie le comte Balmain.

Moi. — Je ne vous en fais pas un mystère, mais je ne suis point dans l'usage de faire le rapporteur; c'est un rôle indigne de moi. Je serais fâché que vous me crussiez capable de répéter ce que vous me dites confidemment.

Le Gouverneur (brusquement). — Je ne vous demanderai plus ce que vous dit le comte Balmain... Je l'avais prévu... Voilà à quoi aboutissent ces rencontres.

Moi. — Vous m'avez fait l'honneur de me dire il y a sept mois, à la suite d'une conférence que vous eûtes avec nous au sujet de ces rencontres, que vous en aviez référé à votre gouvernement, et que cette affaire s'arrangerait à Londres. Vous avez dit depuis au comte Balmain que la réponse ne pouvait manquer de vous arriver par la *Favorite*. Le *Backworth* vous a apporté le duplicata des dépêches expédiées par cette frégate.

Le Gouverneur (fort embarrassé et après un moment de réflexion). — On ne m'a rien écrit.

Moi. — Vous attendez peut-être encore d'autres dépêches?

Le Gouverneur (sèchement). — Je n'attends rien. Ces rencontres sont contraires aux règlements, cela suffit.

Moi. — Il n'y a pas un mot dans vos règlements sur les rencontres.

Le Gouverneur. — Elles sont contre l'esprit des règlements. Je ne puis autoriser des communications qui ne passent point par mon canal.

Moi. — Des conversations ne sont point des communications. J'ai eu l'honneur de vous répéter verbalement et par écrit que toutes les fois que je saurai quelque chose qui soit digne de votre attention, je me ferai un devoir de vous l'apprendre. Je vous l'ai prouvé dans plusieurs circonstances.

Le Gouverneur. — Le marquis de Montchenu m'a dit que le comte Bertrand l'avait assuré que Napoléon Bonaparte serait charmé de voir les commissaires. N'est-ce pas là une communication?

Moi. — Cela n'est pas nouveau. M. de Las Cases l'a dit, il y a dix-huit mois, à qui voulait l'entendre. Nous n'avons jamais douté que Bonaparte ne fût charmé de nous voir comme particuliers, et ce n'est que par égard pour vous que nous n'avons pas profité de ses bonnes dispositions. Si c'est là ce que vous appelez des communications, je prévois avec peine que nous ne nous entendrons jamais.

Le Gouverneur. — J'aimerais beaucoup mieux que vous fussiez toujours avec Napoléon Bonaparte, que de savoir que vous causez avec les personnes de sa suite, sans que je sache exactement ce qu'ils vous disent; je serais du moins exempt de toute responsabilité.

Moi. — Encore une fois, monsieur le Gouverneur, ne vous suffit-il pas que je vous donne ma parole d'honneur de vous faire part de tout ce qui peut avoir le moindre intérêt pour vous ?

Le Gouverneur. — On parle de moi, je le sais.

Moi. — Supposez que cela soit, quel mal cela peut-il faire ? Les invectives du comte Bertrand ou du comte de Montholon ne doivent pas vous inquiéter.

Le Gouverneur. — Je méprise tout cela, je ne crains rien. Mon gouvernement n'a qu'à me rappeler, si l'on n'est pas content de moi.

Moi. — Lorsque vous m'avez dit que Bonaparte avait une obstruction au foie...

Le Gouverneur (m'interrompant avec gravité). — Moi, je vous ai dit qu'il avait dit qu'il a une obstruction au foie ? Non, monsieur le baron, je ne vous ai jamais dit cela. Je vous ai parlé d'un *incipient hepatites*.

Moi. — *Incipient hepatites* signifie un commencement d'inflammation au foie.

Le Gouverneur. — Je vous ai parlé d'un commencement d'obstruction, mais pas d'une obstruction. Cette différence est très importante. On vous aura dit cela à Longwood. Je vois clairement qu'on sert d'instrument à Napoléon Bonaparte.

Moi. — Vous vous trompez, monsieur le Gouverneur, nous ne servons point d'instrument à Napoléon Bonaparte. Nous avons chacun assez de discernement pour démêler la vérité de ce que l'on peut avoir de l'intérêt à nous faire accroire.

Le Gouverneur. — Vous feriez mieux de ne pas aller à Longwood.

Moi. — Je n'y vais pas souvent ; vous ne pouvez

pas m'accuser d'indiscrétion. En sept mois, je n'y ai été que deux fois.

Le Gouverneur. — Deux fois ! C'est fort. (Se promenant avec agitation :) Gorrequer (en s'adressant à son aide-de-camp qui ne manque jamais de se trouver à ces sortes de conversations comme témoin) n'est-ce pas très extraordinaire ? *Is it not very extradinary ?* — Vous n'y avez donc pas été le 10 de ce mois ?

Moi. — Je ne m'en souviens pas, mais puisque vous y attachez tant d'importance, supposez que j'y aie été cinq fois, cela nous mettra d'accord.

Le Gouverneur. — Si vous y avez été le 20 de ce mois, vous avez pu savoir comment se porte Napoléon Bonaparte.

Moi. — Nous sommes aujourd'hui au 29. Il a pu se passer bien des choses depuis. Vous m'avez dit que vous ignoriez entièrement ce qui se passe à Longwood, et vous voudriez nous ôter les moyens de l'apprendre par nous-mêmes. Que voulez-vous donc que nous écrivions à nos cours ?

Le Gouverneur. — Je ne vois pas que vous ayez besoin d'écrire lorsque moi, comme Gouverneur de l'île, je suis brouillé avec ces gens-là.

Moi. — Je ne partage pas votre opinion, à cet égard. Il y a des choses que je ne puis laisser ignorer à ma cour ; par exemple, je manquerais à mon devoir, si je ne mandais pas que Bonaparte a été très mal dans la nuit du 20, et je ne l'ai appris que par un seul hasard.

Le Gouverneur. — Qui vous l'a dit ?

Moi. — Le bruit en a couru en ville.

Le Gouverneur. — C'est impossible. Il n'y a que le comte Balmain qui ait pu vous en parler. Je suis bien sûr qu'aucun officier anglais n'aurait osé vous le dire.

Moi. — Je ne vois pas quel mal il y aurait à ce qu'un officier anglais me parlât de la santé de Bonaparte, s'il en savait quelque chose. Nous ne vivons pas dans un cachot, mais dans un pays libre. Chacun y est maître de ses pensées et de ses discours.

Le Gouverneur (ironiquement). — Dans un cachot ! dites plutôt dans une galère, ce sera plus dans le sens napoléonien.

Moi. — Permettez-moi de vous observer que vous êtes dans l'erreur si vous croyez que ce que vous ne dites pas est un secret impénétrable. Tout se sait. Le désœuvrement et l'absence totale de nouvelles font que rien n'échappe à la curiosité du public. Veuillez considérer d'ailleurs qu'il y a des gens de l'île qui ont de l'intérêt à donner de la publicité à tout et qui sont en opposition avec vous.

Le Gouverneur (en fureur). — Il n'y a point d'opposition ici. Bonaparte est mon prisonnier. Il n'y a point d'opposition.

Moi. — Ne vous emportez pas. Vous avez mal saisi le sens du mot opposition. Lorsque je dis que les Français sont en opposition avec vous, je veux dire qu'il y a entre vous et eux différence d'opinions, de principes et de sentiments. Je n'entends point par là qu'il existe ici un pouvoir qui puisse balancer le vôtre. Permettez-moi de vous parler à cœur ouvert. Vous êtes toujours en colère et c'est à ces emportements que vous devez vous en prendre, si on évite les explications avec vous. Personne ne veut s'exposer à s'entendre dire des sottises !

Le Gouverneur (hors de lui). — Comment! des sottises ! Je fais des sottises ! Gorrequer (en s'adressant à son aide de camp), entendez-vous? Je fais des sottises.

Moi. — Calmez-vous, de grâce ! Il ne m'est point venu dans l'esprit de vous dire que vous faites des sottises. Faire des sottises et dire des sottises ont des significations tout à fait différentes. Faire des sottises signifie se conduire en sot ; dire des sottises à quelqu'un, signifie lui dire des injures !

Le Gouverneur. — Quand vous ai-je dit des injures? Citez moi des exemples.

Moi. — Vingt, si vous voulez. Je lui fis alors la récapitulation de plusieurs scènes qu'il nous a faites, à mes collègues ou à moi, depuis six semaines, en lui répétant tout ce qu'il nous a dit et en lui rappelant les mines et les gestes dont il a accompagné ses paroles. Je ne pus m'empêcher de mettre de la chaleur dans le récit, sans toutefois m'écarter de la vérité.

Le Gouverneur, faisant un retour sur lui-même, m'écouta très attentivement. Lorsque j'eus fini, il voulut rétorquer contre moi les raisons dont je m'étais appuyé. — C'est vous, me dit-il, qui vous échauffez maintenant.

Moi. — Cela n'est pas étonnant; vous m'avez poussé à bout.

Le Gouverneur. — C'est une bourrasque.

Moi. — Elle passera. J'ai l'honneur de vous assurer que je désire sincèrement vivre en bonne harmonie avec vous. Je ne demande pas mieux que de vous satisfaire en tout autant que cela dépend de moi ; mais bannissez, je vous prie, de nos entretiens ce ton menaçant, cet air d'autorité et ces emportements qui ne peuvent que nous aigrir. J'ai vu avec peine que nos rapports s'altéraient ; j'ai su que vous en voulez au comte de Balmain, parce qu'il évite de s'expliquer avec vous ; j'ai fait le contraire, je vous ai dit avec franchise tout ce que j'avais sur le cœur. Je désire que cela puisse nous rapprocher et mettre fin à une désunion scandaleuse, car l'Europe entière serait scandalisée si on savait que le Gouverneur et les commissaires vivent mal ensemble. Notre cause est commune, nous devrions y travailler de concert.

Le Gouverneu. — Pourquoi viole-t-on mes règlements ?

Moi. — Je vous défie de me prouver que je les ai violés une seule fois depuis que je suis ici. Vous attaquez mon honneur en me le reprochant à tout bout de champ. Permettez-moi de vous le demander catégoriquement : les ai-je violés ou non ?

Le Gouverneur. — Non.

Moi. — Cela suffit, je l'écrirai à ma cour, il ne m'en faut pas davantage.

Le Gouverneur. — Je ne dis pas non.

Moi. — Vous dites donc que oui.

Le Gouverneur. — Je ne dis pas oui. (Les bras me tombèrent à cette réponse). Le mieux sera de s'expliquer par écrit.

Moi. — Il n'y a plus rien à expliquer, nous avons tout dit. D'ailleurs ma cour m'a ordonné expressément d'éviter les discussions par écrit. Là-dessus nous nous quittâmes.

Il y a dans cet entretien tant de bizarrerie et d'invraisemblance que je ne serais point surpris d'être soupçonné d'y avoir mis du mien. J'affirme, sur mon honneur et sur ma conscience, que c'est la plus exacte vérité.

Étant malheureusement forcé de vivre avec Sir Hudson Lowe, je me suis fait violence pour lui faire une visite dès le lendemain. J'ai tâché d'y radoucir autant que possible l'impression que devait lui avoir laissé notre scène de la veille.

— Nous avons eu hier une discussion bien vive et bien désagréable, lui ai-je dit entre autres, vous vous êtes emporté, je me suis échauffé à mon tour ; oublions tout cela et tâchons de vivre en paix. Si vous ne rendez pas compte à votre gouvernement de cette discussion, je m'engage à en faire autant de mon côté.

Le Gouverneur (embarrassé et après un moment de réflexion). — Je désire ne pas répondre à cette question.

Moi. — Cela suffit : Parlons d'autre chose.

Il fit les plus grands efforts pour paraître calme, et nous nous séparâmes au bout d'un quart d'heure.

Votre Altesse se convaincra de plus en plus que nous ne parviendrons jamais à rendre nos rapports avec le gouverneur aussi satisfaisants qu'il serait à désirer qu'ils fussent. Pour lui complaire, il faudrait ne penser, ne voir et n'agir que dans son sens et selon ses fantaisies, approuver toutes ses extravagances, ne pas prendre connaissance de ce qui se fait ici, se borner à mander que Bonaparte est en vie, ne jamais mettre le pied à Longwood, être à couteau tiré avec tous ceux qui se brouillent avec lui et dont le nombre augmente tous les jours, faire son espion et lui rapporter fidèlement tout ce qui se dit, enfin se tenir sur la sellette chaque fois qu'il le juge à propos et subir les interrogatoires les plus humiliants. Tout cela est incompatible avec notre position, avec les devoirs de notre place et même avec l'honneur.

Je doute que sir Hudson Lowe se soutienne longtemps dans un poste si fort au-dessus de ses forces. L'opinion publique est contre lui. Il ne fait rien pour se la rendre favorable. La droiture de ses intentions justifie, selon lui, toutes ses actions. D'après ce principe, il ne ménage personne et se rend odieux. Les Anglais le craignent et le fuient, les Français s'en moquent, les commissaires s'en plaignent, et tout le monde s'accorde à dire, qu'il a l'esprit frappé.

Agréez, etc.

Baron STURMER.

N° 17.

Sainte-Hélène, ce 5 juin 1818.

Mon prince,

On vient d'afficher une proclamation qui porte que le brigadier sir George Bingham est nommé premier membre du conseil civil de l'île. Il y est dit que l'officier le plus ancien des troupes royales après sir Hudson Lowe devant lui succéder, s'il venait à mourir ou à être rappelé comme gouverneur militaire chargé de la garde de Napoléon Bonaparte, la cour des directeurs de la Compagnie des Indes a voulu, par cette nomination, désigner ce même officier comme devant lui succéder aussi en qualité de gouverneur civil. Cette proclamation a fait courir le bruit que sir Hudson Lowe était rappelé. Si ce n'est qu'une simple mesure de prévoyance, se dit-on pourquoi la Compagnie des Indes n'y a-t-elle songé qu'au bout de deux ans?

Sir George Bingham est généralement aimé et estimé. Ce choix conviendrait à tout le monde.

Agréez, etc.

Baron STURMER.

N° 18

Sainte-Hélène, ce 5 juin 1818.

Mon prince,

D'après ce que j'ai pu apprendre de la santé de Bonaparte, il a été très mal le 20 du mois passé. A 8 heures du soir il éprouva une violente douleur dans le côté droit, accompagnée de palpitations, d'étouffements et de vertiges. On appela sur le champ O'Meara qui lui fit prendre un sudorifique. Après quelques heures de transpiration, il se trouva soulagé. Bertrand et Montholon le veillèrent alternativement pendant toute la nuit. Le 3 de ce mois il a eu une fièvre nervale qui a duré environ trois heures. On l'a fait de nouveau transpirer, et ce remède a réussi aussi bien que la première fois. Il n'est pas sorti de sa chambre depuis 12 jours.

On vient de me confier que par les dépêches qu'a reçues dernièrement sir Hudson Lowe, le gouvernement anglais a fait savoir à Bonaparte qu'il pouvait se choisir dans l'île une société de cinquante personnes ; que celles qu'il désignerait pourraient se rendre chez lui toutes les fois qu'il le voudrait, sans passe, sans officier, et qu'elles seraient dispensées de rendre compte au gouverneur de ce qu'elles auraient vu ou entendu à Longwood. Toutefois si parmi ceux qui seraient inscrits sur la liste, il se trouvait quelqu'un que le gouverneur regardâ comme suspect, le droit lui est réservé de rayer son nom, en offrant à Bonaparte de le remplacer par un autre.

Le gouverneur a donné hier un dîner de cinquante couverts pour célébrer l'anniversaire de la naissance du roi d'Angleterre. Nous y étions priés. On porta comme de coutume des toasts séparés à chacun des quatre souverains qui ont signé la convention du 2 août. Le gouverneur a été aussi poli qu'il peut l'être.

Agréez, etc.

Baron Sturmer.

Sainte-Hélène, ce 7 juillet 1818.

Mon prince,

Je n'ai reçu que le huit du mois passé la dépêche que Votre Altesse m'a fait l'honneur de m'adresser le 29 novembre de l'année dernière.

Je ne saurais, mon prince, vous dépeindre les sentiments pénibles qu'elle m'a fait éprouver. Ai-je eu le malheur de déplaire à Sa Majesté l'Empereur? Quelque pure que soit ma conscience, ce serait de tous les coups que me réserve la fortune, celui auquel je serais le plus sensible.

La nouvelle destination que je viens de recevoir, me fait sortir d'une carrière à laquelle j'ai consacré toute ma vie, pour me jeter dans une partie à laquelle je n'entends rien et où avec tout le zèle possible, je ne puis espérer de remplir l'attente de Sa Majesté. Elle est préjudiciable aux intérêts de ma famille et diamétralement opposée aux sollicitations vives et pressantes que j'ai pris la liberté de vous adresser, mon prince, il y a plus de dix-huit mois. Elle porte dans tous ses détails le caractère d'une disgrâce sur laquelle les étrangers mêmes n'ont pu prendre le change. Votre Altesse me fait l'honneur de me dire que Sa Majesté a pris égard aux fonctions dont j'ai été chargé antérieurement de secrétaire de légation et de consul général en Russie. Je ne conçois pas ce qui a pu faire naître une pareille erreur. Je n'ai de ma vie été employé dans les affaires consulaires, et jamais il n'a été question un seul instant, à ce que je sache, de me nommer consul-général en Russie ou de m'en faire remplir l'emploi. Mes fonctions à Saint-Pétersbourg ont été purement diplomatiques. Et n'est-il pas bien dur pour moi, j'en appelle à votre justice, mon prince, de voir qu'on n'a égard, dans mon déplacement actuel qu'à la place que j'ai occupée il y a huit ans? L'époque la plus mémorable de ma vie, celle ou j'ai été employé dans les affaires les plus importantes, et où, sans cesse en activité, j'ai parcouru près de huit mille lieues pour le service de Sa Majesté, cette époque serait donc celle dont on me tiendrait le moins de compte et qu'on ne jugerait pas même digne d'une mention honorable ?

Pour toute règle de conduite dans mon nouveau poste, Votre Altesse m'apprend que, la commission aulique du commerce, qui a dans ses attributions les fonctions consulaires, me fera parvenir mes instructions. Je serai donc privé même de l'honneur de correspondre avec Votre Altesse ? N'est-ce point m'ôter le seul moyen qui me restait, de me distinguer et d'acquérir de nouveaux titres aux bontés de Sa Majesté par des rapports qui, vu les lieux et les circonstances où je vais me trouver, n'auraient pu être dépourvus d'intérêt ? Il semble naturel que l'idée de l'établissement d'un consulat aux Etats-Unis, dictée par les intérêts du commerce, ait fait naître en même temps celle de profiter de cette occasion pour se procurer des notions justes et authentiques sur l'administration, la politique et les ressources d'un peuple appelé, selon toute apparence, à jouer un grand rôle sur la scène du monde. Si néanmoins ces considérations qui me sont personnelles, l'ont emporté dans cette circonstance sur le bien même du service, je ne sais plus à quelle pensée m'arrêter.

Le nouveau traitement que Sa Majesté a daigné m'accorder équivaut, d'après le cours actuel, à 800 livres sterling, sans compter les pertes de change et les frais de commissions, toujours im-

menses à une aussi grande distance. Votre Altesse
a vécu avec les Anglais. Elle connaît leurs dépenses.
On vit aux Etats-Unis à peu près comme en Angleterre ; mêmes mœurs, même usages. N'est-il pas de
toute impossibilité que je me tire d'affaire avec
800 livres sterling ? les domestiques seuls absorbe-
raient près de la moitié de cette somme. Daignez
considérer, mon prince qu'il est assez cruel d'être
condamné à passer les plus belle années de sa vie
dans d'autres climats, séparé par des espaces im-
menses de sa famille, de ses amis, et privé de toutes
les douceurs qu'offre le séjour de cette belle partie
du monde qui nous a vu naître. Au moins faut-il ne
pas avoir à lutter avec le besoin, à se tourmenter
sans cesse l'esprit sur le moyen de faire face à la
dépense de la journée, et à rougir devant les étrangers d'une économie sordide et humiliante pour l'a-
gent d'une grande puissance.

La dépêche de Votre Altesse ne fait aucune mention des moyens de pourvoir à mon nouvel établissement. Lorsque, conformément aux ordres de Sa
Majesté l'Empereur, j'ai eu l'honneur, mon prince,
de vous envoyer un compte exact et détaillé de ma
dépense à Sainte-Hélène, qui devait servir de base
pour fixer définitivement mon traitement, j'y ai
joint des pièces justificatives sur les moindres articles, j'ai affirmé, sur mon honneur et sur ma conscience, l'exactitude de mes assertions, je me suis
prévalu du témoignage du gouverneur de l'île auquel
l'ambassadeur de Sa Majesté à Londres a bien voulu
ajouter celui de l'amiral Sir George Cockburn, du
général Beatson, du colonel Keating, et du gouver-

nement britannique même. Tant de preuves réunies paraissaient équivaloir à l'évidence. Votre Altesse m'a fait l'honneur de m'écrire en date du 31 mai 1817, qu'elle me répondrait à ce qui concernait mes affaires pécuniaires, aussitôt qu'elle aurait pris à cet égard les ordres de Sa Majesté. Près de 14 mois se sont écoulés depuis sans que j'aie reçu de réponse. M'étant trouvé ainsi exposé aux plus grands embarras, j'aurais été forcé. malgré moi, de tirer de nouveau sur la cour, si mon rappel n'était venu mettre fin à mes inquiétudes, et me fournir un moyen de liquider mes dettes : celui de vendre tout ce que je possédais. Je me trouve ainsi absolument dépourvu de tout et dans l'impossibilité de former un établissement en Amérique, si Sa Majesté ne daigne venir à mon secours. Les détails dans lesquels je viens d'entrer et que j'ose prier Votre Altesse de ne considérer que comme l'expression de ma douleur, prouvent combien toutes les circonstances de ma nouvelle destination me sont défavorables. Plein de respect pour les ordres de Sa Majesté l'Empereur, je ne me suis pas moins occupé aussitôt des moyens de remplir ses intentions. Sa Majesté voulait que je me rendisse avec le moins de retard possible directement de Sainte-Hélène à Philadelphie. J'ai hâté autant qu'il a été en mon pouvoir les préparatifs de mon départ. Quant à l'ordre de me rendre à mon nouveau poste directement, c'est-à-dire sur un vaisseau allant d'ici aux États-Unis, il m'a été impossible de l'exécuter. L'escadre stationnée dans ses parages ne peut, sans une autorisation spéciale de l'amirauté détacher l'un

12.

vaisseau pour l'envoyer à une aussi grande distance. Il me restait donc trois partis à prendre :

1° D'aller au Cap de Bonne Espérance. — Ce voyage offrait de grands dangers dans cette saison qui est celle des tempêtes au Cap. J'aurais été obligé de rester ici jusqu'à la fin d'octobre. Il eût été en outre bien plus difficile de trouver au Cap une occasion directe pour les États-Unis, et vraisemblablement, j'aurais dû me résigner, après un séjour de plusieurs mois dans cette colonie, à profiter d'un méchant esquif pour me rendre d'abord au Brésil. Je n'aurais pu ainsi arriver à Philadelphie qu'au bout de 8 ou 10 mois, en m'exposant aux plus grands risques et avec des frais énormes.

2° D'aller au Brésil. — Ce voyage offrait moins d'inconvénients et m'aurait épargné surtout un détour d'un millier de lieues, mais la difficulté de trouver à Rio-Janeiro une occasion pour la continuation de mon voyage, eût été encore plus grande, et j'aurais mis plus de temps pour aller du Brésil à Philadelphie que pour y aller d'Angleterre ou de France. J'aurais peut-être été obligé de revenir de Rio-Janeiro à Lisbonne faute d'occasion directe pour l'Amérique septentrionale.

3° D'aller en Europe. — Ce parti est celui que je me suis décidé à prendre depuis l'arrivée du *Northumberland*, beau bâtiment de la compagnie des Indes, qui n'ayant heureusement qu'un seul passager à bord, m'en offre la plus belle occasion. La route de l'Europe est la plus sûre, la plus naturelle et la moins coûteuse. Elle est celle qu'auraient prise tous les Anglais appelés à se rendre de Sainte-Hélène aux États-Unis. Les autorités anglaises et tout le monde m'ont conseillé de la prendre. Elle m'offrira l'avantage de pouvoir me procurer en Europe, à moitié prix, mille choses indispensables pour mon nouvel établissement, et de pouvoir trouver, soit en Angleterre, soit en France, un bon vaisseau allant directement en Amérique, sur lequel je puisse m'embarquer avec confiance et me rendre à mon poste d'une manière convenable. Si, comme je le crains, la saison est trop avancée pour accomplir mon voyage cette année, j'aurai en outre l'avantage de passer l'hiver en Europe, de revoir au moins une partie de ma famille et de rétablir une santé déjà ébranlée par le soleil ardent des tropiques, et que les souffrances que je suis condamné à endurer sur mer ne pourront qu'empirer. Une lettre ci-jointe *sub lit* A 509 de l'amiral Plampin, que je prends la liberté de mettre sous les yeux de V. A, vient à l'appui de mes assertions.

Aux motifs qui m'ont déterminé se joint celui d'être entièrement dépourvu d'argent, de lettre de crédit ou d'assignation quelconque. Sir Hudson Lowe a bien voulu, pour m'obliger personnellement, m'avancer les 300 livres sterling que S. M. a daigné m'accorder pour mon voyage à titre d'avance ; mais si j'avais été au Cap ou au Brésil, il m'aurait fallu au moins 3 fois autant, soit pour fréter des bâtiments, soit pour faire face aux dépenses qu'aurait occasionnées mon séjour dans les endroits où j'aurais été obligé de mettre pied à terre. Où aurais-je pris cette somme ? Arrivé à Philadelphie, j'aurais été exposé à de nouveaux embarras, la dépêche de

V. A. m'ayant laissé ignorer où je dois toucher mes appointements.

J'ai remis à M. le marquis de Montchenu la lettre de V. A. Sa nomination, comme commissaire d'Autriche, a fait le meilleur effet dans l'esprit de Sir Hudson Lowe. Rien n'était plus propre à détruire ses soupçons et à ensevelir dans l'oubli l'affaire de Welle qui paraissait avoir fortement ébranlé la confiance du ministère anglais. Sir Hudson Lowe m'a dit lui-même que cette nomination ne faisait pas plaisir à Longwood. En effet, Bonaparte s'est plaint amèrement de notre auguste maître dont il se dit abandonné, malgré les liens de parenté qui les unissent. M. de Montholon en a fait la confidence au comte de Balmain, en le priant au nom de Bonaparte de l'écrire à l'empereur Alexandre, d'assurer à ce souverain que c'était vers lui, désormais, que se porteraient toutes ses espérances, et de le conjurer d'avoir toujours un commissaire à Sainte-Hélène, dont la présence même ne pouvait que contribuer à adoucir son sort.

J'ai annoncé mon rappel à Sir Hudson Lowe par par une note officielle ci-jointe en copie avec sa réponse *sub lit* B... [210]. Il y a rendu justice aux intentions de notre cour, intentions manifestées dans les instructions dont j'ai été muni, ainsi qu'à la confiance que je lui ai toujours témoignée.

Daignez, mon prince, à votre tour, avec cette bonté qui vous est naturelle, rendre justice auprès de Sa Majesté du zèle avec lequel je l'ai servie dans cette mission ingrate et pénible, et que tous les dégoûts que j'y ai éprouvés n'ont pu ralentir.

Je prie Votre Altesse d'agréer l'hommage de mon respect.

Baron Sturmer.

A bord de *Northumberland*, ce 9 aout 1818.

P.-S. J'ai quitté Sainte-Hélène le 11 juillet au soir. Sir Hudson Lowe m'a fait rendre tous les honneurs dus au commissaire impérial. Les autorités de l'île m'ont accompagné jusqu'au lieu de mon embarquement, les gardes étaient sous les armes, les batteries de l'île ont tiré 13 coups de canon et le *Northumberland* en a tiré autant au moment où je suis arrivé à son bord.

Sir Hudson Lowe jouissait secrètement du plaisir de voir un commissaire de moins à Sainte-Hélène.

Londres, ce 31 juillet 1818.

Mon Prince,

Je suis arrivé ici le 29 de ce mois. Les circonstances qui m'ont déterminé à venir en Europe, sont développées dans la dépêche ci-jointe que j'ai prise la liberté d'adresser à Votre Altesse avant de quitter Sainte-Hélène.

La saison, comme je l'avais prévu, étant trop avancée pour me rendre aux Etats-Unis encore cette année, j'avais le projet d'aller à Vienne, dans l'espoir d'y présenter mes hommages à Votre Altesse, de revoir ma famille et d'y arranger mes affaires pécuniaires. Le voyage que vous venez d'entreprendre, mon prince, s'oppose à l'exécution de ce projet, et des considérations politiques ne me permettent pas, pour le moment, de me rendre à Paris. Si Votre Altesse veut bien me le permettre, j'aurai l'honneur de lui faire ma cour à Aix-la-Chapelle et de lui donner de vive voix beaucoup de détails qui pourront l'intéresser.

Madame de Stürmer meurt d'impatience de revoir ses père et mère, mais, pour éviter tout ce qui peut donner lieu à de fausses interprétations, elle n'ira les rejoindre que dans un mois ou deux. Après deux ans et demi d'exil, de dégoûts et de sacrifices, il serait cruel de lui refuser cette satisfaction. Je ne puis douter, mon prince, que l'on a cherché à me nuire dans votre esprit. Toutes les circonstances de ma nouvelle destination me sont défavorables.

Heureusement, je n'ai rien à me reprocher. Daignez croire, mon prince, que tout ce qu'on a pu vous dire de moi qui fut contraire à l'honneur, à mon devoir et à mon dévouemet le plus parfait à votre personne, est faux, archi-faux ; je le dirai à qui voudra l'entendre.

Quoi qu'il en soit, je suis prêt à suivre ma destinée, mais j'ose conjurer Votre Altesse de ne pas me laisser manquer du nécessaire. Il me faudrait au moins 1,500 livres sterling de traitement et une somme suffisante pour pourvoir à mon établissement. Si l'état de nos finances ne permet pas une pareille dépense, daignez, mon prince, me dispenser de cette mission. J'aimerais mieux ne rien faire pendant quelque temps que d'aller en Amérique à d'autres conditions.

Ma santé s'est visiblement altérée depuis quelque temps, et je viens de souffrir le martyre dans la traversée de Sainte-Hélène en Europe. J'ai eu des attaques de nerfs épouvantables ; il a fallu quatre hommes pour me tenir, et ce n'est qu'à force d'opium que je suis parvenu à me calmer. Je ne sais à quoi attribuer cette extrême irritabilité que je ressens depuis 6 à 8 mois. Je me mets à pleurer sans savoir pourquoi, et cela finit presque toujours par des éclats de rire. La moindre contrariété, un mot me bouleverse et me rend malade. Tout cela ne m'encourage pas à courir les mers.

Je serais extrêment flatté, mon prince, si vous vouliez bien m'honorer d'un mot de réponse qui puisse fixer mes désirs et mes espérances et m'apprendre, en même temps, si vous daignez encore me continuer l'honneur de votre bienveillance.

Je suis, avec respect...

Baron STÜRMER.

PIÈCES JUSTIFICATIVES

Extraites des

ARCHIVES SECRÈTES

DE LA COUR DE VIENNE (1)

---

13. N° 1. Copie d'une note adressée simultanément par les commissaires d'Autriche et de France à sir Hudson Lowe, en date du 21 juillet.

Le soussigné commissaire, etc. désirant remplir le principal objet de sa mission, a l'honneur de prier S. Exc. M. le gouverneur de lui procurer l'occasion la plus prochaine de voir Napoléon Bonaparte.

Il se fait un devoir de mettre sous les yeux de S. Exc. la convention du 2e août 1815 et a l'honneur de lui renouveler l'assurance de sa haute considération

14. N° 2. Copie d'une lettre de M. le comte de Balmain à sir Hudson Lowe, en date du 21 juillet 1816.

(Particulière).

Mon général,

Devant résider à Sainte-Hélène en qualité de commissaire russe, vous trouverez naturel que j'aie, ainsi que la plupart de vos compatriotes, le désir de voir chez lui le personnage

---

(1) On a cru devoir laisser dans les pièces justificatives, écrites en français, toutes les fautes de style et d'orthographe qui se trouvent dans les originaux.

marquant pour lequel nous y sommes tous. J'ose donc vous prier de vouloir bien m'en offrir l'occasion, soit en vous adressant au général comte Bertrand, soit d'une autre manière quelconque. Veuillez seulement mettre à cette démarche beaucoup de délicatesse et de ménagement, la volonté de l'empereur, mon maître, étant que je ne blesse en aucune circonstance les égards personnels qui lui sont dus. Je ne puis d'ailleurs, sans aller à Longwood, remplir mes devoirs de service, et le nom seul de commissaire, dont je ne dois pas me dépouiller nulle part, ne peut, ce me semble, y rendre ma présence désagréable.

J'ai l'honneur,

Copie de la réponse de sir Hudson Lowe, en date du 23 juillet 1816.

(Particulière).

Monsieur le comte,

Rien n'est plus difficile que d'envisager la manière dont la personne que vous désirez si naturellement à voir, pourra recevoir une demande à tel effet, soit officiellement, soit en particulier. Je désire fortement faire ce qui vous est agréable, mais je crains manquer le but en suivant entièrement mes propres lumières.

Les autres commissaires m'ont écrit ce matin officiellement, et je vais donner suite à leur demande. Avez-vous d'objection que je fasse en même temps une demande, dans votre nom, à voir le général Bonaparte dans la même occasion avec eux, en variant un peu les expressions conformément à la teneur de la note que vous m'avez adressée. Quoique vous n'étiez pas entièrement d'accord avec les autres commissaires, cependant, je suis persuadé, vous verrez l'avantage de tout l'ensemble qu'il *soit possible* d'avoir dans les premières demandes.

J'ai l'honneur d'être, etc.

P. S. Voici à peu près ce que je proposerais écrire à votre égard : « Le comte Balmain, commissaire, etc., qui est arrivé dans l'île, m'exprime le désir de voir le général Bonaparte. Je vous prie de lui faire savoir que je désire le présenter en même temps que les autres commissaires. »

Copie d'une lettre de M. le comte de Balmain à sir Hudson Lowe, en date du 23 juillet 1816.

(Particulière.)

Mon général,

Je n'ai certainement pas été envoyé à Sainte-Hélène pour vous donner de la tablature. Ainsi veuillez faire à mon égard ce que vous jugerez convenable. La forme de votre demande au général comte Bertrand me convient parfaitement ; mais au lieu de mettre *of introducing him on the same occasion*, je vous prierai de mettre *with the other commissionners..*

J'ai l'honneur, etc.

19 (1). N° 4. Copie des instructions de M. le marquis de Montchenu, commissaire de S. M. t.-c. à l'île de Sainte-Hélène.

Après que Bonaparte, en se rendant à bord du *Bellerophon*, se fut mis au pouvoir du gouvernement britannique, les ministres des principales puissances alliées firent officiellement connaître au gouvernement du roi, que l'Angleterre se chargeait de la garde de cet homme dont la liberté était devenue incompatible avec le repos du monde ; que chacune des trois autres puissances entretiendrait un commissaire dans le lieu de sa détention, et que la France était également invitée à en nommer pareillement un pour con-

____

(1) Il n'y a pas lieu de s'étonner de ce que les numéros des pièces ne se suivent pas. Nous avons conservé les chiffres portés sur les pièces originales de Vienne.

courir à cette mesure de surveillance. S. M. ne pouvait
charger d'une mission moins importante par son objet
qu'honorable par la confiance dont elle est la preuve, qu'un
serviteur éprouvé, sur le zèle et le dévouement duquel elle
eût appris à compter depuis longtemps. En faisant choix de
M. le marquis de Montchenu, elle a rendu à sa fidélité et à ses
bons services un témoignage éclatant et qu'il considérera
comme la plus flatteuse des récompenses.

Les puissances qui auront des commissaires à l'île de
Sainte-Hélène étant convenues de demander au gouvernement anglais de fournir à ces commissaires les moyens de
transport pour se rendre à leur destination, l'amirauté
s'est empressée de faire armer un bâtiment, et le ministère
du roi vient d'être informé par l'ambassadeur de S. M. à
Londres, que ce bâtiment serait très incessamment prêt à
mettre à la voile. Il est donc indispensable que M. de Montchenu se hâte de se rendre à Londres, où il se réunira aux
commissaires autrichien et russe, et se concertera avec eux
sur tout ce qui concerne leur départ de l'Europe. On ne
fait point mention du commissaire prussien, parce que la
cour de Berlin a jugé à propos de ne point faire partir encore le sien.

Arrivé à Sainte-Hélène, M. de Montchenu n'aura point à
se mêler de la garde de Bonaparte, comme on l'a dit plus
haut ; le gouvernement anglais en est exclusivement chargé.
Il en a pris lui seul la responsabilité ; par conséquent c'est à
lui seul qu'il appartient de prendre les mesures qui peuvent être nécessaires. Les fonctions habituelles de M. de
Montchenu consisteront donc seulement à s'assurer par ses
propres yeux de l'existence de Bonaparte. Lorsque ce fait
aura été constaté de la manière qui aura été convenue entre
les commissaires et le gouverneur de l'île, et chaque fois
qu'il le sera, on dressera en commun un procès-verbal qui
sera signé par tous les commissaires et contresigné par le
gouverneur. Au commencement de chaque mois M. de

Montchenu fera faire, pour être envoyée au ministère des affaires étrangères, une expédition authentique des procès-verbaux qui auront été dressés, ainsi qu'il vient d'être dit, dans le courant du mois précédent, et cette expédition devra être revêtue des mêmes signatures et du même contre-seing que les originaux.

Chaque puissance a prescrit comme règle générale à son commissaire, de se concerter sur toutes les démarches qu'il jugerait à propos de faire avec les commissaires des autres cours. M. de Montchenu devra se conformer à ce principe. Si donc il jugeait nécessaire de faire soit quelque demande, soit quelque communication au gouverneur, ou toute autre démarche relative à l'objet de sa mission, il en ferait la proposition aux autres commissaires ; ce ne pourrait être que sous leur refus de faire en commun les démarches ou demandes dont il leur aurait donné préalablement communication, qu'il pourrait prendre sur lui de les faire isolément. Mais il est bien entendu que ce ne serait que dans le cas où il le jugerait absolument nécessaire.

S'il arrivait que Bonaparte ou même quelque personne de sa suite vinssent à former des projets d'évasion, à en préparer les moyens, ou même simplement à chercher à entretenir des rapports au dehors, et que le commissaire du roi eût acquis à cet égard quelques notions ou des indices même les plus légers, il lui est enjoint d'en prévenir sur le champ le gouverneur de l'île, sans qu'il ait besoin, dans ce cas, de se concerter d'avance avec les autres commissaires, pour peu qu'il pût en résulter le moindre retard.

Les commissaires autrichien et russe ont ordre de n'avoir ni avec Bonaparte, ni avec les personnes de sa suite aucune relation quelconque, et d'informer le gouverneur de l'île des tentatives qui pourraient être faites pour en établir avec eux. La même recommandation est faite à M. de Montchenu. Si toutefois, avec le temps, les ordres des cours alliées à cet égard venaient à être moins strictes, il peut se regarder comme autorisé d'avance à régler sur ce point, comme sur tous les autres, sa conduite d'après celle de ses collègues.

Quoiqu'il ne puisse trouver que bien peu d'éléments pour sa correspondance, passés les premiers temps pendant lesquels il ne manquera pas d'avoir beaucoup de détails intéressants à recueillir, il lui est recommandé de ne point laisser partir de l'île de Sainte-Hélène pour l'Europe un seul bâtiment, sans le charger de dépêches. Indépendamment du compte qu'il aura à rendre concernant l'objet de sa mission, il ne négligera pas de faire mention, dans ses lettres, de tous les vaiseaux qui viendront toujours à Sainte-Hélène ; il mandera le lieu d'où venaient ces vaisseaux, celui où ils doivent se rendre, le but de leur expédition, quels personnages marquants ils avaient à bord, le temps de leur séjour dans l'île, etc., etc. Il y ajoutera toutes les nouvelles qui pourront parvenir par ces bâtiments soit de l'Amérique, soit des côtes méridionales de l'Afrique, du Cap ou des Grandes-Indes.

La correspondance étant exposée aux accidents de mer, il aura soin de numéroter ses lettres pour que l'on puisse savoir si toutes sont parvenues, et il en enverra des *duplicata* et même des *triplicata* par des voies différentes. Celles qu'il expédiera par l'Angleterre, et ce sera la voie la plus habituelle et la plus régulière, devront être mises sous le couvert de l'ambassadeur du roi à Londres, lequel se chargera de les faire passer à Paris.

Pour prévenir tout usage dangereux que pourraient faire des renseignements qu'il transmettra, ceux entre les mains de qui ces mêmes accidents feraient tomber quelques-unes de ses lettres, il aura soin de les chiffrer. Il lui sera remis à cet effet un chiffre *ordinaire* qui servira pour sa correspondance habituelle, et un *réservé* dont il ne fera usage que rarement, et seulement lorsqu'il aura à mander des choses qui auraient une trop grande importance.

On a pensé qu'il était nécessaire que M. de Montchenu
fût accompagné d'un secrétaire, moins à cause de sa correspondance qui ne saurait être très volumineuse, que pour
le suppléer en cas de maladie ou d'autre empêchement. Il
a proposé le sieur de Gores. S. M. a daigné agréer ce choix.
Il reçoit en conséquence l'ordre de se tenir à la disposition
de M. de Montchenu et prêt à partir en même temps que
lui.

Paris, le 16 décembre 1815.

(de la main du roi) approuvé

(signé) LOUIS.

(signé) RICHELIEU.

20. Nº 5. Copie des instructions de M. le comte de Balmain, commissaire de S. M. l'empereur de toutes les Rus-
sies à l'île de Sainte-Hélène, en date de Paris, le 18,30 septembre 1815.

Les puissances de l'Europe ayant résolu d'un commun
accord que Bonaparte serait envoyé à Sainte-Hélène et
gardé dans cette île sous la surveillance et la responsabilité
de l'Angleterre, on est convenu que chacune d'elles aurait
la faculté d'y placer un commissaire. L'empereur a fait
choix de vous pour remplir cette mission, et S. M. espère
que vous justifierez par le zèle et l'intelligence avec laquelle
vous vous en acquitterez, la confiance qu'Elle vous témoigne
à cette occasion. Vous vous rendrez donc d'ici à Londres,
et vous combinerez avec le ministère anglais, sous les aus-
pices du comte de Lieven, les moyens de vous transporter à
votre nouvelle destination.

Je vais de mon côté vous tracer quelques aperçus généraux sur la manière dont votre mission doit être envisagée.
Ce n'est point pour augmenter les moyens de surveillance
et encore moins pour contrôler ceux que l'Angleterre pren-
dra, que l'on s'est décidé à l'envoi des commissaires. Notre
confiance à cet égard dans la loyauté du gouvernement

britannique doit être entière, et il n'est pas douteux que
l'intervention de plusieurs agents d'autres puissances, loin
de faciliter et de renforcer les mesures de sûreté, ne ferait
que les compliquer et pourrait même les compromettre.
C'est l'Angleterre qui s'est chargée de toute la responsabilité; c'est donc à elle qu'il faut abandonner le choix des
moyens qu'elle jugera nécessaires à cet effet. Il s'est agi de
donner à cette affaire un caractère européen, de constater
que Bonaparte est le prisonnier de l'Europe, et de calmer
l'opinion publique si fortement agitée dans tous les pays,
et c'est dans cette vue que l'on a conçu l'idée d'envoyer à
Sainte-Hélène des commissaires de chaque puissance. Pour
se conformer aux motifs que je viens d'exposer, vous éviterez donc soigneusement d'intervenir et de vous prononcer
sur les mesures que prendront le gouvernement et les autorités anglaises. Votre rôle sera purement passif. Vous ob-
serverez tout et rendrez compte de tout. Vous apporterez
dans vos rapports avec les fonctionnaires anglais, l'esprit
de conciliation analogue aux liens d'alliance et d'amitié qui
unissent les deux cours Dans vos relations avec Bonaparte,
vous garderez les ménagements et la mesure qu'exige une
situation aussi délicate *et les égards personnels qu'on lui
doit* (1). Vous n'éviterez, ni ne rechercherez les occasions
de le voir, et vous vous conformerez à cet égard strictement
aux règles qui seront établies par le gouverneur. Mais vous
noterez journellement tout ce que vous apprendrez de lui,
vous vous appliquerez surtout à écrire tout ce que des conversations, soit avec vous, soit avec les commissaires des
autres puissances, ou avec d'autres personnes pourrait offrir de saillant. Un journal exact, tenu avec soin et régula-
rité, ne pourra qu'offrir à l'histoire des matériaux d'un
grand intérêt. *Cependant* (1) *jamais cette considération ne doit
vous porter à dévier de la marche qui vous est tracée plus*

(1) Ce passage a été souligné de la main de l'empereur Alexandre.
(2) *Id.*

haut Vous adresserez vos rapports au ministère des affaires étrangères, et vous les ferez parvenir par l'entremise du comte de Lieven.

(signé) NESSELRODE.

Voir note 15.

22, N°. 7. Copie d'une lettre de M. le marquis de Montchenu à sir Hudson Lowe, en date du 29 juillet 1816.

Général,

Je croyais m'être suffisamment expliqué avec vous sur ce qui concerne ma rencontre avec plusieurs personnes de la suite de Bonaparte. Il me parait que vous avez oublié ce que je vous ai dit, puisque vous en avez parlé depuis à M. le baron de Stürmer, et hier soir à M. le comte de Balmain, en prétendant que j'avais violé vos règlements.

Ce n'est point pour me justifier que j'ai l'honneur de vous écrire, mais pour établir la vérité une fois pour toutes sur cette *grande affaire*, et que vous puissiez y recourir toutes les fois que vous voudrez la savoir.

Je n'examinerai pas jusqu'à quel point ces règlements peuvent me concerner, mais je vous montrerai cependant que je m'y suis conformé. Je vous ai déjà expliqué comment MM. Gourgaud et de Montholon sont, à peu près, tombés sur mes épaules sans que je pusse m'en douter. Prié à diner chez l'amiral, j'y arrivai à 4 heures, comme à l'ordinaire, et je m'assis sur le banc qui est à la porte. L'on me dit : « M. et Madame Bertrand sont chez Mistress Balcombe et vont rentrer dans l'instant. » Je ne répondis rien. Comme je connais très peu de personnes qui puissent avoir le droit de me faire fuir, je restai à ma place. L'instant d'après ils arrivèrent ; l'amiral, qui avait été au devant de Mme Bertrand, lui donnant le bras. Ils vinrent à moi et sir Pultney Malcolm me la nomma. Elle me demanda sur le

champ de mes nouvelles depuis ma chute et me remercia
des lettres de sa famille que j'avais apportées et que vous
lui avez remises. Comme je ne connais pas de lois qui
m'ordonnent d'être impoli, surtout avec une femme à qui
l'amiral donnait le bras, je me levai et je lui répondis. Elle
resta environ cinq minutes debout devant moi, s'informa
des nouvelles de sa mère, de son beau-frère, le duc de
Fitz-James, et de sa tante Lady Jerningham qui l'a élevée,
et alla reprendre son cheval qui n'était pas entré dans l'enceinte, tenant toujours le bras de l'amiral. Pour moi, je
restai en place et la laissai aller, ce qui, dans nos usages,
n'est pas déjà très poli. Vous voyez donc qu'il n'était pas en
ma puissance de les éviter, mais c'était peut-être plus dans
la vôtre de les empêcher de me rencontrer. Moi seul pouvant
leur donner des nouvelles de pères, mères, femmes, enfants
et de leurs familles dont plusieurs me sont très connues, il
est très naturel qu'ils aient mis de l'empressement à me
voir, et c'est pour éviter cet empressement que je me suis
abstenu d'aller au camp, où j'ai cependant des visites à
rendre, sachant très bien qu'ils viendraient tous au-devant
de moi, car je les crois trop sensés pour imaginer que je
doive leur être présenté.

Soyez convaincu, général, que, comme Français et comme
chargé de la confiance du roi, mon maître, je m'intéresse
au moins aussi vivement que vous à la détention de votre
prisonnier. Je vous prie d'être bien convaincu que, s'il se
présentait une malheureuse occasion où il fallût faire
preuve de dévouement, vous me trouveriez toujours prêt
à vous seconder avec tout le zèle et toute l'énergie d'un
général et d'un gentilhomme français.

Lisez, je vous prie, ma lettre avec attention, pour que
vous puissiez connaître toute l'étendue de mes sentiments
qui n'ont jamais varié dans les temps les plus malheureux,
et qui ne changeront jamais.

J'ai l'honneur, etc.

P. S. Quant à ce qui regarde le comte de Balmain qui alla se promener dans le jardin, je suis autorisé à vous dire que c'est par suite de dispositions personnelles, mais qui n'ont aucun rapport avec sa position de commissaire.

Copie de la réponse de sir Hudson Lowe, en date du 31 juillet 1816.

Monsieur,

Rien n'est plus éloigné de mes pensées que d'entrer en correspondance avec vous au sujet des rencontres que vous avez pu avoir avec plusieurs personnes de la suite du général Bonaparte, mais puisque vous vous adressez à moi, monsieur, je me permets de vous exposer les raisons qui m'ont fait faire des observations à ce sujet.

Je ne me souviens pas d'avoir dit que vous ayez avec intention violé les règlements en cours, mais je sais fort bien que je vous ai dit, à vous, que ces règlements avaient été violés et que cette violation rendait ma situation envers le général Bonaparte lui-même et les personnes de sa suite, très difficile et très gênante. C'est dans ce sens que je répétais au baron de Stürmer et au comte de Balmain, ce que je vous avais dit, persuadé qu'ils en seraient informés et qu'ils pourraient être rendus responsables ailleurs des conséquences qui pourraient résulter de cette violation.

Les instructions de mon Gouvernement ne sont sur aucun point plus précises que sur le point en question : Le général Bonaparte et sa suite ne sont autorisés à communiquer avec qui ce soit sans exception aucune, sans mon consentement ; aucune lettre, cachetée ou non cachetée, ne peut leur être remise sans avoir passé par mes mains. Je ne crois pas que les faits auxquels je fais allusion aient eu lieu intentionnellement : il s'agit plutôt, à mon sens, d'infraction

aux règlements commise par inadvertance. Je n'ai dit
qu'une seule chose : qu'aucun fait analogue ne s'était produit jusqu'à présent et ne pourrait du reste se produire
facilement, car le gouvernement britannique ne comptait
pas seulement sur les fontionnaires et les sentinelles
pour surveiller étroitement le général Bonaparte. Il est
placé sous la garde de la loi, et toute personne qui lui parle
sans mon autorisation, ou qui, autorisée à lui parler, lui
remet une lettre ou en accepte une de ses mains, est passible
des peines édictées par la loi, quelles que soient les conséquences qui puissent en résulter pour lui. Je suis moi-
même sous le coup de la loi. Et les personnes de la plus
haute distinction se soumettent à cette loi : la comtesse de
London et Moira, femme du gouverneur général des Indes,
a refusé de voir Napoléon Bonaparte, quand elle apprit que
cette entrevue ne lui avait pas été ménagée par moi, et sir
Georges Cokburn, mon prédécesseur à Sainte-Hélène, ne
voulut pas se charger d'une lettre ouverte de la comtesse
Bertrand avant que j'en eusse pris connaissance. Ce n'est pas,
monsieur, pour faire une comparaison quelconque, que je vous
parle de ces deux faits, mais pour essayer de combattre une
idée que vous semblez avoir eue : vous avez cru, je crois,
qu'il m'arrivait parfois de fermer les yeux sur les mesures
à prendre, surtout quand il s'agissait de personnages de
haut rang. Vous me dites, monsieur, que vous ne pouviez
pas éviter les personnes en question, et qu'il eût été peut-
être en mon pouvoir de les empêcher de vous rencontrer.
M'aviez-vous conseillé de restreindre leur liberté à cause de
votre présence dans l'île ? Auriez-vous voulu que je leur
défendisse d'aller en ville et dans les parties de l'île où il
leur est permis de se promener (toujours sous la surveillance
d'officiers anglais), parce qu'il leur est possible d'y rencontrer des commissaires étrangers ? A quelles suppositions une
pareille mesure aurait-elle donné sujet ! Je vous en laisse juge.
N'étais-je pas en droit d'espérer que vous m'aideriez à

maintenir les règles établies, à empêcher Bonaparte et sa suite de les enfreindre? Pouvais-je croire que vous voudriez communiquer avec ces gens-là sans que je le sache, avant même que Bonaparte ait consenti à vous recevoir. L'intérêt et les vues du gouvernement que vous représentez ne sont-ils pas, en ce qui concerne ces mesures, identiques à ceux de la Grande-Bretagne ?

L'objet de la convention est, tout en respectant ces lois, tout en acceptant ces restrictions, de vous mettre à même de vous assurer de la présence de Napoléon Bonaparte. Je suis convaincu, monsieur, que vous ne pourrez pas mettre en doute la justesse de mes observations. J'espère que je n'aurai pas l'occasion de revenir sur ses explications, puisque notre but et nos devoirs sont identiques. Confiant dans l'appui que vous voulez bien me proposer, et dont je serais toujours heureux de me servir, j'ai l'honneur, etc.

Copie d'une lettre particulière de sir Hudson Lowe à M. le marquis de Montchenu de la même date :

» Le major Jorrequier a traduit en français, bon ou mauvais, la lettre que je vous ai adressée. Je l'ai écrite pour répondre et pour éclaircir et pas pour inculper, ce que d'ailleurs je ne présume pas de faire. Je vous prie d'être assuré du respect et considération réelle, fondés sur l'assurance que vous me serez toujours un vrai et solide appui, et c'est avec ces sentiments que je suis toujours, etc., etc. (1).

30. A. Traduction littérale d'une lettre de M. Philippe Welle, botaniste autrichien, à M. le baron Sturmer, commissaire de Sa Majesté Impériale et Royale A. à l'île de Sainte-Hélène, en date de Rosemary Hall le 29 novembre 1816.

---

(1). Quel style! Toutes les autres dépêches de ou à Hudson Lowe sont en anglais dans l'ouvrage de M. Schlitter (N. D. T.)

Monsieur le baron, en vertu de l'ordre que vous m'avez donné hier de m'expliquer consciencieusement tant sur le contenu d'un paquet que j'ai remis à Sainte-Hélène au sieur Marchand, actuellement valet de chambre de l'ex-empereur Napoléon, que sur toutes les circonstances qui se rapportent à la remise de ce paquet, et de confirmer cette déposition par un serment, je déclare *devant Dieu* par les présentes :

1° que le directeur des jardins M. Boos m'a remis, au mois de septembre de l'année dernière, un petit paquet ouvert, en me priant de le remettre occasionnellement au susdit sieur Marchand ;

2° que ce paquet ne contenait rien que des cheveux d'une couleur blanchâtre enveloppés dans un papier sur lequel étaient écrites en français, autant que je puis m'en souvenir, à peu près les paroles suivantes : « Tu trouveras ci-inclus quelques-uns de mes cheveux. Si tu as le moyen de te faire peindre, envoie-moi ton portrait ; »

(Signé) « Ta mère Marchand ».

3° que je n'ai jamais moi-même parlé de cette dame Marchand ;

4° que j'ai remis le paquet susmentionné au sieur Marchand peu de temps après notre arrivée, le jour même où, comme vous vous rappelerez, il vint à la maison où nous étions descendus ;

5° que je me suis borné d'assurer au sieur Marchand que j'avais entendu dire que sa mère se portait bien, et qu'il n'a été question d'aucune autre chose entre nous ;

6° enfin, que je ne l'ai point vu depuis cette époque, ni qui que ce soit de la suite de l'ex-empereur Napoléon.

Si les règlements établis ici m'avaient été connus plutôt, je me serais un fait devoir de vous remettre ce petit paquet, mais je trouvai alors qu'il ne valait pas la peine de vous en parler.

Je suis, etc.

31. B. Copie d'une lettre du baron de Stürmer à sir Hud-Hudson Lowe, en date de Rosemary Hall, le 29 novembre 1816.

M. le gouverneur,

Pour vous faire connaître jusqu'aux plus petits détails relatifs à la communication que j'ai eu l'honneur de vous faire hier, je m'empresse de vous envoyer la lettre ci-jointe que j'ai fait écrire à M. Welle. Comme elle est en allemand, j'ai pensé que vous seriez bien aise d'en avoir une traduction; vous la trouverez ci-jointe, j'en garantis l'exactitude.

J'ose vous prier, monsieur le gouverneur, d'envoyer cette lettre à Mylord Bathurst, afin de détruire les bruits absurdes auxquels cette affaire, insignifiante en elle-même, a donné lieu, et de dissiper les doutes que vos premiers rapports pourraient avoir fait naitre dans l'esprit du ministère britannique.

J'ai l'honneur, etc.

32. C. Copie d'une lettre de sir Hudson Lowe au baron de Sturmer, en date du 5 décembre 1816.

Monsieur, j'ai l'honneur de vous accuser réception de votre lettre du 29 courant contenant le texte et la traduction française d'une déclaration que vous avez faite à M. Welle, au sujet d'une lettre et d'une boucle de cheveux qu'on lui a confiées à Vienne et qu'il a remises au sieur Marchand, valet de chambre de Napoléon Bonaparte. Cette déclaration contient également le nom la personne qui a envoyé ce paquet : madame Marchand, mère de la personne à qui le paquet était destiné.

Selon votre désir, j'aurai soin d'envoyer votre lettre, ainsi que la déclaration de M. Welle, au secrétaire d'Etat de Sa Majesté. Je n'en serai pas moins obligé de dire à mon chef rieur hiérarchique que les lois en vigueur dans cette île avaient été communiquées aux commissaires avant la remise du paquet en question. La responsabilité qui m'incombe ici me fait un devoir de juger la conduite de M. Welle aussi sévèrement que je jugerais un sujet de Sa Majesté qui transgresserait les lois. M. Welle m'a été présenté comme un savant voyageant d'après les ordres de son souverain. Il a abusé de la confiance qu'on lui montrait en se chargeant d'une communication particulière et non autorisée pour une personne de la suite de Napoléon Bonaparte.

La déclaration ne fait pas mention des fonctions de domesticité intime que madame Marchand remplissait avant son départ de Vienne auprès du fils unique de Napoléon Bonaparte. Etant données les fonctions de la personne qui a expédié ce paquet et étant données les voies détournées qu'elle a cru devoir employer, je considère comme mon devoir le plus strict, de vous prier de questionner de nouveau M. Welle sur ces quelques points. Je joins à la présente les quelques questions que je vous prie de lui poser. Je désirerais envoyer ses réponses au secrétaire d'Etat en même temps que la déclaration que vous m'avez déjà envoyée et je serais très heureux si ces réponses étaient de nature à dissiper entièrement les doutes que sa conduite a fait naître.

J'ai l'honneur, etc.

A. d C. Copie de la pièce qui s'est trouvée jointe à la lettre de sir Hidson Lowe, en date du 5 décembre 1816.

Questions auxquelles M. Welle est prié de répondre aussi consciencieusement qu'aux premières questions qui lui ont été posées.

1. Croit-il en toute conscience que les cheveux contenus dans le paquet en question sont des cheveux de madame

Bertrand, ou a-t-il compris dès le premier instant que ses cheveux provenaient d'une autre personne ?

2. A-t-il, avant ou après son débarquement à Sainte-Hélène, parlé à qui que ce soit du paquet dont-il était porteur ? L'a-t-il montré à un Anglais ou à un étranger ? Dans le cas où cette réponse recevrait une réponse affirmative, le nom de la personne ou des personnes qui peuvent avoir eu connaissance de l'existence du paquet.

3. Les noms des personnes qui étaient présentes au moment où il a remis le paquet à Marchand.

33. D. Copie d'une lettre du baron de Stürmer à sir Hudson Lowe, en date du 11 Décembre 1816.

J'ai reçu la lettre que vous m'avez fait l'honneur de m'adresser en date du 5 de ce mois.

En m'accusant la réception de la déclaration de M. Welle, vous me dites que les règlements de l'île avaient été communiqués aux commissaires avant que le paquet dont il a été porteur n'ait été remis. Il est de mon devoir de vous observer, M. le gouverneur, que vous êtes dans l'erreur à ce sujet. Vous voudrez bien vous rappeler que les domestiques de Bonaparte sont venus à l'hôtel où nous étions descendus, le surlendemain de notre arrivée, et M. le marquis de Montchenu ainsi que M. le comte de Balmain attesteront que rien encore ne nous avait été communiqué ici à cette époque.

Je suis loin de vouloir par là justifier M. Welle qui aura toujours à se reprocher de s'être chargé d'un paquet, quelque insignifiant qu'il ait pu le croire, sans m'en avoir parlé ; mais il est essentiel, dans des affaires aussi délicates, d'établir la vérité des faits.

Il est également de mon devoir de vous répéter officiellement à cette occasion ce que j'ai eu l'honneur de vous dire dans le temps de vive voix, qu'il est à regretter que l'on ait permis aux domestiques de Bonaparte de venir voir nos gens presque au moment même de notre arrivée, et avant que nous ayons eu le temps de connaître le véritable état des choses ici. Vous m'avez toujours répondu que vous aviez cru devoir, *par délicatesse*, ne point mettre d'entraves, dès notre arrivée, aux communications que des individus de la suite de Bonaparte auraient pu chercher à établir avec les commissaires. Nous n'aurions pu assurément que vous savoir gré d'un pareil procédé, tant qu'il ne s'agissait que de nous ; mais je ne saurais concevoir ce qui a pu vous déterminer à étendre cette délicatesse jusqu'aux domestiques de Bonaparte. Les désagréments que j'en ai éprouvés personnellement et dont les suites auraient pu être conséquentes, paraissent me donner quelques droits de m'en plaindre. Vous êtes surpris de ce que la circonstance que madame Marchand s'était trouvée placée auprès du fils de Bonaparte était entièrement omise dans la déclaration de M. Welle. Rien, selon moi, n'est plus naturel que cette omission, vu que M. Welle n'a jamais eu de rapports avec madame Marchand, soit directs, soit indirects, qu'il ne s'est occupé de son sort dans aucun temps, qu'il ignore même le genre de fonctions qu'elle peut avoir remplies auprès du fils de Bonaparte, et enfin qu'il a attaché si peu d'importance au paquet qui lui a été remis, et dont il ne s'est chargé que par déférence pour M. Boos, qu'il ne s'est pas même donné la peine de recueillir des informations sur la personne de qui il venait.

Pour vous donner, dans cette affaire, une dernière preuve de franchise, j'ai l'honneur de vous envoyer ci-joint une autre déclaration de M. Welle, dans laquelle il répond aux questions que vous m'avez prié de lui faire.

Comme il serait intéressant de savoir ce qui vous autorise à croire que les cheveux apportés par M. Welle n'étaient point de madame Marchand, qui n'aurait servi dans de cas que de prête-nom, mais qu'ils venaient du fils de

Bonaparte, j'ose vous prier de me faire connaître, pour l'information de ma cour, si vous en avez eu des preuves ou bien quelles étaient les raisons qui avaient donné lieu à cette supposition.

J'ai l'honneur, etc., etc.

Au même :

Monsieur le Baron. Aux trois questions que votre Excellence m'a posées ce matin, je réponds, sous le sceau du serment :

1. Je n'ai jamais mis en doute un seul instant que les cheveux étaient les cheveux de madame Bertrand. Je n'ai même pas eu l'idée qu'ils puissent provenir d'une autre personne.

2. Je n'ai, ni avant ni après le débarquement, parlé à qui que ce soit de ce paquet. Je n'en ai montré le contenu qui me paraissait fort peu intéressant à personne.

3. J'ai remis ce paquet à M. Marchand dans ma chambre et sans témoin. Autant que je puis me rappeler, j'ai dit à un nommé Prinz, qui dînait à ma table, chez Porteous, que je venais de Schonbrunn. Je lui demandais, à cette occasion, si les domestiques de l'ex-Empereur ne venaient jamais à l'auberge où nous nous trouvions et j'ai ajouté : « Si vous voyez le valet de chambre dites-lui que je puis lui donner des nouvelles de sa mère. » Je ne sais si Prinz parla à Marchand. Ce dernier me rencontra sous la porte et m'aborda en me demandant si j'étais l'étranger qui venait d'arriver et si je ne connaissais pas madame Marchand, sa mère ; je lui répondis que j'avais un petit paquet à lui remettre, je le priai de monter avec moi à ma chambre et je le lui remis.

PHILIPPE WELL.

40. O'Méara, dans une lettre à Lowe du 29 décembre 1816, met dans la bouche de Napoléon l'assertion suivante « : Je

ne comprends pas, qu'un homme intelligent comme lui ait pu avoir l'idée de choisir comme ambassadeur un esclave qui ne sait ni lire ni écrire, qui ne connaît personne en Angleterre, qui ne peut y connaître personne ! C'est de la folie. »

Monsieur,

Dans la déclaration que vous m'avez fait l'honneur de me transmettre le 11 courant, M. Welle parle d'une conversation qu'il a eue avec une personne du nom de « Prinz. » On peut croire que le dit Prinz, ou « ou plutôt Prince. » a parlé à une personne de la suite de Napoléon Bonaparte et a violé les lois de l'île. Je vous prie, monsieur, de bien vouloir avertir M. Welle qu'il est de mon devoir de l'inviter a venir me parler en séance du conseil au château de James-Town aujourd'hui à une heure, ou si cela lui convient d'avantage lundi prochain à la même heure. Il aura à répondre à toutes les questions nécessaires soit pour établir l'accusation contre M. Prince, soit pour décharger le dit Prince des accusations dont il est l'objet.

J'ai l'honneur...

Copie d'une lettre de sir Hudson Lowe au baron de Stürmer en date de Plantàtion House, le 21 décembre 1816.

Monsieur,

J'ai attendu l'arrivée de M. Brook, secrétaire du gouvernement, pour répondre à votre lettre du 19. En réponse aux observations que vous m'avez faites, je me permets de de vous faire remarquer premièrement : Les déclarations écrites n'ont de valeur légale que lorsque le témoin est présent et peut à tout instant révoquer ou compléter sa déposition.

Deuxièmement : Un serment n'est valable que lorsqu'il est fait dans les formes exigées par la loi, en présence d'un magistrat ou de tout autre personne ayant qualité pour le recevoir.

Troisièmement: M. Welle n'a pas été cité comme accusé mais comme témoin au sujet d'une personne qui se trouve par ses déclarations à lui, Welle, sous le coup d'une accusation.

Quatrièmement : Mon devoir vis-à-vis du public, aussi bien que vis-à-vis de M. Prinz qui, à l'heure qu'il est, est absent de l'île, est de m'assurer du bien-fondé de l'accussation portée contre lui et je ne puis le faire qu'en soumettant M. Welle à un interrogatoire.

Je ne puis pas croire que l'auguste personnage dont parle votre lettre, soit blessé en quoi que ce soit par l'interrogatoire de M. Welle ; mais par égard à ce que vous dites à ce sujet, je consens à ce que l'interrogatoire de M. Welle ait lieu devant moi dans mon domicile particulier et non en séance du conseil ; je l'interrogerai moi-même en qualité de chef suprème de la justice dans l'île, assisté du secrétaire du gouvernement dont la présence est indispensable puisqu'il s'agit d'un sujet anglais et qui est à l'abri de toute accusation à cause de sa situation officielle et personnelle.

J'attends M. Welle lundi matin vers dix heures.

J'ai l'honneur...,

Copie d'une lettre de sir Hudson Lowe au baron de Stürmer en date de Plantation-House, le 22 décembre 1816.

Monsieur,

Je réponds à la lettre que vous m'avez fait l'honneur de m'adresser le 11. Quand je vous ai écrit le 5, je ne me rappelais que vaguement avoir communiqué les lois de l'île aux commissaires avant que les domestiques de Bonaparte ne soient venus chez M. Porteous. Je me suis informé depuis, et je puis affirmer avec exactitude que c'était bien le 20 juin, le « surlendemain » de votre débarquement dans l'île que les lois, mises en vigueur par différentes proclamations, ont été communiquées aux commissaires par moi, chez moi, et que copies en ont été données à chacun de vous.

Le lendemain, 21 juin, deux domestiques, dont l'un était Marchand, sortirent de Longwood. Et ce fut quelques jours après que Cipriani, intendant de la maison, reçut une lettre de votre cuisinier.

Les ordonnances de sir Georges Cokburn, à ce sujet, ayant été publiées par tous les journaux de l'Europe, devaient être connues, et le commandant de la frégate l'*Oronte* m'a dit vous en avoir parlé avant votre débarquement.

Je n'ai jamais accordé la permission aux domestiques de Longwood d'aller voir les vôtres. Ils sont venus en ville ce jour-là comme ils le font toujours quand ils y ont à faire, accompagnés par un sous-officier ou un soldat du poste de Longwood.

La même règle est en vigueur pour les officiers qui sont sous la surveillance d'un officier. La négligence du surveillant a permis aux domestiques d'entrer seuls dans votre maison et a été punie le jour même.

Vous m'avez parlé vous-même et avant que je ne vous en eusse parlé moi-même, le 28 novembre, de la provenance possible de la boucle de cheveux. Vous avez dû, depuis, en entendre parler de différents côtés. Je ne vous en ai parlé dans ma dernière lettre que pour vous prier de poser une nouvelle question à M. Welle.

Il s'agirait de savoir si le mot *blanchâtre* (1) s'applique également à des cheveux de vieillard et à des cheveux d'enfant. Il me semble difficile que M. Welle, habitant Schönbrunn, n'ait pas connu la situation de madame Marchand.

En français dans le texte.

Personne au monde ne peut songer à empêcher un père d'avoir une boucle de cheveux de son enfant, et le gouvernement anglais eût été le dernier à s'opposer à ce que Bonaparte fût mis en possession de ce souvenir. Ce n'est que la voie détournée par laquelle M. Welle a été chargé de cette commission, qui m'a fait présenter ces observations, et c'est la seule raison pour laquelle j'y ai attaché de l'importance.

Si, comme je le suppose, vous avez parlé du différend qui nous occupe, aux autres commissaires ; je vous prie de leur communiquer toute notre correspondance.

Il seront en mesure, alors, de faire part à leur cours, de la ligne de conduite que j'ai cru devoir adopter dans cette affaire.

J'ai l'honneur...

Copie d'une lettre de sir Hudson Lowe au baron de Stürmer, en date de Plantation-House, le 22 décembre 1816. (en français).

M. le baron, je vous suis très reconnaissant pour l'offre que vous me faites pour accompagner M. Welle, pour remédier au défaut des langues, mais ayant réfléchi sur son imparfaite connaissance de l'anglais, j'avais déjà pris mesure pour avoir présente une personne de confiance de nation allemande, qui a l'avantage de connaître à fond la nôtre, et qui, en sa qualité d'interprète, doit prêter serment aussi pour écrire la déposition et la traduire en anglais. D'ailleurs, elle ne sera pas très longue.

J'ai l'honneur...

Copie d'une lettre de sir Hudson Lowe au baron de Stürmer, en date de Plantation-House, le 23 décembre 1816 (en français).

Monsieur le baron,

Je prends la liberté d'envoyer, pour votre satisfaction, copie de la déposition faite par M. Welle. Il n'y est rien dit comme vous verrez, du contenu supposé du paquet ; ainsi, tout le monde aurait pu entendre ce qu'il a dit. Pour le reste, je suis très fâché d'observer que le fait de la communication entre M. Prince et quelque personne à Longwood, en infraction directe des lois établies dans cette île, est prouvé par la déposition de M. Welle, autant qu'une déposition peut aller, et peut bien avoir des conséquences pour la personne dont il s'est agi.

J'ai l'honneur...

Copie de la reponse du baron Stürmer, en date de Rosemary Hall, le 23 décembre 1816.

Monsieur le gouverneur,

Je vous prie d'être bien persuadé que je n'ai jamais douté un seul instant que vous n'interrogeriez M. Welle que sur ce qui est relatif à M. Prince. Il m'a suffi d'une assurance de votre part pour m'en reposer entièrement sur la loyauté de votre caractère. Au reste, je ne puis qu'être extrèmement sensible à l'attention que vous avez eue de me communiquer la déposition de M. Welle. Je suis fâché qu'on ait lieu de suspecter M. Prince. Il serait à désirer qu'il fût ici; sa présence; sa présence vous mettrait à même de savoir la vérité.

J'ai l'honneur...

Copie.

ILE DE SAINTE-HÉLÈNE

Interrogatoire, par son excellence sir Hudson Lowe, gouverneur et chef de la justice dans l'île de Sainte-Hélène, de

M. Philippe Welle, sujet de Sa Majesté l'empereur d'Autriche ; objet de l'Interrogatoire : Une conversation entre le susdit Welle et M. Richard Prince, sujet anglais, il y a quelque temps résident dans cette ile, et entrevue de ce dernier avec une ou plusieurs personnes de la suite de Napoléon Bonaparte.

Après que M. Welle eut juré sur les saints Evangiles, le gouverneur lui a dit : « Dans la déclaration que le baron de Stürmer, commissaire de Sa Majesté l'empereur d'Autriche, m'a transmise en votre nom, vous avez dit qu'une conversation avait eu lieu entre vous et M. Prince, au sujet d'une commission dont vous désiriez qu'il se chargeât auprès d'une personne de la suite du général Bonaparte : ceci est une accusation contre M. Prince qui, s'il s'est chargé de cette commission, a violé les lois établies dans l'ile. Il est donc nécessaire que vous me répétiez mot à mot la conversation. »

R. Pendant mon diner chez M. Porteous et croyant que M. Prince faisait partie de la maison, je lui dis que, s'il venait quelqu'un de la suite du général Bonaparte, il fasse dire au valet de chambre que j'avais des nouvelles de sa mère à lui donner ; voilà, autant que je puis me le rappeler, tout ce que je lui ai dit : c'était le jour de notre arrivée, le jour où le baron de Stürmer a diné chez le gouverneur.

M. Prince vous a-t-il répondu ?

Non. Je ne crois pas même qu'il m'ait compris.

Combien de temps s'est écoulé entre votre conversation avec M. Prince et votre entrevue avec M. Marchand ?

Je l'ai déjà dit au baron de Stürmer : deux ou trois jours, je crois.

Vous dites : « Je ne crois pas que M. Prince m'ait compris », et Marchand vous a abordé en vous demandant si vous n'aviez pas des nouvelles de sa mère ? Il faut donc que vous ayez parlé à une autre personne ?

Je n'ai parlé à qui que ce soit.

Il faut donc que M. Prince vous ait compris et se soit acquitté de son message.

Je n'en sais rien.

Signé : PHILIPPE WELLE.

Juré devant moi ce 23e jour de décembre 1816, à Plantation House, dans l'île susdite.

Signé : HUDSON LOWE.

49. N° 1. Proclamation du gouverneur et du conseil de Sainte-Hélène, du 17 octobre 1815 :

Attendu que Son Altesse Royale le Prince régent, agissant au nom et pour les intérêts de Sa Majesté, a daigné ordonner que le général Bonaparte et les Français de sa suite soient détenus dans l'île de Sainte-Hélène, l'honorable cour des directeurs a daigné envoyer au gouverneur de l'île certains ordres relatifs à cette décision.

Il est défendu aux habitants de l'île de donner en quoi que ce soit aide ou assistance à la fuite du général Bonaparte (1) ou d'un des Français arrivés ici avec lui.

Il est interdit absolument de communiquer ou de correspondre avec Napoléon Bonaparte et sa suite à moins d'avoir l'autorisation du gouverneur ou du contre-amiral Sir George Cockburn, sous la surveillance spéciale desquels est placé le susdit général Bonaparte ainsi que sa suite.

Toute personne qui, après promulgation de cette ordonnance, violera les prescriptions susdites, sera expulsée sur le champ de l'île et passible des peines que porte la loi.

N° 2. Proclamation du gouverneur et conseil de Sainte-Hélène, 17 octobre 1815.

Attendu que, pendant la détention à Sainte-Hélène du général Bonaparte et des Français qui l'accompagnent, il est de toute nécessité de prendre des mesures de précau-

---

(1) Un peu naïf, le gouverneur de Sainte-Hélène. (N. D. T)

tion, surtout pendant la nuit, il est défendu par la présente, de circuler dans l'île, de neuf heures du soir au lever du soleil, à moins d'avoir le mot de passe. Les parties voisines de la ville sont les seules dont l'accès soit autorisé. Les sentinelles et les patrouilles ont ordre d'arrêter et de garder jusqu'au matin tous les individus qu'ils verront ou qu'ils rencontreront entre les heures précitées. Les officiers des différents postes auront, avant de relâcher les personnes arrêtées, à les envoyer, avec un rapport sur les motifs de leur arrestation, au gouverneur, qui les interrogera lui-même et ordonnera leur mise en liberté, s'il y a lieu, ou les mesures à prendre pour éclaircir les motifs de leur arrestation.

Il est bien entendu que cette ordonnance n'a pas pour but d'interdire les rapports établis entre les habitants de l'île, et que toute facilité sera donnée aux notables habitants qui désirent rentrer après neuf heures, à la sortie de la ville, par l'officier d'état-major de service, dans la campagne, par les officiers commandant les postes. L'officier de service aura à remettre le lendemain matin un état des personnes auxquelles le mot de passe aura été donné pendant la nuit.

L'officier de service aura à faire faire toutes les nuits, à des heures qu'il aura à désigner, des patrouilles qui serviront à surveiller l'exécution de la présente ordonnance.

N° 3. Proclamation du gouverneur et du conseil de Sainte-Hélène en date du 9 novembre 1815 :

Malgré la proclamation du 17 octobre, deux domestiques d'un particulier sont sortis après neuf heures du soir. Ils ne se sont pas arrêtés après le qui-vive de la sentinelle, qu'ils prétendent du reste ne pas avoir entendu. Le gouverneur et le conseil considèrent comme leur devoir le plus strict de rappeler au public, les mesures qu'ils ont déjà cru devoir prendre et portent de nouveau à la connaissance du public que toute personne qui ne se conformera pas à l'ordon-

nance, qui ne s'arrêtera pas au premier cri d'une sentinelle
ou qui essaiera d'échapper à une arrestation nocturne, sera
embarquée dans les vingt-quatre heures et expédiée au cap
de Bonne-Espérance où elle passera en jugement. L'expul-
sion de l'île de Sainte-Hélène sera définitive.

N° 4. Proclamation du gouverneur et du conseil de
Sainte-Hélène en date du 27 novembre 1815 :

Quelques incidents récents ayant montré que les mots de
passe ont été employés par des gens qui ne devaient pas en
avoir connaissance, il est nécessaire de rappeler aux habitants de l'île que toute personne à laquelle on donne le mot
de passe pour son usage personnel et par égard pour sa
situation et son honorabilité, est obligée de s'engager à ne
le communiquer à personne et à ne s'en servir qu'avec les
officiers ou les sentinelles.

N° 6. Proclamation du gouverneur et du conseil de Sainte-
Hélène en date du 7 décembre 1815 :

Par la présente, il est défendu à tout habitant de l'île de
passer à l'est de *Hutsgate*, dans la direction de Longwood,
sous aucun prétexte, ni de jour ni de nuit, à moins d'être
porteur d'un permis signé du gouverneur, du commandant
des troupes ou de l'amiral, sous peine d'être fait prisonnier
et traité selon la loi ; les membres du conseil, les travail-
leurs aux conduites d'eau et aux fermes de la compagnie,
les soldats actuellement au camp, sont seuls autorisés à se
servir de la susdite route. Les troupes recevront sous peu
les ordres nécessaires à la bonne exécution de la présente
ordonnance et, pour faciliter la surveillance, tous les Européens appartenant aux fermes seront obligés d'avoir, à
partir de lundi prochain, un certificat d'identité signé par
l'aide de camp du gouverneur ; le directeur des travaux
enverra à l'officier commandant à Dead Wood un état heb-
domadaire des Chinois travaillant aux conduites d'eau.

N° 6. Proclamation du gouverneur et du conseil de Sainte-
Hélène à la date du 30 mars 1816 :

Il appert d'une enquête ouverte par le gouverneur qu'une lettre destinée à l'un des étrangers détenus dans l'île, est arrivée ici sous enveloppe à l'adresse d'un habitant. Le gouverneur et le conseil croient de leur devoir d'avertir tous les habitants et les autres personnes se trouvant à Sainte-Hélène, que toute personne recevant une lettre, des lettres ou toute autre communication à l'adresse d'un des susdits étrangers, a à porter sur-le-champ la lettre ou les lettres à la connaissance de son Excellence le contre-amiral Sir George Cockburn ou de l'officier qui sera ultérieurement chargé de la surveillance du général Bonaparte. Toute personne qui ne se conformera pas au présent arrêté sera considérée comme violant la proclamation du 17 octobre 1815 et punie en conséquence.

Par ordre du conseil et du gouverneur.

Signé : H. BROOKE, secrétaire.

Les proclamations ci-dessus auront force de loi jusqu'à nouvel ordre.

Par ordre de Son Excellence le lieutenant-général Sir Hudson Lowe K. C. B., gouverneur et commandant en chef, chargé de la garde du général Bonaparte. Le 16 avril 1816.

Signé : J. READE,
Lieutenant-colonel et adjudant général.

Etat Major général — 11 Mai 1816.

Vu les proclamations du contre-amiral sir Georges Cockburn K. C. B., du gouverneur et du conseil de l'île, il est défendu à qui que ce soit de recevoir ou de porter une lettre à l'adresse du général Bonaparte, des officiers de sa suite ou de ses domestiques. Le gouverneur a seul le droit de remettre aux susdites personnes les objets qui leur sont adressés. Tout habitant qui ne respectera pas la présente ordonnance sera arrêté sur-le-champ et passera en jugement.

signé : J. RADE
Lieutenant colonel et chef d'état major.

50. Copie d'une lettre du baron Stürmer à sir Hudson Lowe, en date de Rosemaryhall, le 18 décembre 1816.

M^r. le gouverneur.

Le *David* devant repartir incessamment pour le Cap, il me semble que je pourrais en profiter pour expédier M. Welle avec les plantes qu'il a recueillies ici. Je désirerais qu'il put séjourner au Cap jusqu'à la mi-Mars, et qu'il s'embarquàt alors pour la Hollande d'où il transporterait ses plantes par eau jusqu'à leur destination. Je vous prie de me faire connaître vos intentions à cet égard ; je me ferai un plaisir de les remplir autant qu'elles pourront se concilier avec mes devoirs.

J'ai l'honneur...

Copie de la réponse de sir Hudson Lowe, en date de Plantation-House, le 18 décembre 1816. (en français).

M^r. le baron.

En outre que j'ai à vous adresser encore relatif à M. Welle en réplique à votre lettre du 11 courant et relatif aussi à sa déclaration, je crois devoir vous faire savoir qu'en conséquence d'une communication qui m'a été adressée par le gouverneur du Cap, et vu ce qui s'est passé d'irrégulier dans la conduite de M. Welle à son arrivée ici, je ne crois pas devoir prendre sur moi la responsabilité de lui donne des passeports pour passer dans cette colonie.

Je tâcherai vous faire avoir la réponse à votre lettre du 11 demain.

J'ai l'honneur,...

Copie d'une lettre du baron de Stürmer à sir Hudson Lowe, en date de Rosemaryhall, le 19 décembre 1816.

M. le gouverneur,

Je reçois à l'instant même la lettre que vous m'avez fait l'honneur de m'adresser ce matin. Je m'empresse d'y répondre en vous soumettant les réflexions suivantes :

1º Les déclarations de M. Welle vous ayant été transmises par écrit et étant affirmées par un serment, ne peuvent, ce me semble, vous laisser rien à désirer. Si vous croyez devoir ajouter de l'importance à ce qu'il y dit de M. Prince, ne vous suffirait-il point de produire ces déclarations devant qui vous le jugerez à propos et ne doivent-elles pas avoir plus de poids qu'une déposition verbale ?

2º La communication qui a eu lieu, par le canal de M. Welle, étant d'une nature extrèmement délicate à cause des bruits qu'elle a fait naître, je dois me flatter que, par respect pour S. M. l'empereur, mon auguste maître, au service duquel se trouve M. Welle, vous prendrez à tâche d'éviter tout ce qui peut causer de l'éclat. Or, le désir que vous manifestez de faire comparaître ce dernier devant le conseil, ne tendrait-il pas au contraire à amener un résultat entièrement opposé ?

J'ai l'honneur...

Copie d'une lettre du baron de Stürmer à sir Hudson Lowe, en date de Rosemaryhall, le 21 Décembre 1816.

M. le gouverneur,

Je ne puis que vous remercier de ce que vous avez bien voulu renoncer à l'idée de faire comparaître M. Welle devant le conseil. Cette marque de délicatesse de votre part, jointe à l'assurance que vous me donnez que ce dernier n'est appelé uniquement qu'à constater sa déposition contre un sujet de S. M. britanique, dans les formes prescrites par vos lois, lèvent toute difficulté.

Conformément à votre désir, M. Welle sera rendu à Plantation-House demain à 10 heures du matin. Comme il ne sait assez ni le français ni l'anglais, je me flatte que vous ne serez pas fâché que je l'y accompagne pour prévenir toute espèce de malentendu.

J'ai l'honneur...

81. Napoléon profita de sa première sortie pour faire une visite à la comtesse Bertrand, et la féliciter à l'occasion de ses relevailles. La jeune mère lui dit en le recevant : « J'ai l'honneur de présenter à Votre Majesté, le premier Français arrivé à Longwood sous la permission du comte Bathurst. »

84. Philippe Welle fut, sur la demande du prince de Metternich, soumis, par le président de la police, à un interrogatoire qui prouva que Welle « avait été plus imprudent que coupable. » Le prince envoya à l'ambassade d'Autriche, à Londres, une copie de l'interrogatoire (introuvable dans les archives de Vienne), avec la dépêche suivante, en date du 8 octobre 1817 :

J'ai appris avec peine, par les derniers rapports de M. le baron de Stürmer, que V. A. m'a transmis l'imprudence dont le sieur Welle s'est rendu coupable, en se chargeant aussi d'un paquet pour le général Gourgaud outre celui contenant une boucle de cheveux, qui lui avait été confiée pour Marchand, et je partage entièrement avec vous, mon prince, l'opinion que M. de Stürmer eut mieux fait de ne pas garder, vis-à-vis de sir Hudson Lowe, le silence sur un fait que ce gouverneur ne pouvait ignorer, et qui devait lui avoir inspiré une juste méfiance contre le commissaire autrichien, après ce qui s'était passé précédemment et du

moment surtout où celui-ci n'avait pas été le premier à lui
en parler. Les circonstances du rapport de M. le baron de
Stürmer, sur cette nouvelle découverte, m'ont paru trop
graves pour ne pas mériter d'être approfondies, et j'ai sur-
le champ invité M. le président du département de la police
à citer le sieur Welle, et à lui faire subir un interrogatoire
sévère, tant sur le fait en question, que les différentes commissions dont il pouvait s'être chargé à l'époque de son
départ pour Sainte-Hélène.

J'ai l'honneur de vous envoyer, mon prince, la copie de
cet interrogatoire; il vous prouvera que le sieur Welle a été
plus imprudent que coupable; et le chef de la police, qui
l'a personnellement examiné sur toutes les circonstances
qui pouvaient être à sa charge, lui rend le témoignage que
ses réponses portaient l'empreinte de la simplicité et de la
vérité. Il paraît certain que ce n'est point à Vienne, mais
à Paris, que le sieur Welle a reçu cette seconde commission, et qu'elle lui a été donnée par la famille du général
Gourgaud, avec laquelle un baron Michel Arnstein, ancien
officier de hussards au service d'Autriche, lui avait fait faire
connaissance; il paraît également prouvé, que c'est ce
même individu qui a été l'entremetteur de toute cette
aventure, et ce n'est que par lui qu'il sera possible de
découvrir, si en remettant à Welle le paquet en question,
on a peut-être abusé de sa bonne foi, en y glissant une lettre
ou tout autre objet quelconque, parmi ceux qu'il savait y
être contenus. M. d'Arnstein est dans ce moment en Italie,
ce qui a empêché la police de le faire citer; mais les ordres
sont donnés pour qu'il soit sévèrement interrogé sur toutes
les circonstances de cette désagréable affaire. En attendant,
l'interrogatoire du sieur Welle mettra V. A. à même de
prouver au ministère anglais et par lui à sir Hudson Lowe,
que M. le baron de Stürmer a entièrement ignoré cette
aventure, et qu'elle n'est parvenue à sa connaissance
qu'après le départ du sieur Welle. Cette circonstance, étant

sous tous les rapports la plus intéressante à faire connaître
au gouvernement anglais, je vous engage, mon prince, à
communiquer à Lord Bathurst une traduction de l'interrogatoire, en le priant de la faire parvenir à M. le gouverneur de Sainte-Hélène. S'il y consent, comme je n'en doute
pas, vous voudriez bien en faire passer en même temps une
copie à M. le baron de Stürmer, en y joignant un extrait
de la présente dépêche qui le tranquillisera sur la fâcheuse
impression qu'aurait pu laisser sur lui l'imprudence du
sieur Welle, qui dans tous les cas n'est pas excusable de
s'être chargé de commissions pour des individus de la suite
de Bonaparte, et s'en étant chargé, de ne pas en avoir prévenu M. le baron de Stürmer.

Si l'on parvient à joindre M. le baron Arnstein dans nos
états, j'aurai l'honneur de vous en communiquer en son
temps le résultat de l'interrogatoire qu'on lui fera subir.

Quant à la communication que vous a faite Lord Bathurst
de tous les documents relatifs au matelot Radovich, qui a
été chargé par la maison de commerce Biagini de remettre
à Bonaparte un buste de son fils, je n'y ai rien trouvé qui
puisse autoriser le soupçon d'un complot, et il est possible
que ce n'ait été qu'une spéculation d'argent, puisque le commissaire était autorisé à réclamer pour ce buste une somme
decent louis ; une seule circonstance m'a frappé dans le rapport du docteur O'Meara à sir Hudson Lowe ; c'est l'aveu
que lui fit Bonaparte dans la conversation ; *qu'il était prévenu depuis plusieurs jours de l'arrivée de ce buste, et qu'il
en avait appris bien plus que sir Hudson Lowe n'en avait dit
au général Bertrand.* Il n'est pas vraisemblable que cette
circonstance ait échappé à sir Hudson Lowe ; je crois
cependant devoir la relever, en vous invitant à y rendre Lord
Bathurst attentif.

Recevez...

Le prince Esterhazy communiqua à lord Bathurst le

procès-verbal de cet interrogatoire. Le ministère anglais se déclara complètement satisfait par ses explications comme le prouve la dépêche de l'ambassadeur d'Autriche, en date du 26 novembre 1817. « Je me suis empressé de communiquer à lord Bathurst le résultat de l'interrogatoire, auquel le sieur Welle a été soumis pour avoir remis un paquet au général Gourgaud à son arrivée à Sainte-Hélène, et je puis assurer à V. A. que ce ministre a paru entièrement satisfait de cette explication ». Archives de l'Etat, à Vienne.

87. Extrait d'un journal de Portsmouth. Napoléon Bonaparte. — Quand les commissaires des puissances alliées arrivèrent à Sainte-Hélène, Bonaparte voulut les inviter à diner. M. Montchenu, le commissaire français, invité comme ses collègues, répondit au domestique qui lui apporta l'invitation : « Dites à votre maître que je suis venu ici pour le surveiller et non pour diner avec lui. » O'Meara (I. 4 31) fait allusion à cet incident; mais les journaux français de l'époque n'en parlent pas.

88. D'après O'Meara, Napoléon dit: « Ces Messieurs sont tous les mêmes. Il est probable que Montchenu fut assez « bête » (1) pour écrire cet article. »

80. Extrait du *Courrier de Manheim*, 1er novembre. « Un journal publie la correspondance suivante, datée de Paris : Le commissaire français à Sainte-Hélène, M. Montchenu, a envoyé à son gouvernement, un récit de ce qui s'est passé à Sainte-Hélène depuis son arrivée. L'anecdote suivante, au milieu d'une foule d'autres, a beaucoup fait rire: Bonaparte, depuis qu'il est à Sainte-Hélène, a une liaison avec la fille d'un notaire. La jeune personne est tellement vive qu'on la croit un peu toquée (2). Bonaparte était un jour

(1). En français dans le texte, (N. d. t.).
(1). «Cracked ».

seul dans une chambre avec cette jeune fille ; elle eut la fantaisie de prendre un sabre qui était dans un coin, de le sortir du fourreau, de prendre la posture d'un maître d'armes, et de fondre sur Bonaparte en criant: « Maintenant, défendez-vous. » Bonaparte, après avoir pendant une minute cru à une plaisanterie, prit peur, et se cacha derrière un fauteuil: et l'ex-maître du monde se mit à crier pour que les sentinelles vinssent le défendre. Las Cases, le secrétaire de Bonaparte, reprocha à la jeune fille sa conduite, lui disant qu'elle avait tort, car Bonaparte l'aimait vraiment. « Lui, m'aimer ! dit-elle en riant, allons donc ! Il n'a jamais aimé personne, ce n'est pas dans sa nature. »

102. Lowe invita le baron Stürmer à faire cette excursion comme particulier; c'était ainsi que l'avait entendu Bathurst dans sa dépêche du 15 avril 1816.

103. L'amiral Malcolm quitta l'île le 4 juillet ; l'amiral Plampin lui succéda.

104. Forsyth III. 1667 a tort de croire qu'il serait difficile de savoir à quoi il faudrait attribuer le refroidissement des relations entre le gouverneur et l'amiral Malcolm. Malcolm voulut plusieurs fois servir d'intermédiaire entre Napoléon et sir Hudson Lowe. Et ce dernier, qui ne brillait pas par l'intelligence, prit ombrage de la sympathie que Bonaparte montrait à l'amiral, peut-être pour être désagréable à Hudson Lowe, et il n'en fallut pas plus pour amener une brouille à peu près complète entre les deux fonctionnaires qui jusqu'à ce moment avaient été presque amis.

107. A Son Excellence le lieutenant général, sir Hudson Lowe, K. C. B. gouverneur de Longwood, 6 août 1817 (En anglais ainsi que toutes les lettres et les bulletins de O' Meara

Monsieur,

J'ai l'honneur d'informer Votre Excellence que depuis mon dernier rapport, le général Bonaparte jouit d'une bonne santé et qu'il n'a plus eu aucune rechute.

Il a l'air de vouloir faire de l'exercice en plein air, il a fait la semaine dernière une longue promenade dans le parc et est resté le lendemain plusieurs heures dans le jardin. Le mauvais temps est peut-être cause de ce qu'il n'est pas sorti depuis.

J'ai l'honneur...

Pour copie conforme, certifié et signé : Hudson Lowe.
Signé : Barry O'Meara, chirurgien.

Copie à Son Excellence le lieutenant général, sir Hudson Lowe, gouverneur.

Longwood, 12 août 1817.

Monsieur,

J'ai l'honneur d'annoncer à Votre Excellence que la santé du général Bonaparte continue à être bonne : depuis mon dernier rapport, le général n'a eu qu'une seule fois un léger mal de tête. Il est sorti une ou deux fois et, bien que ces sorties aient toujours été de courte durée, elles ont été très favorables à sa santé et à son humeur.

J'ai l'honneur...

Copie certifiée conforme, signé : Hudson Lowe.
Signé : Barry O'Meara, chirurgien.

111. Copie à Son Excellence le lieutenant général, sir Hudson Lowe, gouverneur.

Longwood, 19 septembre 1817.

Monsieur,

J'ai l'honneur de vous informer que sauf un léger rhume, l'état de santé du général Bonaparte est bon.

J'ai l'honneur...

Pour copie conforme, certifié, signé : Hudson Lowe.

Signé : Barry O'Meara.

Longwood, 27 septembre 1817.

Monsieur,

J'ai l'honneur d'informer Votre Excellence que depuis mon dernier rapport en date du 19 courant, le général Bonaparte a été atteint d'une enflure des extrémités inférieures qui augmente depuis le 25. Les chevilles lui font mal, ont une apparence œdémateuse et cèdent sous la pression du doigt. Les gencives ont une apparence spongieuse et saignent. L'appétit est moins bon. Il se plaint d'insomnie et de fréquents besoins d'uriner. La quantité d'urine est petite.

J'ai l'honneur...

Signé : Barry O'Meara, chirurgien.

Pour copie conforme, certifié et signé : Hudson Lowe.

112. Copie d'une note de M. le baron de Jacobi-Klœst au baron de Sturmer (en français).

Le baron de Jacobi-Klœst a l'honneur de faire ses compliments à M. le baron de Sturmer et de lui faire part que, suivant une note qu'il vient de recevoir en réponse à celle qu'il a présentée tout récemment au lord Castlereagh pour obtenir le consentement du gouvernement britannique à l'effet que les sieurs Maire et Mund puissent se rendre à Sainte-Hélène sous la protection de M. le commissaire autrichien, ce ministre des relations extérieures pense que le vaisseau, le *New-Castle*, a déjà trop de monde à son bord pour recevoir encore les deux naturalistes.

Le baron Jacobi a cru, là-dessus, devoir faire une tentative pour que, malgré cette raison, le voyage des sieurs Maire et Mund puisse cependant avoir lieu sous les soins obligeants de M. le baron Sturmer. Mais il paraît que le gouvernement britannique craint effectivement que déjà trop de personnes doivent passer à bord de ce vaisseau à Sainte-Hélène, et comme il se trouve d'ailleurs dans la réponse susdite l'expression du désir que les deux naturalistes prussiens voulussent plutôt commencer leur voyage scientifique par le Cap de Bonne-Espérance et se rendre ensuite à Sainte-Hélène, le baron de Jacobi s'empresse d'informer M. le baron Sturmer que, vu ces circonstances, les sieurs Maire et Mund dirigeront leur voyage, en conformité des vœux du gouvernement britannique; de sorte qu'ils renoncent actuellement à partir avec le *New-Castle*. Le baron de Jacobi n'en est pas moins sûr de la reconnaissance du gouvernement de Sa Majesté prussienne, de ce que M. le baron de Sturmer avait consenti à prendre les dits naturalistes sous sa protection. Il le prie d'en agréer les assurances, ainsi que celle de sa considération la plus distinguée.

Half Moon Street, 14 mars 1817.

Copie de la réponse du baron de Sturmer.

Le baron de Sturmer aurait répondu plutôt à la note que que M. le baron de Jacobi-Kloest lui a fait l'honneur de lui adresser, s'il ne lui avait pas fallu quelques jours pour régler les comptes des deux naturalistes prussiens, et pour se procurer des quittances en règle qui devront au besoin lui servir de pièces justificatives.

Il regrette bien sincèrement de n'avoir pu remplir, pour

le moment, les intentions de Sa Majesté le roi de Prusse à
l'égard de ces messieurs. Néanmoins, d'après la réponse de
Lord Castlereagh, leur voyage à Sainte-Hélène ne devant
être que différé, il espère toujours leur être de quelque utilité pendant leur séjour dans cette île, et justifier ainsi la
confiance que Sa Majesté a bien voulu lui témoigner dans
cette occasion. Le baron de Sturmer ayant reçu, comme
avance, la somme de 600 livres sterling pour faire face aux
frais du voyage de ces deux naturalistes, il est de son devoir de rendre compte de l'emploi de cette somme.

Le séjour de MM. Mund et Maire en Angleterre s'étant
prolongé au-delà du terme présumé, les 100 livres sterling qui leur avaient été assignées se sont trouvées insuf-
fisantes. Ils ont été obligés de s'adresser au baron de Sturmer qui, d'après les instructions qu'il avait reçues, n'a pu
se refuser de leur avancer les sommes dont ils avaient besoin. Le total de ces avances, dont les quittances sont entre
ses mains, se monte à 60 livres sterling. La lettre ci-jointe (1)
de M. Mund renferme un compte détaillé de l'usage qu'il a
dû en être fait.

Quant aux 540 livres sterling qui restent, elles ont été remises à MM. Harmann et Comp. qui les ont fait tenir au
banquier désigné par M. le baron de Jacobi. Le baron de
Sturmer, en priant S. Exc. de vouloir bien lui accuser la
réception de cette somme, a l'honneur...

Benting Street, ce 15 avril 1816.

113. Copie d'une lettre de M. le baron de Jacobi-Klœst au
baron de Sturmer en date de Londres, le 1er avril 1816 (en
français).

M. le baron,

Un mal de tête très incommode m'a obligé de faire un

(1). Ne se trouve pas dans les archives,

essai, si je ne me trouverais mieux à la campagne où je compte rester jusqu'à demain.

Dans la crainte que je n'aie le regret de ne plus vous trouver à Londres, monsieur le baron, je prends le parti de vous écrire, pour vous prier de vous souvenir de notre dernière conversation ; et qu'en envoyant à votre cour les rapports officiels sur l'objet de votre mission, vous ayez la grande complaisance de m'adresser, sous cachet volant, pour le chancelier d'Etat, M. le prince de Hardenberg, quelques notices sur ce qui concernera notre prisonnier d'Etat, le général Napoléon.

J'aurai soin de prévenir M. le prince de Hardenberg de la prière que je vous ai adressée, en lui proposant d'écrire là-dessus à M. le prince de Metternich, pour que vous soyez autorisé à vous prêter aux instances que je vous ai faites dans cette occasion.

Puissiez-vous parvenir, monsieur le baron, en parfaite santé au lieu de votre destination, ainsi que madame la baronne. Mes vœux vous y accompagneront, ayant l'honneur d'être...

P. S. Il me semble, M. le baron, que nous pourrons nous attendre avec confiance que M. le prince de Metternich, dont nous connaissons tous si bien les dispositions bienveillantes pour obliger le monde, n'hésitera pas de vous munir d'instructions conformes à mes souhaits, de sorte qu'en attendant j'ose me flatter que votre première expédition de Sainte-Hélène n'arrivera pas ici les mains vides pour moi.

Copie de la réponse du baron de Sturmer, en date de Londres, le 15 avril 1816 (en français).

M. le baron,

Vous trouverez ci-joint une réponse à la note que vous m'avez fait l'honneur de m'adresser.

Prêt à partir pour Portsmouth, j'ose vous prier de m'en-

voyer, par le porteur de cette lettre, une quittance pour les
540 livres sterling que j'ai fait remettre à votre banquier.
Je n'attends que cela pour me mettre en route.

Tous les commissaires se trouveront réunis demain à
Ports mouth, et il y a toute apparence que nous mettrons à
la voile sous deux ou trois jours.

Quant au désir que vous me témoignez, M. le baron, de
recevoir de ma part, sous cachet volant, des rapports adressés à M. le prince de Hardenberg, renfermant quelques notions sur Bonaparte, je ne saurais, après mûre réflexion,
m'y prêter sans une autorisation particulière de ma cour.
Si vous vouliez bien inviter de suite M. le prince de Halden-
berg à en écrire à M. le prince de Metternich, je ne doute
pas que ce ministre, dont vous connaissez l'extrême obli-
geance, ne se fasse un plaisir d'y consentir.

Recevez...

128. Copie.

A Son Excellence le général sir Hudson Lowe.

Sainte-Hélène le 1er novembre 1817.

Monsieur,

D'après les ordres de Votre Excellence, j'ai l'honneur de
lui rendre compte de la santé de Napoléon Bonaparte
depuis le 13 du mois dernier. La douleur au côté n'a pas
encore disparu entièrement, mais elle est devenue si légère
qu'il n'en souffrira plus longtemps ; l'enflure des jambes a
presque disparu. L'affection scorbutique est vaincue,
l'appétit est revenu, l'humeur est bonne. Il dort mal, mais
il en a toujours été ainsi. Il fait quelques promenades et
l'état général de santé, peut être considéré comme satisfaisant. J'ai l'honneur...

Aléx. BAXTER,
Inspecteur des hôpitaux.

Pour copie conforme : HUDSON LOWE, m. p.

129. Ce n'est pas ainsi que l'incident se passa. Le 14 octobre 1817, Napoléon demanda à O'Meara de lui montrer un bulletin relatif à son état de santé ; le médecin lui montra le bulletin du 10 octobre. Napoléon vit qu'on l'appelait général, entra dans une colère terrible et déclara qu'il ne souffrirait jamais qu'on le traitât de la sorte dans un bulletin qui était destiné à être lu en France, à Vienne et Pétersbourga (O'Meara, II, 274). — Napoléon refusa donc de répondre à son médecin, non parce que les bulletins étaient lus par les commissaires alliés, mais parce qu'il ne voulait être ni prisonnier, ni général, mais Empereur ; ce fut là aussi la raison pour laquelle il refusa de recevoir officiellement les commissaires.

139 Copie.

A Son Excellence le lieutenant-général sir Hudson Lowe.

Sainte-Hélène, le 14 novembre 1817.

Monsieur,

J'ai l'honneur d'informer Votre Excellence que j'ai de nouveau interrogé M. O'Meara sur l'état de Napoléon Bonaparte. Il a eu, le 10, un violent mal de dents accompagné de fluxion, et occasionné par une dent cariée qu'il ne veut pas se faire arracher. — Le 12, vers 9 heures du soir, il a eu un accès de toux qui a duré une heure et qui a été suivi de l'expectoration des glaires. — Ce sont là des affections catarrhales desquelles il a toujours souffert. — Ces symptômes ont disparu. Les nuits sont toujours mauvaises. L'état général s'est amélioré depuis le 30 octobre.

J'ai l'honneur, etc.

Alex. BAXTER.
Inspecteur des hôpitaux.

Pour copie conforme, certifié.

HUDSON LOWE, m. p.

110. Deux copies accompagnent cette dépêche.
Copie.

Sainte-Hélène, 17 novembre 1817.

Monsieur,

J'ai l'honneur de faire savoir à Votre Excellence que Napoléon Bonaparte a souffert des dents pendant une partie de la nuit du 15. Il a permis à M. O'Meara de lui arracher la dent de sagesse du côté droit de la mâchoire supérieure ; c'est la première opération chirurgicale à laquelle Bonaparte ait été soumis depuis sa naissance. Sa dent était cariée à deux places. L'état général est le même.

J'ai l'honneur, etc.

Alex. BAXTER.

Pour copie conforme, certifié et signé,
    HUDSON LOWE, m. p.

Copie

Sainte-Hélène, le 7 décembre 1817.

Monsieur,

J'ai l'honneur de porter à la connaissance de Votre Excellence que, d'après l'interrogatoire auquel je viens de soumettre M. O'Meara, Napoléon Bonaparte a passé, le 30 novembre une très mauvaise nuit, se plaignant de fièvre, de malaise général, de maux de tête et de palpitations dans le côté *droit*. (1) Il a consenti, le 1ᵉʳ décembre au matin, à prendre des sels qui ont fait de l'effet et l'ont débarrassé de ses maux de tête. Il dort mal et d'un sommeil agité ; la nuit dernière, il n'a pas dormi du tout, il a pris, de très bonne heure, un bain chaud, puis s'est recouché. A midi il n'était pas encore levé. L'enflure des jambes a diminué et l'état moral est bon.

J'ai l'honneur, etc.   Alex. BAXTER.

(1) En français dans le texte anglais, N.

142. Copie d'une lettre de M. Maler, chargé d'affaires et consul général de France au Brésil, à M. le marquis de Montchenu, en date de Rio Janeiro, le 3 décembre 1817.

J'ai l'honneur de vous prévenir que le gouverneur de Pernambouc a envoyé, il y a quelque temps, en cette capitale, deux individus qui, ayant débarqué sur la côte de son gouvernement d'une goélette des Etats-Unis, avaient été arrêtés à cause des questions indiscrètes et imprudentes qu'ils avaient faites aux premiers venus sur la rébellion de Pernambouc dont ils ignoraient le dénouement. Ces deux aventuriers ont été mis en état d'arrestation dès leur arrivée ici à bord du vaisseau portugais *Rainha*. J'ai pu savoir bientôt après que l'un d'eux était Français, qu'il était très attaché à Bonaparte, et que c'était enfin le colonel Latapie ; que l'autre était un Allemand qui avait quitté le service dans l'armée autrichienne, et qui avait été capitaine de dragons en France. J'ai appris successivement qu'on avait fait subir plusieurs interrogatoires inutiles à ces deux militaires, et qu'ils persistaient à ne pas déclarer ni révéler les motifs et le but de leur voyage au Brésil.

Peu de jours après, le ministre d'Etat, M. Bezerra, envoya chercher à bord le colonel Latapie, et s'enfermant avec lui dans son cabinet, il commença à l'interroger, et pour l'engager à être moins réservé, il lui promit qu'on ne ferait aucune poursuite contre lui, et donna sa parole qu'il serait remis en liberté, s'il disait la vérité. Le colonel, excité par ses promesses, a déclaré alors que se trouvant aux États-Unis, il avait appris l'insurrection de Pernambouc, que sachant qu'on manquait d'officiers et de chefs pour mettre à la tête des troupes insurgées, il était venu avec plusieurs autres anciens militaires dévoués à Bonaparte dans le dessein d'offrir ses services, et de donner de la consistance à la révolution, non pas tant pour ce mouvement en lui-même mais pour se créer des moyens, afin de pouvoir plus aisément diriger de quelque point de la côte une expédition destinée à enlever Bonaparte de l'île de Sainte-Hélène ; que c'était son but véritable, et qu'un grand nombre de ses camarades perdraient avec plaisir leur vie dans l'exécution de ce projet, qu'ils ne pensaient, qu'ils ne s'occupaient d'autre chose, et que ces militaires devant tout ainsi que lui au prisonnier, ils surmonteraient tous les obstacles pour le délivrer.

Soit que le ministre ne pût donner sa confiance à cette déclaration, ou soit adresse de sa part pour faire jaser son interrogé, il combattit la vraisemblance du projet et chercha à démontrer et à faire sentir l'impossibilité de la réussite. Latapie, de son côté, s'obstina à ne considérer l'enlèvement que comme difficile, en ajoutant qu'avec de braves gens déterminés on pouvait aller loin, et que, d'ailleurs, ils surprendraient la garnison anglaise, et que le premier, l'unique soin serait de faire évader Bonaparte, pendant que les assaillants se battraient et se feraient tous tuer avec plaisir. — Il dit que pour réussir à aborder dans l'île et tromper la vigilance de la croisière et des vigies, ils avaient préparé plusieurs bateaux à vapeur qui seraient mis en mer pour gagner un des points de l'île. J'avais appris ces détails par quelqu'un qui les tenait de M. Bezerra ; je me suis hâté de le voir, et il me les a confirmés de sa propre bouche.

Presque dans le même moment que le colonel était arrêté à Pernambouc, M. d'Osmond m'écrivait de Londres une lettre dont j'ai l'honneur de vous envoyer l'extrait ci-inclus ; ce que cet ambassadeur me mande, devenait d'autant plus intéressant que j'en voyais un commencement d'exécution sous les yeux, et c'est d'après cette importance que j'ai désiré vivement vous en donner connaissance, afin que M. le gouverneur de Sainte-Hélène soit instruit des desseins et des complots de plusieurs têtes égarées par un fanatisme aveugle. M. Chamberlain, chargé d'affaire d'Angleterre, aussi distingué par ses lumières que par les qualités du cœur, a, pour ainsi dire, prévenu mes désirs en me témoignant quil était disposé à faire toutes les démarches qui pouvaient dépendre de ses fonctions pour envoyer une des deux frégates qui se trouvent par hasard dans le port, avec nos dépêches à Sainte-Hélène; mais comme ces frégates viennent de Plymouth et sont destinées à la station du Rio de la Plata, j'ai écrit officiellement à mon collègue, pour faciliter autant qu'il peut être en moi l'assentiment du capitaine anglais; celui-ci s'étant prêté de très bonne grâce à la réquisition de M. Chamberlain, je profite avec plaisir d'une voie aussi sûre pour vous communiquer ces nouvelles.

Je saisis.

Extrait d'une lettre de M. le marquis d'Osmond, ambassadeur de France à Londres, à M. le colonel Maler, chargé d'affaires et consul général de France au Brésil, en date de Londres, le 11 Septembre 1817.

Je suppose, Monsieur, que vous êtes prévenu des intentions manifestées en Amérique d'enlever le prisonnier de Sainte-Hélène. Dans le plan vaste et compliqué des Bonapartistes se trouve une expédition préliminaire sur l'île de Pernambouc de Norouha. S'il est vrai qu'elle contienne plus de deux mille bannis, gardés par une faible garnison, les factieux y trouveraient des auxiliaires propres à rendre leur entreprise redoutable. [Quoiqu'il en soit, nous ne devons pas la perdre de vue. Votre attention sera utilement fixée sur le colonel Latapie à Pernambouc et sur le général Broyer à Buenos-Ayres; ces deux officiers avec tout ce qu'ils pourront emmener sont destinés à rejoindre les forces parties d'Amérique et d'An-

gleterre pour s'emparer d'abord de Fernando Norouha ;
c'est sur ce point que vous éveillerez sans doute la sollici-
tude ; ici les précautions ne seront pas négligées,

Le départ retardé du paquebot me fournit heureusemen t
le moyen de vous informer, si par hasard vous ne l'êtes pas,
de ces trames qui méritent l'attention la plus sérieuse.

J'ai l'honneur

165. J'ai l'honneur de faire savoir à Votre Excellence que,
d'après ce que m'a dit hier M. O'Meara, Napoléon Bonaparte a eu des palpitations de cœur pendant toute la nuit
de samedi qui l'ont obligé à se lever et à rester debout. Il
souffre davantage au côté droit, il a mauvaise mine , le
teint est jaunâtre, les yeux cernés. L'appétit n'est pas bon
les jambes sont moins enflées. L'état général n'est pas aussi
satisfaisant que lors de mon dernier rapport. Il est resté
longtemps assis devant la porte de la salle de billard.

J'ai l'honneur...

ALEXANDRE BAXTEB,

Certifié conforme et signé HUDSON LOWE.

Sainte-Hélène, 10 Mars 1818.

Monsieur,

J'ai l'honneur de faire savoir à Votre Excellence que
M. O'Meara vient de me dire que Napoléon Bonaparte
souffre toujours du côté droit. Il a pendant la nuit des
palpitations qui l'obligent à se lever. Les jambes ne sont
pas enflées, la bonne humeur est revenue. Il n'a pas eu de
nausées. Le temps a été si humide depuis quelques jours
qu'il n'a pas pu sortir.

J'ai l'honneur...

ALEXANDRE BAXTER,

Certifié conforme et signé Hudson Lowe.

A Son Excellence le lieutenant général Sir Hudson Lowe.

Sainte-Hélène, 21 Mars 1818.

Monsieur,

J'ai l'honneur de faire savoir à Votre E. que d'après ce que m'a dit M. O'Meara, les douleurs du côté droit ont beaucoup diminué, les maux de tête ont cessé et l'appétit est bon. Napoléon Bonaparte souffre cependant encore de palpitations qui l'empêchent de dormir. L'état général est meilleur que lors de mon dernier rapport.

J'ai l'honneur...

ALEXANDRE BAXTER,

Certifié conforme et signé : Hudson Lowe.

Sainte-Hélène, 26 Mars 1818.

J'ai l'honneur de rendre compte à Votre E. de la conversation que j'ai eue hier avec M. O'Meara au sujet de la santé de Napoléon Bonaparte. Il a été très souffrant le 24 au soir. Il a eu des frissons, des nausées, des vomissements bilieux et des violents maux de tête accompagnés d'insomnie et de répuguance pour toute nourriture. Ces indispositions sont les conséquences d'un catarrhe que Napoléon Bonaparte s'est attiré en restant assis le 24 au soir sur un banc du jardin, après le coucher du soleil, malgré l'humidité et le vent du soir.

J'ai l'honneur...

ALEXANDRE BAXTER.

Certifié conforme et signé : Hudson Lowe.

Sainte-Hélène, 31 Mars 1818.

J'ai l'honneur de rendre compte à Votre Excellence de la conversation que j'ai eue aujourd'hui avec M. O'Meara au

sujet de la santé de Napoléon Bonaparte. Il a pris le 26 un purgatif qui a fait de l'effet. Les douleurs ont diminué, l'appétit est meilleur et il a moins de palpitations. Il a fait quelques promenades dans le jardin. J'ai l'honneur...
Certifié conforme : Hudson Lowe.

Copie d'une lettre de J. B. Jackson à Son E. le lieutenant-général Hudson Lowe (en français).

Sainte-Hélène, 15 Mars 1818.

Monsieur,

J'ai l'honneur de vous informer que, conformément à vos instructions, j'ai accompagné le 13 au matin le général Gourgaud à la grille d'entrée de Longwood. Il me dit d'entrer, d'aller dire au général Bertrand qu'il était à la porte et qu'il le priait de venir lui parler, puisque sa lettre du 11 était restée sans réponse. Je trouvai le général Bertrand causant avec deux commandants de navires venant de Chine ; aucun d'eux ne parlait français. Il m'offrit un siège, puis me demanda où était le général Gourgaud. Je lui répondis qu'il était devant la grille ; « N'avez-vous pas reçu une lettre de lui? » dis-je. Il me répondit « Oui, mais je ne sais pas ce qu'il veut ; il me parle d'argent, n'en a-t-il pas reçu de Balcombe ? « Je répondis qu'il n'avait rien reçu... Mais comment, je lui ai dit quatre fois entre ici et l'*alarm house* que l'empereur avait mis 12.000 francs à sa disposition, et qu'il n'avait qu'à les demander à Balcombe ; il y a à présent un mois que cette somme est dans ses mains; pourquoi ne l'a-t-il pas reçue? Il me dit qu'il a besoin d'argent; qu'il reçoive les 15,000 francs que l'empereur a eu la bonté de lui ordonner. Si cette somme ne lui suffit pas il n'a qu'à me le dire. Enfin tout ce que j'ai est à son service, mais qu'il ne me mette pas dans la position de manquer à l'empereur. Je suis homme de l'empereur. Les ennemis de l'empereur sont les miens. J'estime Gourgaud. Longtemps je lui disais qu'il faisait des sottises. Je ne suis pas instruit de beaucoup de choses qui se sont passées entre lui et S. M. ; mais je sais qu'il a tort. Il doit tout à l'empereur. Il était né pour ainsi dire à côté de l'empereur, élevé à côté de l'empereur, l'empereur a tout fait pour lui. Il était, je ne sais... lieutenant... était-ce pour lui d'opposer l'empereur, entrer en discussion avec lui. Si à présent je lui prêtais de l'argent, ce serait l'aider contre l'empereur. Moi ! contre l'empereur! Si je m'oubliais à un tel point, mes amis me donneraient tort, les siens me donneraient tort, et lui-même, après quelque temps aussi ; me donnerait tort, c'est une tête chaude, sans réflexion ; il s'en va, que fera-t-il ? Des sottises. Qu'en résultera ? *Le monde est divisé en deux parties, les amis et les ennemis de l'empereur*. Ses amis lui donneront tort, et ses ennemis se moqueront de lui.

Dans sa lettre il dit que j'avais promis d'aller le voir : ce n'est pas vrai, jamais je ne lui fis telle promesse, je ne pourrais pas le voir que devant un officier anglais ; et dans une telle situation, que dirais-je ? Je ne pourrais pas dire : Mon cher Gourgaud, je vous conseille telle ou telle chose. Impossible ! *Le monde entier nous regarde dans cette île;* et c'est une justice que je dois à mon caractère, à ma position, à ma conduite, et si vous voulez à ma fierté. Il est vrai que j'ai été une fois voir M. de Las Cases ; mais c'était pour une affaire très importante, *il s'agissait de lui persuader de rester à Sainte-Hélène.* Je ne pourrais pas non plus lui écrire sans que ma lettre ne fût lue d'un officier anglais : et d'ailleurs il sait que je n'écris à personne. Retournez au général Gourgaud. Racontez-lui ce que je viens de vous dire et tâchez, si vous prenez intérêt à lui, de le faire accepter l'argent que lui accorde l'empereur, et alors je serai à ses ordres, et tout ce que je possède, sera à son service. Il me parle de rendre de l'argent, quand il pourra ;

s'il en prend, qu'il me le restitue quand il sera en état de le faire, ou à mes enfants, si je n'existe plus ; mais je vous le répète, s'il ne prend pas les 12,000 francs de l'empereur, il n'en aura pas de moi.

L'empereur lui a donné une pension de 12.000 pour sa mère ; si elle n'est pas payée régulière ment, qu'il m'écrive ; j'en ferai mon affaire. »

Lowe ajouta de sa main à cette lettre : « Le général J. m'a expliqué qu'il s'agissait d'une seule somme de 12.000 francs, donnée une fois pour toutes. »

176. Napoléon dit à O'Meara, au [sujet de madame Montholon, le 23 mars 1817 : « Elle a plus de [fermeté de caractère que les autres êtres de son sexe. »

177. A Son Ex. le lieutenant-général Sir Hudson Lowe.

Sainte-Hélène, 8 avril 1818.

Monsieur,

D'après ce que m'a dit hier M. O'Meara, Napoléon Bonaparte a de nouveau souffert de douleurs au côté droit, de maux de tête, de nausées et de palpitations. Ses nuits sont mauvaises et l'appétit irrégulier. Il fait de fréquentes promenades dans le jardin.

J'ai l'honneur...

ALEX. BAXTER.

Certifié conforme et signé HUDSON LOWE.

180. Les pièces suivantes sont jointes à la dépêche de Stürmer du 27 avril 1819 :

1. Lettre du D^r O'Meara au gouverneur en date du 23 décembre 1817. 2. Lettre du lieutenant-colonel Sir Thomas Reade au D^r O'Meara, 10 avril 1818. 3. Lettre d'O'Meara au

gouverneur, 12 avril 1818. 4. Lettre du docteur au comte Bertrand, 12 avril 1818. 5. Lettre du comte Bertrand au gouverneur en date du 13 avril 1818. 6. Lettre du D^r O'Meara au gouverneur en date du 19 avril 1818.

Copie d'une lettre du D^r O'Meara à Sir Hudson Lowe en date de Sainte-Hélène, le 12 avril 1818 :

J'ai eu l'honneur de recevoir ce matin une lettre du lieutenant-colonel Sir Thomas Reade, contenant des instructions de Votre Ex. par lesquelles je me trouve assimilé aux Français prisonniers à Longwood.

Quand le comte Bertrand me demanda, en 1815, d'accompagner Napoléon Bonaparte en qualité de chirurgien, je déclarai à l'amiral Lord Kleith et au capitaine Mactland, qui tous deux m'engageaient fortement à accepter l'offre qui m'était faite, que j'accepterais la situation aux conditions suivantes : 1º Je continuerai à être porté sur les listes de la marine en ma qualité de chirurgien ; 2º Le temps passé à Sainte-Hélène me compterait comme service actif; 3º Il me serait permis de quitter l'île si la position ne me convenait plus ; 4º Je ne serais ni dépendant de Bonaparte ni payé par lui, mais je resterais officier britannique, employé par le gouvernement britannique, 5º Et ne serais en conséquence soumis à aucune des restrictions auxquelles seraient soumis les prisonniers français. J'ajoutais que je préférais renoncer à tout plutôt qu'à mon indépendance et aux droits que tout sujet anglais a par sa naissance et par les lois de son pays. Les conditions furent acceptées par les lords commissaires et l'amirauté.

Vous avez eu, en juin 1817, l'intention de me soumettre à quelques-unes des restrictions imposées aux prisonniers français. J'ai eu à ce moment l'honneur de vous communiquer les conditions auxquelles j'avais accepté la situation que j'occupe ici et j'ajoutais que j'aimerais mieux donner ma démission que de me soumettre aux restrictions en question. Je considère donc votre ordre du 10 courant comme une mise en demeure de donner ma démission et j'ai l'honneur de vous la donner. Je vous demande la permission de retourner en Angleterre, aucun avantage pécuniaire n'étant assez grand pour me faire abandonner mes droits de sujet anglais et pour me faire salir l'uniforme que j'ai l'honneur de porter.

J'ai l'honneur...

Copie d'une lettre du D^r O'Meara au comte Bertrand, en date de Sainte-Hélène, 12 avril 1818 :

J'ai reçu ce matin des ordres du gouverneur de l'île qui me défendent de bouger de Longwood et qui m'assimilent aux prisonniers français. Quand, en 1815, après la demande que vous m'en fîtes et d'après les conseils de Lord Keith et du capitaine Mactland, j'acceptais la situation que j'occupe, je posai des conditions. Je demandais à rester à mon rang sur les listes des officiers de marine ; et, en exigeant que le temps passé ici me comptât comme temps passé au service, je crus devoir clairement ajouter que je ne voulais subir aucune des restrictions auxquelles seraient soumis les Français, voulant ainsi sauvegarder ma dignité d'officier anglais. Il y a dix mois environ, le gouverneur voulut restreindre ma liberté ; je lui fis connaître les termes de l'engagement pris par moi et ma ferme intention de renoncer au poste que j'occupe plutôt que de dégrader l'uniforme que je porte en renonçant aux libertés dont tout Anglais jouit de par les lois de son pays. Il me paraît certain que le gouverneur, en revenant à la charge, a l'intention de m'obliger à quitter ma position et je me vois dans la nécessité, monsieur, de vous annoncer que, quelque pénible qu'il me soit de *le* (1) quitter dans l'état actuel de sa santé, il m'est impossible de sacrifier ma dignité et mes droits de

____

(1) *Him* en italique dans le texte anglais (N. d. t.)

sujet anglais au désir de lui être utile. J'ai donc pris la résolution de partir et de retourner dans ma patrie. En agissant ainsi, je ne crois pas plus rompre l'engagement pris avec vous, que si cette rupture était causée par une force physique irrésistible, la mort, par exemple. Il est parfaitement certain que je vous ai promis de rester ici aussi longtemps que vous et tant que je pourrais vous servir, mais à l'heure qu'il est, on me met dans l'impossibilité de tenir mon engagement.

Je l'ai vu ce matin. Le voyant très indisposé, je n'ai pas voulu lui parler de cette nouvelle mesure qui m'oblige à partir d'ici. Je vous prie de porter ce fait à sa connaissance. Il vous connaît plus que moi et vous avez de grands droits à sa confiance.

J'ai l'honneur...

Copie d'une lettre du Dr O'Meara à Sir Hudson Lowe en date de Longwood, le 17 avril 1818 :

Monsieur,

Me conformant aux ordres que V. E. m'a fait parvenir hier par les soins du major Gorrequer, je suis allé chez le comte Bertrand et je l'ai prié de me prêter la lettre que je lui ai écrite le 12 du présent mois, sous le prétexte d'en prendre copie, ce que j'avais négligé de faire avant de la lui envoyer. Il me remit la lettre sans la moindre observation ou hésitation. Il est vrai qu'avant l'entrevue qu'il eut avec le major Gorrequer, il me demanda si je voyais quelque inconvénient à ce que ma lettre soit lue par le major et il m'a dit depuis que son intention avait été de la lui confier ou de lui en laisser prendre copie.

V. E. manifesta à plusieurs reprises, il y a environ dix mois, l'intention de me soumettre aux mêmes restrictions que les prisonniers français. Je n'y consentis pas et je suis obligé de rappeler aujourd'hui à V. E. qu'elle n'en a pas le droit, car Napoléon Bonaparte n'est considéré comme prisonnier de guerre que par un acte du Parlement. Les autres Français, pas même les domestiques, ne sont pas nommés dans ce bill et ne pourraient être soumis aux mesures qu'on a pris contre eux s'ils n'y avaient pas consenti par un engagement signé de leur nom, engagement dont l'effet cesse selon leur volonté, comme l'a prouvé le récent départ du général Gourgaud. Il y a donc bien plus de raisons encore à invoquer, pour prouver qu'un sujet anglais ne peut pas être soumis à ces mesures restrictives sans un engagement de sa part. Or, j'ai toujours soutenu et je soutiens encore que je ne signerai aucun engagement, ne voulant pas déshonorer l'uniforme de marin et devenir un objet de mépris pour les officiers, mes frères d'armes, avec lesquels j'ai l'honneur de servir. Dans l'état actuel des choses ni V. E. ni aucune autorité ne peut m'obliger à me soumettre à des mesures qui sont contraires aux droits de l'officier et aux lois de l'Angleterre.

J'ai du reste déjà eu l'honneur de vous faire observer que, outre la protection générale des lois, j'ai la garantie contenue dans l'arrangement que j'ai conclu en 1815 avec l'amiral Keitli qui commandait à cette époque la flotte de la Manche, lorsque le comte Bertrand lui demanda de m'attacher en qualité de chirurgien à la personne du général Bonaparte. Ie demandai alors à Sa Seigneurie de me donner un ordre écrit. Il me le refusa, mais je me souviens parfaitement de ce qu'il me répondit : « Il n'est pas dans mon pouvoir de vous ordonner d'accepter, car c'est un service extraordinaire, qui n'est pas naval et qui doit être accepté volontairement ; mais en ma qualité de commandant en chef, je vous autoriserai à l'accepter et je vous conseille très sérieusement de le faire ; je suis convaincu que le gouvernement vous en sera reconnaissant et

c'est une situation qui fera honneur à tout Anglais capable
de la remplir ». Quoiqu'il m'eût été impossible de ne pas
suivre l'avis d'un officier de ce rang. Je n'en stipulai pas
moins que j'aurais toute liberté de donner ma démission si
la situation n'était pas telle que je la désirais, que je serais
maintenu sur les listes à mon rang, que je ne serais pas
payé par Napoléon Bonaparte et que je ne serais en rien
assimilé aux internes Français. J'ai eu plusieurs fois
l'honneur de vous dire que je donnerai ma démission plutôt que de laisser violer mes droits d'officier anglais. Comme
vous me parûtes alors frappé de mes observations et des
conditions que j'avais posées aux lords commissaires,
j'avais cru que vous aviez renoncé aux restrictions que
vous aviez voulu apporter à ma liberté. Mais quand je reçus le 12 avril vos instructions qui sont contraires à mes
droits, aux conditions acceptées par l'Amirauté, et aux
protestations que je vous avais adressées plusieurs fois à
vous-même, j'ai compris que c'était là un moyen détourné
que vous employiez pour m'obliger à quitter Longwood. La
délicatesse, mes devoirs de médecin, l'humanité m'ordon-
nèrent d'avertir Napoléon avant de le quitter et c'est ce que
je fis.

Ni dans l'armée, ni dans la flotte on n'a l'habitude, avant
de donner sa démission, de consulter S. A. R. le duc de
York ou le lord de l'Amirauté sur l'opportunité ou la nécessité de la démarche à faire. La démission remise en mains
propres est toujours la première démarche. Je n'ai donc
fait que suivre les précédénts habituels en remettant ma
démission à V. E. avant de la consulter.

En écrivant au comte Bertrand je n'ai pas manqué au
respect, que je vous dois comme chef du gouvernement
local, puisque la question avait déjà été souvent agitée
entre nous. Je n'ai violé aucun acte du parlement, aucune
proclamation émanant de votre autorité. Habitant Longwood, je ne suis soumis à aucune des mesures auxquelles

sont soumis les habitants de l'île ; depuis trois ans j'ai communiqué jour et nuit avec les habitants de la maison, à toute heure, verbalement et par écrit. Il ne s'est pas écoulé un seul jour sans que je ne parlasse aux Français plusieurs fois, sans que j'écrivisse des ordonnances pour le maître ou pour sa suite.

Je n'ai violé aucune instruction écrite par ce que je n'en ai jamais reçu. On ne m'a jamais défendu ou permis de parler avec Napoléon d'autres choses que de médecine ; si je l'ai fait j'en accepte la responsabilité.

Quand j'avais à faire quelque chose qui me semblait incompatible avec mes sentiments, mon honneur, ou ma profession, j'avais l'honneur de vous demander des instructions écrites, claires et positives pour que je puisse réfléchir à ce que j'avais à faire et exécuter exactement les instructions, ou donner ma démission en cas contraire. Je n'ai jamais reçu de ces instructions.

Depuis quelques mois je mène une vie pitoyable. V. E m'oblige à aller chez elle, m'injurie, me met à la porte d'une façon honteuse. J'ai tout subi hors des violences personnelles, j'ai été menacé parce que je ne voulais pas condescendre aux insinuations, aux espionnages.

Je ne veux pas rester malgré vous : mais je constate qu'au lieu de me faire rappeler par les lords de l'Amirauté vous avez, pour me faire partir, attaqué mes droits et ma liberté. Voilà plusieurs jours que je suis surveillé, humilié, déshonoré, déshonoré autant qu'un officier peut l'être par l'arbitraire, et rendu, par l'indignation, presque incapable d'exercer ma profession. J'ai donc l'honneur de demander à V. E : 1º ou le retrait des instruction du 10 courant et la permission d'exercer mes fonctions à Longwood comme je le fais depuis près de trois ans ; 2º ou la permission de partir pour l'Angleterre, la démission, que je vous ai envoyée aussitôt que j'ai vu que vous vouliez m'assimiler aux Français, une fois acceptée. S'il est prouvé que j'ai commis un crime, en écrivant au comte Bertrand, ou en ayant commis à mon insu quelque autre infraction dont V. E ne m'a pas parlé, à l'acte du parlement, je demande selon les termes de cet acte à être transporté en Angleterre pour y être jugé par un tribunal compétent. Je proteste contre la détention qui m'empêche d'exercer mes fonctions et j'en appelle de la violation des termes de l'engagement qui m'a fait accepter ma situation actuelle à la justice des lords commissaires et de l'Amirauté.

J'ai l'honneur, etc.

191. Les pièces jointes à la dépêche de Stürmer du 17 mai 1818 sont: 1° lettre de sir Hudson Lowe au comte Bertrand, en date du 21 avril 1818 ; 2° lettre du comte Bertrand à sir Hudson Lowe, en date du 24 avril 1818 ; 3° lettre du docteur O' Meara au Major Jorrequer en date du 25 avril ; 4° lettre de sir Thomas Reade au comte Bertrand, en date du 25 avril 5° lettre du comte Bertrand à sir Hudson Lowe, 26 avril 1818; 6° lettre du Major Jorrequer au comte Bertrand, 26 avril ; 7° lettre du comte Bertrand à sir Hudson Lowe, 27 avril 1818.

Copie d'une lettre de sir Hudson Lowe au comte Bertrand, en date du 21 avril 1818.

Monsieur,

Quoique je sois dispensé, de par les ordres de mon gouvernement, d'entrer en correspondance avec vous, quoique des insinuations contenues dans votre lettre du 13, et précédées d'une communication faite verbalement à un officier de mon état-major dans des termes tellement injurieux qu'il a été obligé de sortir de votre demeure, me fournissant une raison de plus de me tenir strictement aux ordres reçus, je n'hésite pas, pour l'édification de Napoléon Bonaparte, à vous fournir des éclaircissements sur l'objet principal de votre lettre.

L'on savait déjà, en août 1817, en Angleterre, que M. O'Meara avait l'intention de quitter Longwood. Cela résulte de l'annexe ci-jointe Je joins également à la présente la copie de la seule stipulaiion que M. O'Meara ait portée à ma connaissance.

Votre lettre dit que Napoléon Bonaparte souffre depuis plus de *sept* mois « d'une maladie *chronique* du foie ». Il y a à peine un mois, le 25 mars, que M. O'Meara, auquel je demandais si Napoléon Bonaparte souffrait d'une maladie déterminée, me répondit qu'il était atteint d'un dérangement du système biliaire. Il ajouta que Napoléon Bonaparte avait un commencement de maladie hépathique qui pouvait être facilement combattu par un exercice modéré. Sur ma question : « Y a-t-il un obstacle à cet exercice ? » le docteur me répondit qu'il n'en connaissait qu'un, le mauvais temps.

Vous ne pouvez pas m'en vouloir, monsieur, d'en avoir appelé à d'autres médecins, pour savoir qui a raison de vous qui prétendez que la maladie est chronique ou de M. O'Meara qui dit qu'elle commence.

Vous dites « que depuis deux ans vous avez voulu chasser M. O'Meara pour le remplacer par M. Baxter ». L'extrait ci-joint de la lettre du comte Balthurst prouve que votre reproche n'est pas fondé. Je n'ai jamais eu l'intention que vous me prêtez, je n'ai jamais proposé à M. Baxter la place de M. O'Meara, et même si ce dernier quittait l'île, je ne serais pas d'avis que M. Baxter, qui exerce d'autres fonctions importantes dans l'île, soit son remplaçant à Longwood.

Il a été appelé ici à cause de sa grande habileté professionnelle et de son honorabilité, pour être consulté en cas grave ; mais jamais on n'a eu l'intention de le nommer au poste occupé par M. O'Meara

La partie la plus remarquable de votre lettre, monsieur, est celle où vous parlez de « l'invincible répugnance » qu'il inspire. Je ne m'arrêterai pas à l'expression aussi inattendue qu'inconvenante. Mais je vous ferai observer ver qu'en novembre dernier, lorsque vous avez eu pour la dernière fois l'occasion de voir M. Baxter, vous avez fait votre possible pour lui faire comprendre que ce n'était pas pour des motifs personnels que Napoléon Bonaparte refusait de le voir, et vous avez appuyé sur la confiance et le respect que tout le monde avait pour ses qualités de médecin et d'homme : l'éloge que vous fîtes de ses qualités fut si outré qu'il ne voulut pas me le répéter. M. O'Meara l'a de son côté assuré des bons sentiments de Napoléon Bonaparte. Je ne pouvais donc pas savoir que ses sentiments étaient à l'heure qu'il est complètement différents.

Je m'empresserai de faire savoir à mon gouvernement le désir de Napoléon Bonaparte d'avoir un médecin français ou italien.

Quant aux deux points de votre lettre que « vous avez été chargé » de porter à ma connaissance, ce sont les seuls passages de votre lettre que je considère comme émanant de Napoléon Bonaparte lui-même, et j'y réponds.

1. Je n'ai su que depuis la démission de M. O'Meara que « le docteur O'Meara est le seul médecin de ceux qui sont sur ce rocher en qui le malade ait confiance »

2.... M. O'Meara étant officier au service royal et employé du gouvernement, aucun procès n'est nécessaire pour le faire parler. Vous n'avez donc pas « à protester contre son renvoi, de quelque prétexte qu'on cherche à le colorer, à moins que ce ne soit la conséquence d'un jugement légal. »

Il a donné sa démission, et si son départ n'est pas encore effectué, ce n'est que parce qu'il a été jusqu'à présent impossible de trouver un médecin que Napoléon Bonaparte ait voulu accepter.

Je vous remets ci-joint une pièce relative à la dé-

mission de M. O'Meara et je vous prie de croire à mon sin-
cère désir de faire, pour obliger, tout ce qui est compatible
avec mon honneur, tout en sachant à l'avance l'accueil que
vous ferez à mes protestations.

J'ai l'honneur, etc.

N° III. Extrait d'une lettre de sir Thomas Reade à
M. Meara, 19 avril 1818.

Je suis chargé par le gouverneur de vous faire savoir
qu'il accepte la démission que vous lui avez donnée dans
votre lettre du 12. Il la fera parvenir en Angleterre, si Napoléon Bonaparte consent à se faire soigner par un autre
médecin que par vous ; vous pouvez quitter de suite Longwood sans attendre d'instructions ultérieures ; mais si Napoléon Bonaparte tient à vous, il serait bon que vous res-
tiez à Longwood jusqu'à ce que votre démission soit acceptée en Angleterre.

Copie d'une lettre du lieutenant-colonel sir Thomas Reade
au comte Bertrand, en date du 25 avril 1818.

Monsieur,

Le lieutenant-général sir Hudson Lowe me charge de répondre à votre lettre du 24, reçue aujourd'hui;

La lettre du gouverneur écrite le 22, en réponse à votre
lettre du 13, vous a été remise à Longwood le 24. Donc,
votre lettre, datée du 24, n'a pu être expédiée de Longwood
qu'après réception de la lettre du gouverneur datée du 22.

Le gouverneur a pris bonne note de la façon dont vous
avez reçu le 12 courant le major Garrequer ; il ne daigne
pas répondre aux expressions dont vous vous êtes servi et
dont on se sert peu dans les mœurs anglaises.

Si M. O'Meara a cessé ses services auprès de Napoléon
Bonaparte, cela a été sans que le gouverneur le sache ou
l'approuve.

La copie de la décision du gouverneur qui vous a été remise hier, doit vous prouver que M. O'Meara n'a pas été révoqué et qu'il continue ses services jusqu'à son départ ; par conséquent le gouverneur croit avoir rempli son devoir. Il a aussi, comme vous avez pu le voir, fait savoir en Angleterre quels étaient les désirs de Napoléon Bonaparte au sujet du remplacement de son médecin.

Le gouverneur oppose le démenti le plus formel à l'assertion contenue dans votre lettre au sujet de l'obligation qu'il aurait voulu imposer à M. O'Meara d'écrire des bulletins sous sa dictée.

Enfin je suis chargé par le gouvernement de vous faire savoir :

1° Qu'il ne répondra à l'avenir à aucune lettre (quel qu'en soit l'auteur) dans laquelle on donnera à Napoléon le titre d'empereur et cela conformément aux ordres du 17 septembre 1817, signés du comte de Bathurst et qui vous ont été communiqués.

2° Que se référant à la lettre adressée au comte Montholon, le 30 août 1816, il ne répondra à aucune lettre relative à Napoléon Bonaparte, dans laquelle il ne sera pas dit expressément qu'elle a été écrite par ses ordres.

J'ai l'honneur, etc.

Copie d'une lettre du docteur O'Meara au major Gorrequier, en date du 25 avril 1818.

Monsieur,

J'ai l'honneur, en réponse aux questions que vous me posez, de vous faire savoir que je n'ai pas vu Napoléon le 13 courant : il me fit appeler le 14, vers midi.

Je restai pendant un quart d'heure dans sa chambre et j'eus avec lui la conversation suivante : Je lui demandais comment il se portait et voulus selon ma coutume lui prendre la main pour lui tâter le pouls. Il me repoussa et sans répondre à ma question s'écria : « Eh! bien docteur, vous allez nous quitter. Le monde aura peine à comprendre qu'on ait eu la lâcheté d'*attenter* (1) à mon médecin. Vous n'avez plus l'indépendance qui est nécessaire pour que vos soins me soient utiles. Je vous remercie des soins que vous m'avez donnés. Quittez ce séjour de crimes et de ténèbres aussi vite que vous le pouvez. Je mourrai sur ce *grabat* (2) dans la souffrance et sans soins. »

Il me prit les mains, me les serra et me sembla en proie à une grande émotion. Je lui demandais de nouveau comment il se portait. Il me fit signe de sortir en ajoutant : « Adieu, docteur, adieu pour toujours. » Il ne me fit plus appeler et je ne l'ai plus revu.

J'ai noté cette conversation en quittant Napoléon et je trouve que c'est la meilleure réponse que je puisse faire à votre question. Vous voyez qu'il est dans la situation d'esprit qui peut vous être agréable.

J'ai continué à donner mes soins aux familles Bertrand et Montholon, ainsi qu'aux domestiques.

J'ai l'honneur, etc.

Copie d'une lettre du comte Bertrand à Sir Hudson Lowe, en date du 26 Avril 1818.

Monsieur le gouverneur,

J'ai l'honneur de vous envoyer une lettre que m'écrit un de vos officiers, et que j'ai reçue il y a une demi-heure. L'empereur n'a pas voulu en prendre connaissance. Vous êtes seul chargé de l'exécution des restrictions que le bill du 11 avril a autorisé votre gouvernement à faire, et il ne vous connaît pas l'autorité de déléguer votre pouvoir. J'allais vous envoyer ma réponse à votre lettre du 21 que je

---

(1) En français dans le texte.
(2) Id.

n'ai reçue que le 24 à sept heures du soir, je la suspendrai jusqu'à ce que vous me fassiez connaître si vous la désirez. En attendant, je ne puis m'empêcher de vous instruire qu'aujourd'hui 26, c'est-à-dire depuis 14 jours, l'empereur est sans le secours de la médecine.

Voici les propres paroles que ce prince a dites au docteur O'Meara lorsque ce médecin a été prendre congé de lui, le 14 : « On a eu la lâcheté d'attenter à mon médecin, vous n'avez plus l'indépendance nécessaire pour que vos secours puissent m'être utiles. » Si donc il est vrai, comme vous le dites, que vous ne voulez point le priver de son médecin, restituez a celui-ci ses droits et son caractère jusqu'à la réponse de son gouvernement

J'ai l'honneur, etc.

Copie d'une lettre du major Gorrequer au comte Bertrand en date du 11 avril 1818.

Monsieur,

Conformément à la lettre que vous avez dû recevoir ce matin, le gouverneur m'ordonne de vous renvoyer la lettre ainsi que les pièces qui y étaient jointes.

J'ai l'honneur, etc.

Copie d'une lettre du comte Bertrand à sir Hudson Lowe. en date du 27 avril 1818,

M. le gouverneur,

J'ai l'honneur de vous prier de faire passer en original au lord Liverpool l'apostille ci-jointe, mes lettres des 13, 24 et 26 avril et la présente du 27.

Pour éviter toute scène ridicule, il est inutile que vous m'adressiez aucune lettre pour l'empereur, si elle n'est dans les formes usitées depuis trois ans. L'empereur ne veut rien innover et en rien s'écarter du *statu quo*.

16.

Je ne puis m'empêcher de vous faire connaître que les lettres que j'ai reçues à une heure du matin, je n'ai pu les communiquer qu'à dix heures, l'empereur ayant extrêmement souffert cette nuit. Puisque cette lettre, monsieur, est la dernière que j'aurai à vous écrire sur les affaires de l'empereur, quelque urgentes que les circonstances puissent devenir, permettez-moi de vous faire réfléchir, pour votre intérêt, celui de vos enfants et de votre nation à l'opprobre dont tant de générations ont couvert le nom de Maltravers et de Gournay.

J'ai l'honneur, etc.

194. Copie d'une lettre de sir Hudson Lowe au baron de Stürmer, en date du 23 mai 1818.

Monsieur,

Ayant trouvé nécessaire d'adresser une nouvelle proclamation aux habitants de l'île pour éclaircir certains passages de mes proclamations précédentes auxquelles on a désobéi, j'ai l'honneur de vous en adresser copie.

Je profite de l'occasion pour vous prier d'avoir la bonté de me prévenir si vous apprenez que les habitants de Longvood cherchaient à faire passer des lettres à l'étranger. Je prends cette liberté parce que j'ai de bonnes raisons pour croire que quelques domestiques de Napoléon Bonaparte ont essayé d'enfreindre les mesures que j'ai cru devoir prendre à leur égard. En vous adressant cette demande, je ne crois pas vous demander quelque chose qui soit incompatible avec les instructions de votre gouvernement.

J'ai l'honneur, etc.

195. Copie d'une lettre du baron de Stürmer à sir Hudson Lowe, en date du 23 mai 1818.

Monsieur le gouverneur,

J'ai reçu hier à midi la lettre que vous m'avez fait l'honneur de m'adresser en date du 23 de ce mois, ainsi que la proclamation qui y était jointe.

Si j'avais eu connaissance de quelque communication contraire ou préjudiciable aux mesures de surveillance établies pour la garde de Napoléon Bonaparte, je me serais fait un devoir de vous en instruire. Rien n'est plus conforme aux intentions de ma cour et à mes propres sentiments. Vous savez avec quel empressement je vous ai communiqué ma dépêche à M. le prince de Metternich où j'ai rendu compte à ce ministre des entretiens que j'ai eus avec le général Gourgaud, et qui vous ont paru du plus haut intérêt.

Je n'ai rien appris depuis qui puisse mériter votre attention.

J'ai l'honneur, etc.

197. Copie d'une lettre de sir Hudson Lowe au baron de Stürmer, en date du 23 mai 1818 (en Français).

Comme j'ai été formellement attaqué de la part de Napoléon Bonaparte pour ma conduite à l'égard de M. Welle, j'ose prendre la liberté de vous prier à me laisser parcourir l'interrogatoire qu'on l'avait fait subir en arrivant en Europe. Lorsque vous me l'avez fait voir en me disant que mon gouvernement allait m'en envoyer une copie, je n'y attachais pas telle importance de croire qu'elle méritait que vous prissiez la peine à me la faire traduire, d'autant plus que je désirais considérer toute l'affaire comme une chose passée ; mais l'attaque qu'on me fait m'oblige à vous faire la prière là-dessus.

J'ai l'honneur,...

198. La Chambre des pairs avait discuté, en mars 1817, le traitement auquel était soumis Bonaparte à Sainte-Hélène. Le compte rendu de ces débats arriva à Sainte-Hélène, en

juin. Napoléon en eut connaissance et dicta en réponse à cette discussion des « observations » que Lowe reçut de Bertrand, le 7 octobre, dans un paquet cacheté à l'adresse de lord Liverpool. Le gouverneur les envoya sans en avoir pris connaissance. On lui renvoya « les observations » par le *Bachworth* qui arriva à Sainte-Hélène, le 5 mai 1818.

209. 1er juillet 1818. Cher Monsieur, le capitaine Wallès, à son retour de Rosemaryhall, m'a remis la note par laquelle vous me faites l'honneur de me conseiller sur la meilleure route à prendre pour votre voyage en Amérique. Je crois que ce que vous auriez de mieux à faire, ce serait de vous embarquer le plus tôt possible pour l'Angleterre, et de vous diriger de là vers l'Amérique. Mes instructions ne m'autorisant à mettre un navire à votre disposition qu'à destination du Cap ou de Rio-Janeiro, je ne puis vous servir pour la route que je vous propose. Je n'en reste pas moins tout à votre service et à celui de madame la baronne.

J'ai l'honneur,...

PLAMPIN.

210. Copie d'une note du baron de Stürmer à sir Hudson Lowe, en date de Sainte-Hélène, ce 10 juin 1818.

Le soussigné commissaire de S. M. I. et R. A. a l'honneur d'annoncer à S. Exc. M. le gouverneur, qu'il vient de recevoir son rappel, et que M. le marquis de Montchenu est chargé de le remplacer provisoirement et jusqu'à ce qu'il plaise à S. M. l'empereur de nommer un autre commissaire à Sainte-Hélène.

Devant regarder ses fonctions comme terminées, dès à présent, il ne lui reste qu'à témoigner à Son Excellence combien il se félicite des relations qu'il a eues avec elle, et de lui renouveler l'expression de ses sentiments les plus distingués et de sa plus haute considération.

James Town, ce 10 juin 1818.

211. Sir Hudson Lowe au baron de Stürmer.

Sainte-Hélène, 21 juin 1818.

Monsieur,

J'ai eu l'honneur de recevoir hier votre note, en date du 10 courant. Je ne veux pas laisser s'effectuer votre départ, sans vous remercier de l'aide que vous avez bien voulu me donner plusieurs fois dans l'accomplissement de mes devoirs et de l'amabilité avec laquelle vous m'avez toujours communiqué vos instructions, qui se sont toujours trouvées conformes aux miennes. Dans l'espérance que vous trouverez dans le poste que vous allez occuper de nombreuses occasions de vous distinguer et de rendre service à votre gouvernement,

J'ai l'honneur, Monsieur, d'être avec la plus haute considération, votre très humble et très obéissant serviteur.

FIN

TABLE ANALYTIQUE

ÉMILE COLIN — IMPRIMERIE DE LAGNY